傅

对自己要约，对别人要恕
对物质要俭，对神明要敬

傅佩荣 —— 著

傅佩荣解读

孟子

·修订版·

东方出版社

作者寄语

　　孟子是孔子第五代传人，却能与孔子并称"孔孟"，二人的思想更被后人合称为"孔孟之道"，作为儒家正统代代相传。孟子取得的成就可谓不凡。但是经由朱熹解读所传下来的《孟子》，能展示给读者一个真实的孟子吗？譬如，朱熹认为孟子主张"人性本善"，事实确实如此吗？

　　孟子确实说过"性善"二字，但其本意并非"性本善"，而是"性向善"。虽是一字之差，却不可不辨。"向"代表动力，是人在真诚的时候由内而发的力量，这种力量要求人去行善。他说："至诚而不动者，未之有也；不诚，未有能动者也。"（《离娄上》）真诚所产生的动力，即是"心之四端"的运作，在此基础上进而实践"仁义礼智"四善。

　　如果不明白"人性向善"的道理，不但无法理解孟子，更无法理解整个儒家思想体系。我在诠释《孟子》时反复说明的正是这个道理。本书发行修订再版之际，我在解读中增加了相关章节的对照参考，便于读者自行研习。另外，对于部分字词的注释，也有修订。在古代经典中，《孟子》名声虽大，但却不太受人重视，我希望能尽自己的绵薄之力改善此种情况。

傅佩荣

2012 年 4 月

目　录

孟子其人其书

关于孟子的生平，我们所知道的不多，主要的资料来自《孟子》一书。司马迁在《史记》中，写到《孟子荀卿列传》时，所根据的大概也只是这本三万多字的书。

司马迁先"感叹"一番，然后写了一百多字的介绍。他说："孟轲，驺人也，受业子思之门人。道既通，游事齐宣王。宣王不能用，适梁。梁惠王不果所言，则见以为迂远而阔于事情。当是之时，秦用商君，富国强兵；楚、魏用吴起，战胜弱敌；齐威王、宣王用孙子、田忌之徒，而诸侯东面朝齐。天下方务于合从连衡，以攻伐为贤，而孟轲乃述唐虞三代之德，是以所如者不合。退而与万章之徒，序诗书，述仲尼之意，作孟子七篇。"

这段介绍肯定了孟子是一位儒家学者。子思是孔子的孙子，而孟子受业子思之门人，因此孟子是孔子第五代传人。孟子先是"道既通"，所通的自然是"唐虞三代之德"以及"仲尼之意"。接着，他效法孔子"知其不可而为之"的精神，认定自己肩负"木铎"的使命，周游列国，希望有机会"得君行道"。《孟子》一书所记载的，主要是他的言论与事迹。从战国时代的大趋势来看，孟子的观点显然不切实际；从孟子的具体遭遇来看，连他自己也承认并未成功。但是他树立了一个典型，使后代读书人在敬佩与效法之余，不免心生感叹。

司马迁是历史学家，他的感叹如下："余读孟子书，至梁惠王问'何以利吾国'，未尝不废书而叹也。曰：嗟乎！利，诚乱之始也。夫子罕言利者，常防其原也，故曰'放于利而行，多怨'。自天子至于庶人，好利之弊，何以异哉？"他在本文所谓的"夫子"，是指孔子。如此一来，孟子确实秉持了孔子的原则，由于看清了利之为害，就大力宣扬仁义。如果读到"梁惠王"这一问就要"废书而叹"，那么大概很难念完《孟子》全书了。

《孟子》一书共有七篇，每篇再分上下，所以在编排序号上，就有十四个部分。篇名分别是：梁惠王、公孙丑、滕文公、离娄、万章、告子、尽心。前六篇皆以人名为篇名，取自各篇开头的人物，只有《尽心》篇例外。那么，这本书是如何写成的？

如果是孟子亲自执笔，那么他的学生，如公都子、屋庐子、乐正子、徐子，为什么会称"子"呢？"子"是对男子的尊称，用于前辈、老师身上或客套之时，孟子没有理由对这些学生一再称"子"。其次，古代诸侯的谥号是死后才定的，像梁襄王、齐宣王都是比孟子晚死的，孟子怎么可能知道他们的谥号呢？这两个问题并不难回答，就是孟子完成了《孟子》一书的主要内容，在他过世之后，学生万章、公孙丑等人再加以修订出版，所以会有上述两点情况出现。

关于孟子的生平年代，至今并无定论，一般认为是在公元前372至前289年之间，亦即战国时代（公元前475至前221年）的中期。当时存在的还有二十国左右，其中七国争雄，都想兼并天下。合纵连横的谋略大为盛行，而孟子依然以自信的口吻说："仁者无敌。"由于没有一位国君可以做到仁者，所以孟子的理论也无法得到验证。但是，光是凭着他与梁惠王（亦即魏惠王）与齐宣王这两位大国君主的对话，能让他们时而惊喜，时而沮丧，时而愤怒，时而盼望，虽然最后没有产生重大成效，也足以流芳千古了。

活在乱世之中，孟子的一些小故事并无确切的证据。譬如，他小时候，母亲担心他受环境影响而"三迁"；他念书不用心，母亲就"断机杼"；母亲不允许他为小事而休妻等。圣贤身边总是环绕着一些具有积极意味的故事，不过对孟子来说，能够学习孔子之道，温故而知新，加以发扬及应用，进而著书立说，自成一家之言，以实至名归的方式被尊奉为亚圣，或许这才是值得一争的千秋啊！

思想与辩才的神奇组合

　　司马迁说他读到《孟子》第一篇的第一段话，亦即梁惠王问孟子"何以利吾国"，他就"废书而叹"。我与他正好相反，不但不把书本阖起，反而急着想知道孟子如何回答。接着，我的感受是惊喜连连，因为孟子的辩才无懈可击，他的思想更是精微深刻，而辩才与思想结合起来所产生的气势，则为古今罕见。

　　首先，孟子与当时手握大权的诸侯见面时，当然明白这些诸侯想要的是什么，是富国强兵，是称霸天下。然而，他所提供的却是仁政。一个人怎能"对牛弹琴"而依然如此充满自信呢？这就有赖于口才了。孟子的口才来自于丰富的学识与人生经历。他随口引述《诗经》与《书经》，显示出超强的记忆力。因为这些资料是大家都接受的古代经典，所以具有高度的说服力。光是背诵不算什么，他还能灵活运用，把古典引入现实处境，让诸侯无言以对，只能茫茫然地点头认可。

　　孟子的仁政并非纯属理论，而是要从经济政策着手。对农业社会而言，百姓只要平安度日，得以养生送死无憾，然后加以适当的教育，提升人伦秩序的水平，国家自然上轨道。要推行仁政，国君必须减轻赋税，照顾百姓，或者就抓紧四个字：与民偕乐。君民同心，天下怎能不治？孟子反复说明如何进行经济改革，但是并未引起诸侯的共鸣。因为若要与民偕乐，则诸侯首先就得放弃"作威作福"的各种特权，还须克制"好色、好勇、好货"的无穷欲望，然后再经常听取孟子的教训。

孟子的教训其实很好听，因为十分生动。他实在喜欢说话，往往是国君提出一个问题，他就引申发挥为一篇演讲，让国君上了一课。孟子除了善于引述经典与史实之外，还有创造格言的超凡能力。耳熟能详的就有"守望相助""出尔反尔""缘木求鱼""左右逢源""操危虑患""生于忧患而死于安乐"等。至于较长的句子更是所在多有，譬如"老吾老以及人之老，幼吾幼以及人之幼"。

但是，孟子光是以辩才取胜的吗？当然不是，他主要是靠圆熟的思想体系。他为什么再三强调"仁者无敌"？因为百姓归向仁者，是出于无法遏阻的天性。那么，人的天性是什么？他在与国君以外的学者辩论时，才有机会讲明其中的道理。不过，自古以来，大多数人都被《孟子·滕文公》篇的第一句话误导了，那就是"孟子道性善，言必称尧舜"。先看"言必称尧舜"，这里的"必"字当然是过于夸张了。事实上，孟子讨论人性的几个段落，并未特别提及尧舜。然后，他所道的"性善"，是人性"本"善吗？这是个更大的问题了。

孟子所说的是：人心有四端，从这四端引发、充扩、实践之后，才有"仁、义、礼、智"这四种确定的"善"出现。因此，他一再使用"火之始然，泉之始达"，"水无有不下"等比喻来描写人性，意思是要肯定：人性是一种动态的力量。人只要真诚自觉（思则得之），立即会发现行善的力量由内而发，要求自己行善。我称此一说法为"人性向善"。把握这一点，才能明白孟子谈修养、谈养气、谈知言、谈政治经济、谈治国平天下的一切理论。确立了这一点，人生重心立即由外转向内，人生价值也随着主体而确立，但是孟子并不因此而忽略"天"。人生快乐自然不待外求，孟子清楚地说："反身而诚，乐莫大焉。"

在本书的白话翻译上，我主要参考杨伯峻先生的《孟子译注》，史次耘先生的《孟子今注今译》以及近人的几种作品。在解读时，我刻意突显孟子的人性论，因为这是他立论的基础。有此基础，则思想大厦可以安然建立，则儒家哲学可以形成圆满的体系。孟子继承及发扬孔子的理想，可谓贡献至伟，值得我们感激与学习。

梁惠王上

[1.1]

孟子见梁惠王。王曰："叟（sǒu）！不远千里而来，亦将有以利吾国乎？"

孟子对曰："王何必曰利？亦有仁义而已矣。王曰，'何以利吾国？'大夫曰，'何以利吾家？'士庶人曰，'何以利吾身？'上下交征利，而国危矣。万乘（shèng）之国，弑（shì）其君者，必千乘之家；千乘之国，弑其君者，必百乘之家。万取千焉，千取百焉，不为不多矣。苟为后义而先利，不夺不餍（yàn）。未有仁而遗其亲者也，未有义而后其君者也。王亦曰仁义而已矣，何必曰利？"

[白话]

孟子谒见梁惠王，梁惠王说："老先生！你不以千里为远，来到这里，将为我的国家带来什么利益吧？"

孟子回答说："大王何必谈到利益呢？只要有仁德与义行就够了。大王说，'怎样才对我的国家有利？'大夫说，'怎样才对我的封邑有利？'士人与平民说，'怎样才对我自己有利？'上上下下互相夺取利益，国家就陷于危险了。在拥有万辆兵车的国家里，杀掉国君的，必定是国内拥有千辆兵车的大夫；在拥有千辆兵车的国家里，杀掉国君的，必定是国内拥有百辆兵车的大夫。在拥有万辆兵车的国家里，大夫拥有千辆兵车；在拥有千辆兵车的国家里，大夫拥有百辆兵车，这些大夫的产业不能不算多了。如果忽视义行而重视利益，那么大夫不把国君的产业夺去，是不会满足的。没有讲求仁德的人会遗弃他的父母的，没有讲求义行的人会怠慢他的君主的。大王只要谈论仁德与义行就够了，何必谈到利益呢？"

[解读]

① 梁惠王：在战国七雄（韩、赵、魏、燕、齐、楚、秦）的争霸过程中，魏国的国君继楚国（已在春秋时代称王）之后称王，是为魏惠王，后迁都大梁（今之开封），所以又称梁惠王，时在公元前 362 年。惠王三十五年，特地"卑礼厚币，以招贤者"，孟子于此时来到梁国。

② 万乘之国：古代以兵车（乘：一车四马）衡量国家大小。天子王畿千里，出车万乘，所以又名"万乘之君"。到了东周，天子势衰，诸侯兵马渐强。战国末期，除了七雄皆为万乘之国以外，还有五个千乘之国（宋国、卫国、中山国、东周国、西周国）。

③ 千乘之家："家"是卿大夫的封邑，又称采地，也拥有一定数目的兵车。

④ 仁义：这是孟子标举的原则，无论做人、处事、治国、平天下都须以此为准。理由是仁义源于人性，所以人生别无他途。在翻译时，以"仁德"与"义行"为之。因为"仁"需要自觉其德由内而发，"义"当然也是由内而发，但涉及行动的判断与实践。

[1.2]

孟子见梁惠王。王立于沼上，顾鸿雁麋（mí）鹿，曰："贤者亦乐此乎？"

　　　　　　　　　　　傅佩荣解读《孟子》（修订版）

孟子对曰："贤者而后乐此，不贤者虽有此不乐也。《诗》云：'经始灵台，经之营之；庶民攻之，不日成之；经始勿亟（jí），庶民子来。王在灵囿（yòu），麀（yōu）鹿攸伏，麀鹿濯（zhuó）濯，白鸟鹤鹤。王在灵沼，於（wū）牣（rèn）鱼跃。'文王以民力为台为沼，而民欢乐之，谓其台曰灵台，谓其沼曰灵沼，乐其有麋鹿鱼鳖。古之人与民偕（xié）乐，故能乐也。《汤誓》曰：'时日害（hé）丧，予（yú）及女（rǔ）偕亡！'民欲与之偕亡，虽有台池鸟兽，岂能独乐哉？"

[白话]

孟子谒见梁惠王。梁惠王站在池沼旁边，一面观赏成群的大雁小雁与大鹿小鹿，一面对孟子说："贤良的人也会以此为乐吗？"

孟子回答说："只有贤良的人才能享受这种快乐，不贤良的人即使有这种快乐，也是无法享受的。《诗经·大雅·灵台》说：'开始度量灵台的规模，筹划准备所需的材料；百姓一起来建造，灵台很快就落成；开始度量时并不急着完成，百姓却像帮父母那么卖力。文王巡游到灵囿，母鹿安静卧伏着，母鹿肥润有光泽，白鸟羽毛很洁白。文王游观到灵沼，满池鱼儿在跳跃。'周文王使用百姓的力量建造高台深池，可是百姓非常欢喜，把他的台称为'灵台'，把他的池称为'灵沼'，并且很高兴他有各种麋鹿鱼鳖。古代的贤君与百姓一起快乐，所以能够享受快乐。《尚书·汤誓》说：'这个太阳什么时候灭亡？我们要与你同归于尽！'百姓痛恨夏桀，要与他同归于尽，即使他拥有高台、深池与各种鸟兽，难道能独自享受吗？"

[解读]

① 贤者："贤"指杰出优秀的人，其表现或在善良，或在明智，

或在能力，或者兼而有之。白话则有"贤良、贤明、贤能"等。

② 灵台、灵囿、灵沼："灵"有出神入化、美善之至的意思，在此显示百姓的虔诚心意。

③ 《汤誓》提及"时日曷丧"（这个太阳何时灭亡），是因为夏桀说过："吾有天下，如天之有日，日亡吾乃亡耳。"

④ 本章重点在于"与民偕乐"一语。为政之道，不外乎此。

⑤ 齐宣王也问过孟子："贤者亦有此乐乎？"[2.4]可见国君喜欢以富贵奢华来向人炫耀。

[1.3]

梁惠王曰："寡人之于国也，尽心焉耳矣。河内凶，则移其民于河东，移其粟于河内。河东凶亦然。察邻国之政，无如寡人之用心者。邻国之民不加少，寡人之民不加多，何也？"

孟子对曰："王好（hào）战，请以战喻。填然鼓之，兵刃既接，弃甲曳（yè）兵而走。或百步而后止，或五十步而后止。以五十步笑百步，则何如？"

曰："不可。直不百步耳，是亦走也。"曰："王如知此，则无望民之多于邻国也。不违农时，谷不可胜（shēng）食也；数（cù）罟（gǔ）不入洿（wū）池，鱼鳖不可胜食也；斧斤以时入山林，材木不可胜用也。谷与鱼鳖不可胜食，材木不可胜用，是使民养生丧死无憾也。养生丧死无憾，王道之始也。五亩之宅，树之以桑，五十者可以衣（yì）帛矣。鸡豚（tún）狗彘（zhì）之畜（xù），无失其时，七十者可以食肉矣。百亩之田，勿夺其时，数口之家可以无饥矣。谨庠（xiáng）序之教，申之以孝悌之义，颁白者不负戴于道路矣。七十者衣帛食肉，黎民不饥不寒，然而不王（wàng）者，未之有也。狗彘食人食而不知检，涂有饿莩（piǎo）而不知发；

人死，则曰：'非我也，岁也。'是何异于刺人而杀之，曰：'非我也，兵也。'王无罪岁，斯天下之民至焉。"

[白话]

梁惠王说："我对于国事，真是用尽心力了。河内发生饥荒，就把部分百姓迁到河东，又把河东的部分粮食运到河内。河东发生饥荒，也依类似方式来做。考察邻国的政务，没有哪个国君像我这么用心的。但是，邻国的百姓并未减少，我国的百姓并未增多，这是什么缘故呢？"

孟子回答说："大王喜欢战争，就用战争来做比喻。战鼓咚咚响起，刀刃剑锋相碰，就有士兵丢掉盔甲拖着兵器逃跑。有的跑了一百步才停下来，有的跑了五十步就停下来。那些跑五十步的嘲笑那些跑一百步的，说得过去吗？"

梁惠王说："不可以的。只不过没有跑到一百步罢了，这同样是逃跑啊。"孟子说："大王如果懂得这个道理，就不必指望百姓会比邻国多了。不耽误百姓耕种及收获的季节，粮食自然吃不完；细密的渔网不放入水池捕捞，鱼鳖自然吃不完；砍伐树木按照一定的时间，木材自然用不尽。粮食和鱼鳖吃不完，木材又用不尽，这样就使百姓养家活口、办理丧事都没有什么不满。百姓养家活口、办理丧事都没有什么不满，就是王道的开始啊。在五亩大的宅园中种桑养蚕，五十岁的人就可以穿上丝绵袄了。鸡、小猪、狗与大猪这些家畜的畜养，不错过繁殖的季节，七十岁的人就可以有肉吃了。一家人百亩的田地，不要占夺他们耕作的时机，几口人的家庭就可以不挨饿了。认真办理学校教育，反复讲述孝亲敬长的道理，那么头发花白的人就不会背着及顶着重物在路上行走了。七十岁的人有丝绵袄穿也有肉吃，一般百姓不挨饿也不受冻，这样还不能称王天下，那是从来不曾有过的。现在，猪狗吃掉了百姓的粮食，却不知道制止；路旁有饿死的尸体，却不知道开仓赈济。有人死了，就说：'这不是我害的，是年成不好。'这和用刀杀人，却说'不是我杀的，是刀子杀的'又有什么不同呢？大王不再归罪于年成，那么天下的百姓自然会来归顺了。"

[解读]

① 梁惠王虽然用心，但是并未想要与民同甘共苦。在孟子看来，如果不懂仁义之道而只在技术层面改革，结果只是五十步与百步的差别而已。"寡人"意为寡德之人，为人君自谦之词。

② 政治领袖"找借口"的毛病，不但很难根绝，并且少有自觉。

③ 农时：春耕、夏耘、秋收，至冬乃使民服劳役。数罟：密网。古者网罟必用四寸（九十二毫米）之目，鱼不满尺则不食之。斧斤以时入山林：秋冬之际，草木零落，然后入山林砍伐。

④ 教育必自"孝悌"始，这是孟子的重要原则。

⑤ 本章从"五亩之宅"到"未之有也"，与[1.7]所言大体相同。所谓"百亩之田"，是依古代井田制度而言。井田为九百亩，由八家共耕，中为公田，因此一家百亩。可参考[5.3]。

[1.4]

梁惠王曰："寡人愿安承教。"

孟子对曰："杀人以梃与刃，有以异乎？"

曰："无以异也。"

"以刃与政，有以异乎？"

曰："无以异也。"

曰："庖（páo）有肥肉，厩（jiù）有肥马，民有饥色，野有饿莩，此率兽而食人也。兽相食，且人恶（wù）之；为民父母，行政不免于率兽而食人，恶（wū）在其为民父母也？仲尼曰：
'始作俑（yǒng）者，其无后乎！'为其象人而用之也。如之何
其使斯民饥而死也？"

[白话]

  梁惠王说："我很乐意接受你的指教。"

  孟子说："用木棍打死人与用刀杀人，有什么不同吗？"

  梁惠王说："没有什么不同。"

  "用刀杀人与用苛政害死人，有什么不同吗？"

  梁惠王说："没有什么不同。"

  孟子说："厨房里有肥肉，马厩里有肥马，可是百姓面带饥色，野外有饿死的尸体，这等于率领野兽来吃人。野兽互相残食，人们尚且厌恶；身为百姓的父母，推行政事，却不免于率领野兽来吃人，这又怎么配做百姓的父母呢？孔子说：'最初制作木偶人来陪葬的，该会断绝子孙吧！'这是因为木偶像人，却用来殉葬。那么，又怎么可以让百姓饥饿而死呢？"

[解读]

① "率兽食人"一语，道尽乱世的荒谬。拥有财富与权力的人，对此实难体悟。此语亦见于［6.9］。

② "为民父母"，参考《书经·洪范》："天子作民父母，以为天下王。"官员有如百姓父母，这是中国古代的政治思想。

③ "俑"是殉葬用的土偶或木偶。古代曾用活人殉葬，后来才改为俑。即使是人俑，也因为像人而使孔子深觉不忍。儒家的人文主义显示出深刻的人道情怀，珍惜每一个人的生命价值。

[1.5]

梁惠王曰："晋国,天下莫强焉,叟之所知也。及寡人之身,东败于齐,长子死焉;西丧地于秦七百里;南辱于楚。寡人耻之,愿比死者一洒(xǐ)之,如之何则可?"

孟子对曰："地方百里而可以王。王如施仁政于民,省刑罚,薄税敛,深耕易耨(nòu),壮者以暇日修其孝悌忠信,入以事其父兄,出以事其长上,可使制梃以挞(tà)秦楚之坚甲利兵矣。彼夺其民时,使不得耕耨以养其父母,父母冻饿,兄弟妻子离散。彼陷溺其民,王往而征之,夫(fú)谁与王敌?故曰:'仁者无敌。'王请勿疑。"

[白话]

梁惠王说:"晋国的强大,以前天下没有比得上的,这是老先生你所知道的。可是到了我手中,在东边被齐国打败,我的长子也牺牲了;在西边被秦国打败,割让了七百里土地;在南边又被楚国欺侮,占去了八个城池。我对此深感羞耻,想要为战死的人报仇雪恨,要怎么样才办得到呢?"

孟子回答说:"纵横各一百里的小地方也能够让天下归服。大王如果对百姓施行仁政,少用刑罚,减轻赋税,深耕细作,勤除杂草,安排年轻人在闲暇时学习孝悌忠信的道理,进而在家侍奉父兄,在外敬重长上,这样可以让他们拿起木棍打赢拥有坚实盔甲、锐利刀枪的秦国与楚国的军队了。秦国与楚国占夺了百姓耕种的时间,使他们不能耕田除草,没有收获去奉养父母。父母受冻挨饿,兄弟妻子儿女各自逃散。他们让百姓陷入痛苦之中,大王前往讨伐,还有谁能与大王对抗呢?所以古语说:'有仁德的人,天下无敌。'希望大王不要怀疑了!"

　　　　　　　　　　　　傅佩荣解读《孟子》(修订版)

［解读］

① 晋国被魏、赵、韩三家所分，魏国君臣有时仍以晋国自称其国。

② 东败于齐：马陵之役（公元前343年），齐国的孙膑大败魏国的庞涓，魏太子申被俘而死。

③ 仁政：这是孟子的政治主张，其做法不外乎养民、教民、与民同乐。"仁"字所指，正是人性的归趋。就其由内而发，可称为仁德；用于政治，则是仁政。"仁者无敌"，因为顺应人性，自然人人支持。

④ "孝悌忠信"四字是孟子用来描述善行的术语，亦见于［13.32］。这四字所指都是"我与别人之间适当关系之实现"，这也正是儒家对"善"的定义。

［1.6］

孟子见梁襄王。出语（yù）人曰："望之不似人君，就之而不见所畏焉。卒（cù）然问曰：'天下恶（wū）乎定？'吾对曰：'定于一。''孰能一之？'对曰：'不嗜杀人者能一之。''孰能与之？'对曰：'天下莫不与也。王知夫苗乎？七八月之间旱，则苗槁矣。天油然作云，沛然下雨，则苗浡（bó）然兴之矣。其如是，孰能御之？今夫（fú）天下之人牧，未有不嗜杀人者也。如有不嗜杀人者，则天下之民皆引领而望之矣。诚如是也，民归之，由水之就下，沛然谁能御之！'"

［白话］

孟子谒见梁襄王，出来之后对人说："远远看他，不像个国君的样子；就近看他，也没有什么威严可言。他突然发问：'天下怎样才会安定？'我回答说：'统一了就会安定。''谁能统一？'我回答说：'不喜欢杀人的国君，就能统一。''谁来跟随他呢？'我回答说：'天下的人没有不跟随他的。大王了解禾苗生长的情况吗？七八月间遇到天旱，禾苗自然枯槁了。这时天上涌起乌云、降下大雨，禾苗又立刻蓬勃地生长起来了。像这样，谁能够阻挡呢？现在天下的国君没有不喜欢杀人的。如果有不喜欢杀人的，那么天下的百姓都会伸长脖子盼望着他了。果真如此，百姓归附他，就像水向下奔流，来势汹涌又有谁能够阻挡呢？'"

[解读]

① 梁襄王：梁惠王之子，这时继位为王。至今仍用"望之不似人君"一语描写其人格局、气度皆有限。

② 七八月：当时使用周历，相当于夏历的五六月，正是禾苗待雨的季节。

③ 孟子因材施教，回答简单明了，但是襄王未必能懂，即使懂了，也未必做得到。

[1.7.1]

齐宣王问曰："齐桓、晋文之事，可得闻乎？"

孟子对曰："仲尼之徒，无道桓文之事者，是以后世无传焉，臣未之闻也。无以，则王乎！"

曰："德何如则可以王矣？"

曰："保民而王，莫之能御也。"

曰："若寡人者，可以保民乎哉？"

曰："可。"

曰："何由知吾可也？"

曰："臣闻之胡龁（hé）曰：王坐于堂上，有牵牛而过堂下者，王见之，曰：'牛何之？'对曰：'将以衅（xìn）钟。'王曰：'舍之！吾不忍其觳（hú）觫（sù），若无罪而就死地。'对曰：'然则废衅钟与？'曰：'何可废也？以羊易之。'不识有诸？"

曰："有之。"

曰："是心足以王矣。百姓皆以王为爱也，臣固知王之不忍也。"

王曰："然，诚有百姓者。齐国虽褊（biǎn）小，吾何爱一牛？即不忍其觳觫，若无罪而就死地，故以羊易之也。"

曰："王无异于百姓之以王为爱也。以小易大，彼恶知之？王若隐其无罪而就死地，则牛羊何择焉？"

王笑曰："是诚何心哉！我非爱其财而易之以羊也，宜乎百姓之谓我爱也。"

曰："无伤也，是乃仁术也，见牛未见羊也。君子之于禽兽也，见其生，不忍见其死；闻其声，不忍食其肉。是以君子远庖（páo）厨也。"

[白话]

齐宣王问说："齐桓公、晋文公的事迹，可以讲给我听听吗？"

孟子说："孔子的学生没有谈论齐桓公、晋文公事迹的，所以没有流传到后代，我也不曾听说过。如果一定要我说，那就谈谈称王天下的道理吧！"

齐宣王说："要有怎样的德行，才可以称王天下呢？"

孟子说："保护百姓进而称王天下，就没有人能够阻挡了。"

齐宣王说："像我这样的人，可以做到保护百姓吗？"

孟子说："可以。"

齐宣王说："凭什么知道我可以呢？"

孟子说："我听胡龁说过：有一天大王坐在堂上，有人牵着一头牛从堂下经过，大王见了就问：'牛要牵到哪里去？'那人回答：'要用它来祭钟。'大王说：'放了它吧！我不忍心看它恐惧发抖的样子，好像没有犯罪就被置于死地。'那人便问：'那么，要废除祭钟的仪式吗？'大王说：'怎么可以废除呢？用羊来代替它吧！'不知道有没有这回事？"

齐宣王说："有的。"

孟子说："这样的心意就足以称王天下了。百姓都以为大王是吝啬，我本来就知道大王是不忍心啊。"

齐宣王说："是的，确实有这样议论的百姓。齐国虽是小国，但我怎么会吝惜一头牛？我就是不忍心看它恐惧发抖的样子，好像没有犯罪就被置于死地，所以才用羊代替它啊。"

孟子说："大王不必责怪百姓以为您吝啬。用小的代替大的，他们怎么了解您的想法？大王如果可怜它没有犯罪就被置于死地，那么牛和羊又有什么分别呢？"

齐宣王笑着说："这究竟是什么样的心思呢？我不是吝惜钱财而以羊换牛的。也难怪百姓要说我吝啬了。"

孟子说："没有关系，这正是仁德的具体表现，是大王见到牛而没有见到羊的缘故。君子对于禽兽，看到它活着，就不忍心看到它死去；听到它的哀鸣，就不忍心食用它的肉。正是因为如此，所以君子总是与厨房保持距离。"

[解读]

① 齐宣王：孟子离魏赴齐，当时齐宣王即位大约两年。

② 齐桓公、晋文公：春秋五霸为齐桓公、宋襄公、晋文公、秦穆公、楚庄王。其中齐桓公与晋文公的霸业最为显赫。孔子的学生（子路、子贡）其实谈过辅佐桓公称霸的管仲，事见《论语》[14.16]、[14.17]。本书引用《论语》篇章号码皆依《傅佩荣

③ 衅钟：古代新铸之钟，要杀牲取血以涂其衅隙，然后才可使用。

④ 宣王的"不忍"正是"仁心"的发端，接着要做的是扩而充之。孟子说这是"仁术"，因为仁德将可由此具体实现。

⑤ 君子：可指有位者或有德者。"君子远庖厨"一语，不是为了给君子不下厨房的理由，而是担心君子的"不忍"因为接近庖厨，看多了杀生之事而减损，最后对人也不再怜惜。

[1.7.2]

王说（yuè）曰："《诗》云：'他人有心，予忖度（duó）之。'夫子之谓也。夫我乃行之，反而求之，不得吾心。夫子言之，于我心有戚戚焉。此心之所以合于王者，何也？"

曰："有复于王者曰：'吾力足以举百钧，而不足以举一羽；明足以察秋毫之末，而不见舆薪。'则王许之乎？"

曰："否。"

"今恩足以及禽兽，而功不至于百姓者，独何与？然则一羽之不举，为不用力焉；舆薪之不见，为不用明焉；百姓之不见保，为不用恩焉。故王之不王，不为也，非不能也。"

曰："不为者与不能者之形何以异？"

曰："挟（xié）太山以超北海，语人曰：'我不能。'是诚不能也，为长者折枝，语人曰：'我不能。'是不为也，非不能也。故王之不王，非挟太山以超北海之类也；王之不王，是折枝之类也。老吾老，以及人之老；幼吾幼，以及人之幼；天下可运于掌。诗云：'刑于寡妻，至于兄弟，以御于家邦。'言举斯心加诸彼而已。故推恩足以保四海，不推恩无以保妻子。古之人所以大过人者，无他焉，善推其所为而已矣。今恩足以及禽兽，而功不至于百姓者，独何与？权，然后知轻重；度，然后知长短。物皆然，心为甚。王请度之。抑王兴甲兵，危士臣，构怨于诸侯，然后快于心与？"

[白话]

齐宣王高兴地说："《诗经·小雅·巧言》上说：'别人想什么，我能揣摩到。'正是说的先生啊。我做了这件事，反过来追究原因，自己心里也不明白。先生这么一讲，使我内心怦然相应。这样的心思合乎称王天下的要求，又是什么缘故呢？"

孟子说："如果有人向大王报告：'我的力气能够举起三千斤，却举不起一根羽毛；我的眼力能够看清楚秋天兽毛的尖端，却看不见一车薪柴。'大王会认可这样的话吗？"

齐宣王说："不会。"

孟子说："现在恩惠能够推广到禽兽身上，可是功绩却照顾不到百姓，到底是怎么回事呢？事实上，一根羽毛都举不起，是因为不肯用力气；一车薪柴都看不见，是因为不肯用眼力；百姓不能受到保护，是因为不肯施行恩惠啊。所以大王没有称王天下，只是不去做，而不是不能做。"

齐宣王说："不去做与不能做的情形，有什么不同？"

孟子说："用手臂夹着泰山跳过北海，对别人说：'我办不到。'这是真的不能做到。为年长的人劳动四肢，对别人说：'我办不到。'这就是不去做，而不是不能做。所以，大王没有称王天下，不是属于用手臂夹着泰山跳过北海一类；大王没有称王天下，是属于为年长的人劳动四肢一类。尊敬自己的长辈，然后推及尊敬别人的长辈；爱护自己的子弟，然后推及爱护别人的子弟。这样要治理天下就像在手掌上转动东西一样。《诗经·大雅·思齐》上说：'（文王）先给妻子做个榜样，再影响到兄弟们，再进而影响到封邑与国家。'这里说的，不过是要把这样的心思用到其他人身上。所以，推广恩惠就能够保住天下，不推广恩惠就连妻子儿女也保不住。古代的君主所以能够远远地超过一般人，没有别的原因，只是善于把他的作为推广出去罢了。现在恩惠能够推广到禽兽身上，可是功绩却照顾不到百姓，到底是怎么回事呢？称一称，然后才知道轻重；量一量，然后才知道长短。所有的东西都是这样，人心更是如此。大王请仔细考虑。难道大王要动员军队，使将士冒险犯难，与别的国家结下仇怨，然后心里才觉得痛快吗？"

[解读]

① 不为与不能：在行善避恶，走上人生正途方面，如果做不到，是"不为"，而非"不能"。儒家对人性是充满信心的，这是因为人性内在就有行善避恶的力量。至于人生其他成就（如富贵）则往往存在"不能"的情况，因而不必强求。

② 为长者折枝："枝"通"肢"。折枝为劳动肢体，帮长辈做事。

③ 推：孔子强调"己所不欲，勿施于人"（《论语》[15.24]），同时也说过："夫仁者，己欲立而立人，己欲达而达人。"（《论语》[6.30]）孟子则一再强调"推"，要推己及人，发挥正面的影响力。

④ 心为甚：人若"权"与"度"，就知道自己的心与别人的心是相通的，进而才愿意将心比心，推善于人。

[1.7.3]

王曰："否。吾何快于是？将以求吾所大欲也。"

曰："王之所大欲，可得闻与？"王笑而不言。

曰："为肥甘不足于口与？轻暖不足于体与？抑为采色不足

视于目与？声音不足听于耳与？便（pián）嬖（bì）不足使令于前与？王之诸臣皆足以供之。而王岂为是哉？"曰："否。吾不为是也。"

曰："然则王之大欲可知已。欲辟（pì）土地，朝秦楚，莅中国而抚四夷也。以若所为，求若所欲，犹缘木而求鱼也。"

王曰："若是其甚与？"曰："殆有甚焉。缘木求鱼，虽不得鱼，无后灾。以若所为，求若所欲，尽心力而为之，后必有灾。"曰："可得闻与？"

曰："邹人与楚人战，则王以为孰胜？"曰："楚人胜。"

曰："然则小固不可以敌大，寡固不可以敌众，弱固不可以敌强。海内之地，方千里者九，齐集有其一。以一服八，何以异于邹敌楚哉？盖（hé）亦反其本矣？今王发政施仁，使天下仕者皆欲立于王之朝，耕者皆欲耕于王之野，商贾（gǔ）皆欲藏于王之市，行旅皆欲出于王之涂，天下之欲疾其君者，皆欲赴愬（sù）于王。其若是，孰能御之！"

王曰："吾惛（hūn），不能进于是矣。愿夫子辅吾志，明以教我。我虽不敏，请尝试之。"

[白话]

齐宣王说："不，对此我有什么痛快的呢？我是想借此实现我最大的愿望。"

孟子说："大王最大的愿望可以说来听听吗？"齐宣王笑而不答。

孟子说："是为了肥美的食物不够吃吗？轻暖的衣服不够穿吗？还是艳丽的色彩不够看吗？美妙的音乐不够听吗？乖巧的侍从不够使唤吗？这些，大王的群臣都能够供应，难道大王真是为了这些吗？"齐宣王说："不，我不是为这些。"

　　　　　　　　　　　　　　傅佩荣解读《孟子》（修订版）

孟子说："那么，大王最大的愿望就可以知道了，您是想要开拓疆土，让秦国与楚国都来朝贡，君临天下并且安抚四周的外族。然而，以您的做法去追求您的愿望，就好像爬到树上去捉鱼一样。"

齐宣王说："会像你说的那么严重吗？"孟子说："恐怕比这个更严重。爬到树上去捉鱼，虽然捉不到鱼，不会有什么后患。以您的做法去追求您的愿望，如果费尽心力去做，一定会有祸害在后面。"齐宣王说："可以说来听听吗？"

孟子说："邹国与楚国打仗，大王认为谁会打胜？"齐宣王说："楚国会胜。"

孟子说："由此可见，小的原本敌不过大的，人少的原本敌不过人多的，势力弱的原本敌不过势力强的。现在四海之内的面积约九百万平方里，齐国全国土地占了其中九分之一。以一份来对抗另外八份，那和邹国与楚国为敌有什么不同呢？何不回到根本上来呢？现在大王改革政治，施行仁德，使天下做官的都想来大王的朝廷任职，农夫都想来大王的田野耕种，商人都想来大王的市场经营，旅客都想在大王的道路来往，天下有痛恨本国君主的人都想来大王这儿控诉。果真做到这样，谁能抵挡得住呢？"

齐宣王说："我头昏脑涨，没有办法了解这一步。希望先生辅佐我实现志向，明白地教导我。我虽然不够聪明，也要尝试一下。"

[解读]

① 齐宣王的愿望，其实是战国七雄的共同愿望。在正常情况下，小国不能胜大国，但是孟子却坚信他的仁政理想可以所向无敌，这是由于他对人性的洞见，亦即人们自然也必然归向于善的政治。齐宣王承认自己不了解，并且愿意学习，已属难能可贵。

[1.7.4]

曰："无恒产而有恒心者，惟士为能。若民，则无恒产，因无恒心。苟无恒心，放辟邪侈，无不为已。及陷于罪，然后从而刑之，是罔民也。焉有仁人在位，罔民而可为也？是故明君制民之产，必使仰足以事父母，俯足以畜（xù）妻子，乐岁终身饱，凶年免于死亡。然后驱而之善，故民之从之也轻。今也制民之产，仰不足以事父母，俯不足以畜妻子，乐岁终身苦，凶年不免于死亡。此惟救死而恐不赡（shàn），奚暇治礼义哉？王欲行之，则盍（hé）反其本矣。五亩之宅，树之以桑，五十者可以衣帛矣。鸡豚狗彘之畜，无失其时，七十者可以食肉矣。百亩之田，勿夺其时，八口之家可以无饥矣。谨庠序之教，申之以孝悌之义，颁白者不负戴于道路矣。老者衣帛食肉，黎民不饥不寒，然而不王者，未之有也。"

[白话]

孟子说："没有固定的产业却有坚定的心志，只有读书人做得到。至于一般百姓，没有固定的产业，因而也就没有坚定的心志。如果没有坚定的心志，就会违法乱纪，什么事都做得出来。等到他们犯了罪，然后加以处罚，这就等于设下罗网陷害百姓。哪里有仁德之君在位却做出陷害百姓的事呢？所以英明的君主在规划百姓的产业时，一定要使他们对上足够侍奉父母，对下足够养活妻小，丰年可以天天吃饱，荒年也不至于饿死。这样之后，督促他们走上善道，百姓也就容易听从了。现在所规划的百姓产业，让他们对上不够侍奉父母，对下不够养活妻小，丰年还要天天吃苦，荒年就免不了饿死。这样，他们连救活自己都怕来不及，又哪有空闲讲求礼仪与义行呢？大王想要实现愿望，那么何不回到根本上来呢？在五亩大的宅园中，种桑养蚕，五十岁的人就可以穿上丝绵袄了。鸡、小猪、狗与大猪这些家畜的畜养，不要错过繁殖的季节，七十岁的人就可以有肉吃了。一家人百亩的田地不要占夺他们耕作的时机，八口人的家庭就可以不挨饿了。认真办理学校教育，反复讲述孝亲敬长的道理，那么头发花白的人就不会背着及顶着重物在路上行走了。老年人有丝绵袄穿也有肉吃，一般百姓不挨饿也不受冻，这样还不能称王天下，那是从来不曾有过的事。"

[解读]

① 恒产与恒心：恒产是固定的产业，足以使人衣食无缺者。恒心是坚定的心志，要择善固执。孟子对士（读书人）的期许由此可见。

② 本章最后一小段，已见于［1.3］，可以从中看出孟子对一般人物质生活的重视。作为哲学家，孟子自然有他深刻而高明的见解，但是谈及现实人生，如政治问题，则必须具体而可行。孔子谈到一个国家人口众多（庶）之后，接着要"富之"，而最重要的是还要"教之"。（《论语》［13.9］）

梁惠王下

[2.1]

庄暴见孟子，曰："暴见（xiàn）于王，王语（yù）暴以好乐（yuè），暴未有以对也。"曰："好乐何如？"孟子曰："王之好乐甚，则齐国其庶几乎！"

他日，见于王曰："王尝语庄子以好乐，有诸？"王变乎色，曰："寡人非能好先王之乐也，直好世俗之乐耳。"曰："王之好乐甚，则齐其庶几乎！今之乐，由古之乐也。"曰："可得闻与？"曰："独乐（yuè）乐，与人乐（yuè）乐，孰乐？"曰："不若与人。"曰："与少乐（yuè）乐，与众乐（yuè）乐，孰乐？"曰："不若与众。"

"臣请为王言乐（yuè）。今王鼓乐（yuè）于此，百姓闻王钟鼓之声，管龠（yuè）之音，举疾首蹙（cù）頞（è）而相告曰：'吾王之好鼓乐，夫（fú）何使我至于此极也！父子不相见，兄弟妻子离散。'今王田猎于此，百姓闻王车马之音，见羽旄（máo）之美，举疾首蹙頞而相告曰：'吾王之好田猎，夫何使我至于此极也！父子不相见，兄弟妻子离散。'此无他，不与民同乐也。今王鼓乐于此，百姓闻王钟鼓之声，管龠之音，举欣欣然有喜色而相告曰：'吾王庶几无疾病与，何以能鼓乐也？'今王田猎于此，百姓闻王车马之音，见羽旄之美，举欣欣然有喜色而相告曰：'吾王庶几无疾病与，何以能田猎也？'此无他，与民同乐也。今王与百姓同乐，则王矣。"

[白话]

　　齐国大臣庄暴来见孟子，说："我被大王召见时，大王告诉我他爱好音乐，我没有话可以回答他。"接着又说："爱好音乐到底好不好？"孟子说："大王如果非常爱好音乐，齐国大概就可以平治了。"

　　过了几天，孟子被齐宣王召见，他说："大王曾经对庄暴说过爱好音乐，有这回事吗？"齐宣王脸色一变，说："我不是爱好古代圣王的音乐，只是爱好世俗流行的音乐罢了。"孟子说："大王如果非常爱好，齐国大概就可以平治了！现在的音乐与古代的音乐是一样的。"齐宣王说："可以说来听听吗？"孟子说："独自欣赏音乐的快乐，比起同别人一起欣赏音乐的快乐，哪一种更快乐？"齐宣王说："不如同别人一起。"孟子说："同少数人一起欣赏音乐的快乐，比起同多数人一起欣赏音乐的快乐，哪一种更快乐？"齐宣王说："不如同多数人一起。"

　　孟子说："请让我为大王谈谈音乐。假设大王在这儿奏乐，百姓听到钟鼓的声音，箫笛的演奏，大家都头痛皱眉互相议论说：'我们大王爱好音乐，为什么让我们陷入这样的绝境？父子不能见面，兄弟妻儿离散。'假设大王在这儿打猎，百姓听到大王车马的声音，看见旗帜的华美，大家都头痛皱眉互相议论说：'我们大王爱好打猎，为什么让我们陷入这样的绝境？父子不能见面，兄弟妻儿离散。'这没有别的原因，只是不同百姓一起快乐的缘故。假设大王在这儿奏乐，百姓听到钟鼓的声音，箫笛的演奏，大家都眉开眼笑互相谈论说：'我们大王大概没什么病吧，不然怎么能奏乐呢？'假设大王在这儿打猎，百姓听到大王车马的声音，看见旗帜的华美，大家都眉开眼笑互相谈论说：'我们大王大概没什么病吧，不然怎么能打猎呢？'这没有别的原因，只是同百姓一起快乐的缘故。如果大王能同百姓一起快乐，就可以称王天下了。"

[解读]

① 音乐有雅俗之别，但是听音乐时，喜欢与人共鸣的心思是一样的。"独乐乐不如众乐乐"至今仍是十分生动的成语。

② 与民同乐：君主的鼓乐与田猎都是正当娱乐，但是前提是要让百姓丰衣足食，也能平安快乐。问题是，君主的享受往往是由剥削百姓而得到的。

[2.2]

齐宣王问曰："文王之囿（yòu），方七十里，有诸？"孟子对曰："于传（zhuàn）有之。"曰："若是其大乎？"曰："民犹以为小也。"曰："寡人之囿，方四十里，民犹以为大，何也？"曰："文王之囿，方七十里，刍（chú）荛（ráo）者往焉，雉（zhì）兔者往焉，与民同之。民以为小，不亦宜乎！臣始至于境，问国之大禁，然后敢入。臣闻郊关之内有囿方四十里，杀其麋鹿者，如杀人之罪，则是方四十里为阱于国中。民以为大，不亦宜乎？"

[白话]

齐宣王问说："周文王的园林纵横各七十里，有这回事吗？"孟子回答说："在史籍上有这样的记载。"齐宣王说："这样不是很大吗？"孟子说："百姓还觉得太小了呢。"齐宣王说："我的园林纵横各四十里，百姓还觉得太大，这是什么缘故？"孟子说："文王的园林纵横各七十里，割草砍柴的可以去，打鸟捕兔的可以去，那是与百姓一同享用的。百姓认为太小，不是应该的吗？我初到齐国边界时，先问清楚齐国的重要禁令，然后才敢入境。我听说在国都郊区有一处园林，纵横各四十里，杀了其中的麋鹿，就如同犯了杀人罪，这等于在国内设下纵横各四十里的陷阱。百姓认为太大了，不也是应该的吗？"

[解读]

① 囿：古代畜养草木鸟兽的园林，无围墙的是"囿"，有围墙的是"苑"。囿亦为君主田猎之所。

② 郊关：国都之外，百里为郊，郊外有关。

③ 周文王的作风依然是"与民同之"，这看似简单的一句话，却不易做到。

[2.3]

齐宣王问曰："交邻国，有道乎？"孟子对曰："有。惟仁者为能以大事小，是故汤事葛，文王事昆夷。惟智者为能以小事大，故太王事獯鬻（xūn yù），勾践事吴。以大事小者，乐天者也；以小事大者，畏天者也。乐天者保天下，畏天者保其国。《诗》云：'畏天之威，于时保之。'"

王曰："大哉言矣！寡人有疾，寡人好勇。"对曰："王请无好小勇。夫抚剑疾视曰：'彼恶（wū）敢当我哉！'此匹夫之勇，敌一人者也。王请大之。《诗》云：'王赫斯怒，爰（yuán）整其旅，以遏徂（cú）莒，以笃周祜，以对于天下。'此文王之勇也。文王一怒而安天下之民。《书》曰：'天降下民，作之君，作之师，惟曰其助上帝宠之。四方有罪无罪惟我在，天下曷（hé）敢有越厥志？'一人衡行于天下，武王耻之；此武王之勇也。而武王亦一怒而安天下之民。今王亦一怒而安天下之民，民惟恐王之不好勇也。"

[白话]

齐宣王问说:"与邻国交往,有什么原则吗?"孟子回答说:"有的。只有仁德者能以大国的身份侍奉小国,所以商汤服侍葛伯,周文王服侍昆夷。只有明智者能以小国的身份侍奉大国,所以太王服侍獯鬻,勾践服侍吴国。以大国身份侍奉小国的,是以天命为乐的人;以小国身份侍奉大国的,是对天命敬畏的人。以天命为乐的人可以保住天下,对天命敬畏的人可以保住他的国家。《诗经·周颂·我将》上说:'敬畏天的威严,所以保住福佑。'"

齐宣王说:"这番话太伟大了!不过,我有个毛病,就是爱好勇敢。"孟子回答说:"希望大王不要爱好小勇。手按剑柄、怒目而视,说:'他怎么敢抵挡我!'这是平凡人的勇敢,只能对付一个人。希望大王扩而大之。《诗经·大雅·皇矣》上说:'文王勃然大怒,于是整顿军队,阻止侵略莒国的敌人,以增强周朝的福佑,并以此报答天下人的期望。'这是文王的勇敢。文王一发怒就安定了天下的百姓。《尚书·泰誓》上说:'天降生万民,为万民立了君主也立了师傅,要他们协助上帝来爱护百姓。因此,四方百姓有罪的与无罪的,都由我来负责,天下谁敢超越他的本分?'有一个人在天下横行,武王觉得可耻,这就是武王的勇敢。武王也是一发怒就安定了天下的百姓。如果大王也是一发怒就安定了天下的百姓,那么百姓还只怕大王不爱好勇敢呢。"

[解读]

① 汤是商朝的创建者,葛是古代小国。此事在本书《滕文公下》[6.5]有较详细的介绍。文王所事的昆夷,为周朝初年的西戎国名。太王是周文王的祖父古公亶父,獯鬻是北方的少数民族,亦即[2.15]所描写的狄人,秦、汉时称为匈奴。越王勾践于公元前494年被吴王夫差所败,后来演变出"卧薪尝胆""勾

② 乐天与畏天："天"指天命而言。孔子有"知天命"(《论语》[2.4])与"畏天命"[16.8]的说法，并且还有"顺天命"("六十而耳顺"[2.4]应指六十而顺天命，详见《傅佩荣解读论语》的相关讨论)的具体做法。此外，孟子也谈及"知天""事天"[13.1]与"顺天"[7.7]。孟子接受孔子的观点，还推衍出"乐天"(乐天命)之说。

③ 小勇是逞强好斗，出于意气冲动；大勇则是主持正义，为了照顾百姓。

④ 孟子使用"上帝"一词，两度引述古书，另一处为[7.7]。他直接说及"上帝"，则在[8.25]，显然以"上帝"为至上神，可接受人之"祀"。

[2.4]

齐宣王见孟子于雪宫。王曰："贤者亦有此乐乎？"孟子对曰："有。人不得，则非其上矣。不得而非其上者，非也；为民上而不与民同乐者，亦非也。乐民之乐者，民亦乐其乐；忧民之忧者，民亦忧其忧。乐以天下，忧以天下，然而不王者，未之有也。昔者齐景公问于晏子曰：'吾欲观于转附朝舞，遵海而南，放于琅邪（láng yé）。吾何修而可以比于先王观也？'

"晏子对曰：'善哉问也！天子适诸侯曰巡狩；巡狩者，巡所守也。诸侯朝于天子曰述职；述职者，述所职也。无非事者。春省（xǐng）耕而补不足，秋省敛而助不给（jǐ）。夏谚曰："吾王不游，吾何以休？吾王不豫，吾何以助？一游一豫，为诸侯度。"今也不然，师行而粮食，饥者弗食，劳者弗息。睊（juàn）睊胥谗，民乃作慝（tè）。方命虐民，饮食若流；流连荒亡，为诸侯忧。从流

下而忘反，谓之流；从流上而忘反，谓之连；从兽无厌，谓之荒；乐酒无厌，谓之亡。先王无流连之乐，荒亡之行。惟君所行也。'

"景公说（yuè），大戒于国，出舍于郊。于是始兴发补不足。召太师曰：'为我作君臣相说（yuè）之乐！'盖《徵（zhǐ）招（sháo）》《角（jué）招（sháo）》是也。其诗曰：'畜君何尤？'畜君者，好（hào）君也。"

[白话]

齐宣王在他的离宫雪宫里接见孟子。齐宣王说："贤良的人也有这种快乐吗？"孟子回答说："有。人们得不到这种快乐，就会抱怨他们的君主。得不到就抱怨君主，是不对的；作为百姓的君主却不同百姓一起快乐，也是不对的。君主以百姓的快乐为自己的快乐，百姓也会以君主的快乐为自己的快乐；君主以百姓的忧愁为自己的忧愁，百姓也会以君主的忧愁为自己的忧愁。同天下人一起快乐，同天下人一起忧愁，这样还不能称王天下，那是从来不曾有过的事。从前齐景公问晏子说：'我想去游览转附、朝舞这两座山，然后沿着海岸向南行，一直走到琅邪山。我要怎样修养才能与先王的游览相比拟呢？'

"晏子回答说：'问得好啊！天子前往诸侯之国，称为巡狩。所谓巡狩，就是巡视诸侯所守的疆土。诸侯去朝见天子，称为述职。所谓述职，就是陈述自己所尽的职责。没有不与工作相结合的。春天视察耕种情况，帮助不足的人；秋天视察收成情况，周济缺粮的人。夏朝的谚语说："我王不出来巡游，我们哪会得到休息？我王不出来走动，我们哪会得到补助？他的巡游与走动，都是诸侯的榜样。"现在却不是如此，出巡时兴师动众，并且征集粮食，使得饥饿的人没有饭吃，劳累的人不得休息。大家怒目而视，互相抱怨，百姓也开始为非作歹了。违背天意，虐待百姓，吃喝浪费如同流水；流连忘返，荒亡无行，使诸侯也深感忧愁。从上游玩到下游，乐而忘返，叫做流；从下游玩到上游，乐而忘返，叫做连；拼命打猎不知厌倦，叫做荒；好酒贪杯不知满足，叫做亡。先王没有流连的享乐、荒亡的行径。就看您怎么做了。'

"齐景公听了很高兴，先在都城内做好充分准备，自己再驻扎到郊外去，然后开仓救济穷人。他召来大乐官，说：'为我作一首君臣相悦的歌曲！'那就是《徵招》与《角招》啊。其中有一句说：'关心君主，有什么过错？'关心君主，就是爱护君主的意思。"

[解读]

① 梁惠王也曾问过孟子："贤者亦乐此乎？"［1.2］

② "乐以天下，忧以天下"是君主的理想目标。宋儒范仲淹说"先天下之忧而忧，后天下之乐而乐"，则陈义过高，无从实现。

③ 齐景公在位时（公元前547至前490年），晏子（晏婴）是有名的宰相。孔子也曾见过齐景公（《论语》［12.11］），但对他评价不高，《论语》［16.12］还有"齐景公有马千驷，死之日，民无德而称焉"一语。

④ 《徵招》、《角招》："徵"与"角"是古代五音（宫、商、角、徵、羽）中的两个。"招"的音义皆同"韶"。孟子对于人物的评价是：只要见到好心与善行，都愿大力肯定，其目的是为了鼓励听者自觉其向善的心志。

［2.5］

齐宣王问曰："人皆谓我毁明堂，毁诸？已乎？"孟子对曰："夫明堂者，王者之堂也。王欲行王政，则勿毁之矣。"

王曰："王政可得闻与？"对曰："昔者文王之治岐也，耕者九一，仕者世禄，关市讥而不征，泽梁无禁，罪人不孥（nú）。老而无妻曰鳏（guān），老而无夫曰寡，老而无子曰独，幼而无父曰孤。此四者，天下之穷民而无告者。文王发政施仁，必先斯四者。《诗》云：'哿（gě）矣富人，哀此茕（qióng）独。'"王曰："善哉言乎！"曰："王如善之，则何为不行？"

王曰："寡人有疾，寡人好货。"对曰："昔者公刘好货，《诗》云：'乃积乃仓，乃裹糇（hóu）粮，于橐（tuó）于囊，思戢（jí）用光。弓矢斯张，干戈戚扬，爰（yuán）方启行。'故居者有积仓，行者有裹粮也，然后可以爰方启行。王如好货，与百姓同之，于王何有？"

王曰："寡人有疾，寡人好色。"对曰："昔者太王好色，爰厥妃。《诗》云：'古公亶（dǎn）父，来朝走马，率西水浒（hǔ），至于岐下，爰及姜女，聿（yù）来胥（xū）宇。'当是时也，内无怨女，外无旷夫。王如好色，与百姓同之，于王何有？"

[白话]

齐宣王问说："别人都建议我拆毁明堂，要拆毁呢，还是不要？"孟子回答说："明堂是古代君王会见诸侯的殿堂。大王如果想要施行王政，就不要拆毁它。"

齐宣王说："王政的情况，可以说来听听吗？"孟子回答说："从前周文王治理岐地，农民抽九分之一的税，做官的世代继承俸禄，关卡与市场只稽查不征税，湖泊池沼不设捕鱼禁令，惩罚罪犯不牵连妻小。年老无妻叫做鳏，年老无夫叫做寡，年老无子叫做独，年幼无父叫做孤。这四种人是天下最困苦而又无所依靠的人。周文王发布政令、施行仁政，一定最先考虑他们。《诗经·小雅·正月》上说：'有钱的人过得不错，要可怜这些孤独无依的人。'"齐宣王说："这番话说得好啊！"孟子说："大王如果觉得好，那么为什么不实行呢？"

齐宣王说："我有个毛病，我爱好财物。"孟子回答说："从前公刘爱好财物，《诗经·大雅·公刘》上说：'粮食囤积在仓库，包裹干粮装橐囊，安定百姓显声威。把箭张在弓弦上，干戈刀斧都齐备，这才出发向前行。'因此，留守的人有囤积的仓库，出行的人有满载的干粮，然后才可以出发远行。大王如果爱好财物，与百姓共同享用，要称王天下有什么困难呢？"

齐宣王说："我有个毛病，我爱好美色。"孟子回答说："从前太王爱好美色，宠爱他的妃子。《诗经·大雅·绵》上说：'古公亶父，清晨骑马奔驰，沿着西边河岸，到了岐山脚下，于是姜氏女子，一起来此居住。'在那个时候，没有不嫁而抱怨的女子，也没有不娶而单身的男子。大王如果爱好美色，与百姓共同分享，要称王天下有什么困难呢？"

[解读]

① 明堂：位于泰山地区，为周天子在东边巡狩时，接见诸侯之处。后来明堂成为古代帝王宣明政教的地方。凡朝会、祭祀、庆赏、选士、养老、教学等大典，都在此举行。

② 好货与好色都不是坏事，关键在于是否"与民同之"，让百姓都能满足这些自然的欲望。齐宣王先后谈及他的毛病有"好勇、好货、好色"，这不免使人想起孔子所谓的"君子有三戒"，亦即要戒"色、斗、得"（《论语》[16.7]）。孔子的"三戒"是指人生三个阶段要警惕三个毛病，现在齐宣王同时具备这三个毛病，所以特地向孟子请益。像齐宣王这样的政治领袖，有真诚反省及坦白认错的心意，已属难能可贵。

③ 周朝的始祖是后稷，他与大禹同时，皆为舜的贤臣。（本书[5.4]、[8.29]）后代传到公刘奠下周朝基业。太王（古公亶父）

迁于岐山，事迹亦见于本书［2.14］、［2.15］。接着是王季，为
周文王之父。至文王之子武王革命成功，正式建立周朝。

④　孟子一再以"于王何有"来鼓励齐宣王，显然是"诱之以利"，
但是要获取这样的利，首先就须放弃眼前的享受，因此劝说的
效果不彰。

［2.6］

孟子谓齐宣王曰："王之臣有托其妻子于其友而之楚游者，
比其反也，则冻馁其妻子，则如之何？"王曰："弃之。"曰："士
师不能治士，则如之何？"王曰："已之。"曰："四境之内不治，
则如之何？"王顾左右而言他。

［白话］

孟子对齐宣王说："假如大王有个官员，把妻小托付给朋友
照顾，自己前往楚国游历，等他回来时，发现他的妻小在受冻挨
饿，对这样的朋友应该怎么办？"齐宣王说："与他绝交。"孟子
说："司法官不能管好他的下属，应该怎么办？"齐宣王说："撤
换他。"孟子说："一个国家治理不好，应该怎么办？"齐宣王转
头去看左右两边，谈起别的事情了。

［解读］

①　士师是古代的司法官，下属有乡士、遂士等。一遂为五县，分
布于周朝王畿百里以外至二百里之地。

②　孟子使用简单的类比手法，层层上推，让齐宣王无所逃避而自
觉惭愧。但是治国又岂是一念之转的问题？至于"顾左右而言
他"，则是常见的无奈反应。

　　　　　　　　　　　　　　　　　　　　傅佩荣解读《孟子》（修订版）

[2.7]

孟子见齐宣王，曰："所谓故国者，非谓有乔木之谓也，有世臣之谓也。王无亲臣矣，昔者所进，今日不知其亡也。"

王曰："吾何以识其不才而舍之？"曰："国君进贤，如不得已，将使卑逾尊，疏逾戚，可不慎与？左右皆曰贤，未可也；诸大夫皆曰贤，未可也；国人皆曰贤，然后察之。见贤焉，然后用之。左右皆曰不可，勿听；诸大夫皆曰不可，勿听；国人皆曰不可，然后察之。见不可焉，然后去之。左右皆曰可杀，勿听；诸大夫皆曰可杀，勿听；国人皆曰可杀，然后察之。见可杀焉，然后杀之。故曰，国人杀之也。如此，然后可以为民父母。"

[**白话**]

孟子谒见齐宣王，说："所谓历史悠久的国家，不是说国中要有高大的树木，而是说要有世代从政的官员。现在大王没有亲信的官员了，过去任用的人，现在不知哪里去了。"

齐宣王说："我怎么辨识哪些人没有才干而不任用他们呢？"孟子说："国君任用杰出的人，如果不得不做，将会使地位低的超过地位高的，关系远的超过关系近的，对这种事能不慎重吗？因此，左右近臣都说他杰出，还不行；大夫们都说他杰出，还不行；全体国人都说他杰出，这才去考察他。看他确实杰出，然后才任用他。左右近臣都说他不可用，不要听信；大夫们都说他不可用，不要听信；全体国人都说他不可用，这才考察他。看他确实不可用，然后才撤换他。左右近臣都说他可杀，不要听信；大夫们都说他可杀，不要听信；全体国人都说他可杀，这才考察他。看他确实可杀，然后才杀死他。所以说，这是全体国人杀死他的。这样，才可以作为百姓的父母。"

① 对于官员的任用、撤换与处死，孟子的建议是慎重，不仅要广纳各方建言，有如民主程序，还要亲自仔细考察，寻求可靠事证。如此一来，才可能出现"世臣"，也才可以符合"故国"的条件。

[2.8]

齐宣王问曰："汤放桀，武王伐纣，有诸？"孟子对曰："于传（zhuàn）有之。"曰："臣弑其君，可乎？"曰："贼仁者谓之贼，贼义者谓之残，残贼之人谓之一夫。闻诛一夫纣矣，未闻弑君也。"

[白话]

齐宣王问说："商汤放逐夏桀，周武王讨伐商纣，有这些事吗？"孟子回答说："史籍上有这样的记载。"齐宣王说："臣子杀害他的国君，这是可以做的吗？"孟子说："破坏仁德的人称做贼害，破坏义行的人称做残酷，残酷贼害的人称做独夫。我只听说杀了独夫商纣，没有听说杀了国君啊。"

[解读]

① "一夫"因为不仁不义，以致众叛亲离，成为独夫。孟子这种思想对历代统治者是一大警示。譬如，明太祖朱元璋因为无法容忍孟子的这类言论，曾将孟子的牌位移出孔庙，后来还设法删除《孟子》一书中某些逆君言论。不过，面对独夫，若无商汤与周武王这样的仁君，也将无可奈何。

[2.9]

　　孟子见齐宣王，曰："为巨室，则必使工师求大木。工师得大木，则王喜，以为能胜其任也。匠人斲（zhuó）而小之，则王怒，以为不胜其任矣。夫人幼而学之，壮而欲行之，王曰，'姑舍女（rǔ）所学而从我'，则何如？今有璞玉于此，虽万镒（yì），必使玉人雕琢之。至于治国家，则曰，'姑舍女所学而从我'，则何以异于教玉人雕琢玉哉！"

[白话]

　　孟子谒见齐宣王，说："建筑大房子，就一定要派大工匠去寻找大木材。大工匠找到了大木材，大王就高兴，认为他称职。如果木匠把木材削小了，大王就发怒，认为他不称职。一个人从小学习一种专业，长大了便想学以致用，大王却说，'暂且放弃你所学的，照我的办法去做'，这样怎么行呢？假设这里有一块原始的玉石，就算它价值二十万两，也一定要请玉匠来雕琢。谈到治理国家，却说，'暂且放弃你所学的，照我的办法去做'，这与指导玉匠去雕琢玉石，又有什么不同呢？"

[解读]

①　玉石再怎么贵重，也须请专家负责雕琢。事实上，越是重大的任务，越需要专业人才，那么治理国家呢？问题是：君主未必认为自己没有治国的能力。在众人高呼万岁声中，君主常常认为自己无所不能。

[2.10]

　　齐人伐燕，胜之。宣王问曰："或谓寡人勿取，或谓寡人取之。以万乘之国，伐万乘之国，五旬而举之，人力不至于此。不取，必有天殃。取之，何如？"孟子对曰："取之而燕民悦，则取之。古之人有行之者，武王是也。取之而燕民不悦，则勿取，古之人有行之者，文王是也。以万乘之国伐万乘之国，箪（dān）食（sì）壶浆以迎王师，岂有他哉？避水火也。如水益深，如火益热，亦运而已矣。"

[白话]

　　齐国攻打燕国，大获全胜。齐宣王问说："有人劝我不要夺取燕国，也有人劝我夺取燕国。以一个拥有万辆兵车的国家去攻打同样拥有万辆兵车的国家，五十天就成功了，光靠人力是做不到的。不夺取它，必定会有天降的灾祸。夺取它，怎么样？"孟子回答说："夺取它而燕国百姓高兴，就夺取它。古代有人这么做过，就是周武王。夺取它而燕国百姓不高兴，就不要夺取它。古代有人这么做过，就是周文王。以拥有万辆兵车的国家去攻打同样拥有万辆兵车的国家，百姓用筐装饭、用壶盛浆汤来迎接大王的军队，难道会有别的意思吗？只是想避开水深火热的痛苦罢了。如果水淹得更深，如果火烧得更热，那就只能转而指望别人来拯救了。"

[解读]

① 燕王哙把王位让给相国子之，自比为尧之让舜，国人不服而造成内乱。齐宣王趁机攻打燕国，燕人打开城门欢迎。《史记·燕世家》："士卒不战，城门不闭，燕君哙死，齐大胜。"事在齐宣王五年。此事的后续发展正好被孟子说中了。参考 [2.11]、[4.8]、[4.9]。

② "天殃"一词显示当时对天仍有某种信念，但往往被统治者用来当做借口。

[2.11]

　　齐人伐燕，取之。诸侯将谋救燕。宣王曰："诸侯多谋伐寡
人者，何以待之？"孟子对曰："臣闻七十里为政于天下者，汤
是也。未闻以千里畏人者也。《书》曰：'汤一征，自葛始。'天
下信之，东面而征，西夷怨；南面而征，北狄怨，曰：'奚为后
我？'民望之，若大旱之望云霓也。归市者不止，耕者不变，诛
其君而吊其民，若时雨降。民大悦。《书》曰：'徯（xī）我后，
后来其苏。'今燕虐其民，王往而征之，民以为将拯己于水火之
中也，箪食壶浆以迎王师。若杀其父兄，系累其子弟，毁其宗庙，
迁其重器，如之何其可也？天下固畏齐之强也，今又倍地而不行
仁政，是动天下之兵也。王速出令，反其旄倪（ní），止其重器，
谋于燕众，置君而后去之，则犹可及止也。"

[白话]

　　齐国攻打燕国，乘胜夺取了它。别的诸侯商议出兵去救燕国。
齐宣王说："很多诸侯商议要来攻打我，怎么对付呢？"孟子回答
说："我听说凭借纵横各七十里的土地统一天下的，就是商汤。没
有听说拥有纵横各一千里的土地还害怕别人的。《尚书》上说：'商
汤的征伐，从葛国开始。'天下的人都信赖他，他向东方征伐，西边
的夷人就抱怨；他向南方征伐，北边的狄人就抱怨，说：'为什么
把我们放在后面？'百姓盼望他，就像久旱时盼望乌云与虹霓一样。
去市场的不停止，耕田的照常工作，他杀了那儿的暴君，慰问那儿
的百姓，像是及时雨从天而降，百姓非常欢喜。《尚书》上说：'等
待我们的君主来，才有重生。'现在燕国虐待它的百姓，大王前去征
讨，百姓以为您会把他们从水深火热中拯救出来，所以用筐装饭、
用壶盛浆汤来迎接大王的军队。如果您杀害他们的父兄，囚禁他们
的子弟，拆毁他们的宗庙，搬走他们的宝物，那怎么可以呢？天下

各国本来就害怕齐国强大，现在齐国土地增加一倍又不施行仁政，那是自己在招致各国兴兵动武啊。大王赶快发布命令，送回俘获的老人与小孩，停止搬运他们的宝物，与燕国百姓商量选立一个国君，然后撤离燕国，那么还来得及阻止诸侯出兵。"

[解读]

① 孟子以商汤的故事（细节见 [6.5]）来期勉齐宣王，显示了他对人性的信心。但是，齐宣王似乎无法对孟子言听计从，他心中所想的只是如何趋利避害，无怪乎当时纵横家可以大行其道。参考 [2.10]、[4.8]、[4.9]。

[2.12]

邹与鲁哄。穆公问曰："吾有司死者三十三人，而民莫之死也。诛之，则不可胜诛；不诛，则疾视其长上之死而不救。如之何则可也？"孟子对曰："凶年饥岁，君之民老弱转乎沟壑（hè），壮者散而之四方者，几（jī）千人矣；而君之仓廪（lǐn）实，府库充，有司莫以告，是上慢而残下也。曾子曰：'戒之戒之！出乎尔者，反乎尔者也。'夫民今而后得反之也。君无尤焉！君行仁政，斯民亲其上，死其长矣。"

[白话]

邹国与鲁国发生冲突，邹穆公问说："我的官吏死了三十三人，而百姓没有一个肯为长官赴死的。杀了他们吧，没有办法杀光；不杀他们吧，又痛恨他们看着自己的长官被杀而不去救，怎么办才好呢？"孟子回答说："遇到灾荒的年头，您的百姓，年老体弱的饿死在田沟山溪中，年轻力壮的逃散到四方去，大概有上千人了；然而您的谷仓中堆满粮食，府库中装满财物，官吏却没有人向您报告，这是对上怠慢国君，对下残害百姓。曾子说过：'警惕啊，警惕啊！你所做的事，后果会报复到你的身上。'百姓现在才有报复的机会。您不要责怪他们了。您若施行仁政，百姓就会亲近他们的长官，并且为长官赴死了。"

[解读]

① 孟子是邹国人，所以有此问答。邹国原为鲁国的附庸国，邹、鲁后来都被楚国所灭。鲁国亡于公元前 256 年。曾子（曾参）为孔子的弟子。

② 今日所说的"出尔反尔"，是指说话反悔不可信。而其原意则是若为恶，将自食其果。

[2.13]

滕文公问曰："滕，小国也，间（jiàn）于齐、楚。事齐乎？事楚乎？"孟子对曰："是谋非吾所能及也。无已，则有一焉。凿斯池也，筑斯城也，与民守之，效死而弗去，则是可为也。"

[白话]

滕文公问说："滕是个小国，处在齐国与楚国之间。是侍奉齐国呢，还是侍奉楚国？"孟子回答说："这个谋略不是我能提供的。一定要我说，就只有一个办法。挖深护城河，筑牢城墙，与百姓一起守卫，百姓宁死也不离开，那就可以有些作为。"

[解读]

① 除非行仁政，否则百姓没有理由效死弗去。

[2.14]

滕文公问曰："齐人将筑薛，吾甚恐，如之何则可？"孟子对曰："昔者大王居邠（bīn），狄人侵之，去之岐山之下居焉。非择而取之，不得已也。苟为善，后世子孙必有王者矣。君子创业垂统，为可继也。若夫成功，则天也。君如彼何哉？强（qiǎng）为善而已矣。"

[白话]

滕文公问说："齐国要修筑薛地的城墙，我很害怕，要怎么办才好？"孟子回答说："从前太王住在邠地，狄人前来侵犯，他就离开，迁到岐山下定居。不是他要选择住在那儿，而是不得不如此。如果多做善事，后代子孙必定会有称王天下的。君子创立基业，传下典范，是为了可以继承下去。至于将来能否成功，就只有让天来决定了。您怎样对付齐国呢？只有努力多做善事了。"

[解读]

① 由此可知称王天下，需要祖先世代多做善事，并且还须依赖天命。太王是周朝的祖先，其事迹亦见于 [2.5]、[2.15]。

② "若夫成功，则天也"，可参考 [9.6]"莫之为而为者，天也；莫之致而至者，命也"。孟子言"天"之处，多有此意，如 [2.16]。

[2.15]

滕文公问曰："滕，小国也，竭力以事大国，则不得免焉，如之何则可？"孟子对曰："昔者大王居邠，狄人侵之。事之以皮币，不得免焉；事之以犬马，不得免焉；事之以珠玉，不得免焉。乃属其耆（qí）老而告之曰：'狄人之所欲者，吾土地也。吾闻之也：君子不以其所以养人者害人。二三子何患乎无君？我将去之。'去邠，逾梁山，邑于岐山之下居焉。邠人曰：'仁人也，不可失也。'从之者如归市。或曰：'世守也，非身之所能为也。效死勿去。'君请择于斯二者。"

[白话]

　　滕文公问说："滕是个小国，竭尽心力去侍奉大国，还是无法免于威胁，要怎么办才好？"孟子回答说："从前太王住在邠地，狄人前来侵犯。他献上皮裘丝绸，不能免遭侵犯；献上好狗良马，不能免遭侵犯；献上珍珠宝玉，不能免遭侵犯。于是召集父老对他们说：'狄人想要的是我们的土地。我听说过：君子不拿他用来养活人的东西害人命。各位何必担心没有君主？我要离开这里了。'于是离开邠地，越过梁山，在岐山下建筑城邑定居下来。邠地的人说：'这是一位有仁德的人，不能失去他啊。'追随前去的人，像赶往市场一样踊跃。也有人说：'土地是要世世代代守护的，不是我自己所能做主的，牺牲生命也不能离开。'请您就这两种办法做个选择。"

[解读]

①　土地是用来养活人的，如果为了争夺或守护土地而牺牲人命，就须多加考虑。古代人口较少，也许还有选择余地，今日则另当别论。古代六十岁称"耆"，七十岁称"老"。

②　太王的事迹，亦可参考［2.5］、［2.14］。由邠（豳）至岐，二百五十里。

[2.16]

　　鲁平公将出，嬖（bì）人臧（zāng）仓者请曰：“他日君出，则必命有司所之。今乘舆已驾矣，有司未知所之，敢请。”公曰：“将见孟子。”曰：“何哉，君所为轻身以先于匹夫者？以为贤乎？礼义由贤者出，而孟子之后丧逾前丧。君无见焉！”公曰：“诺。”乐（yuè）正子入见，曰：“君奚为不见孟轲也？”曰：“或告寡人曰：‘孟子之后丧逾前丧’，是以不往见也。”曰：“何哉，君所谓逾者？前以士，后以大夫，前以三鼎，而后以五鼎与？”曰：“否，谓棺椁（guǒ）衣衾（qīn）之美也。”曰：“非所谓逾也，贫富不同也。”

　　乐正子见孟子，曰：“克告于君，君为来见也，嬖人有臧仓者沮（jǔ）君，君是以不果来也。”曰：“行，或使之；止，或尼之。行止，非人所能也。吾之不遇鲁侯，天也。臧氏之子焉能使予不遇哉？”

[白话]

　　鲁平公准备外出，他的宠臣臧仓请示说：“平日国君外出，一定告诉执事官员要去的地方。现在车马已经预备好了，执事官员还不知道您要去哪里，因此冒昧请示。”鲁平公说：“要去见孟子。”臧仓说：“国君降低自己的身份主动去见一个普通人，是为了什么？是认为他是贤良的人吗？贤良的人应该做到守礼与义行，但是孟子为母亲办的丧事，排场超过先前为父亲办的丧事。您别去看他吧！”鲁平公说：“好。”乐正子前去谒见，说：“国君为什么不去见孟轲呢？”鲁平公说：“有人告诉我，‘孟子为母亲办的丧事，排场超过先前为父亲办的丧事’，所以我不去见他。”乐正子说：“您所谓的超过，是指什么呢？是指先前用士礼，后来用大夫之礼；先前用三个鼎摆设供品，后来用五个鼎摆设供品吗？"鲁平公说："不，我所指的是棺椁衣物的华美。"乐正子说："这不叫超过，而是前后贫富不同的缘故。"

乐正子去见孟子，说："我向国君说过，他打算来看您的。宠臣中有个叫臧仓的阻止他，所以他最后没有来。"孟子说："要来，有鼓动的力量；不来，有阻止的力量。来与不来，不是人力所能左右的。我不能与鲁侯会晤，那是天意。姓臧的这个人怎能使我不与鲁侯会晤呢？"

[解读]

① 鲁平公（公元前 316 至前 297 年在位）时，孟子的学生乐正子（乐正克）在鲁国做官。

② 孟子先丧父，后丧母 [4.7]，丧礼规模依他当时的身份而定，就是先是士，后是大夫。鼎是用来摆设祭品的，依天子、诸侯、卿大夫、士的顺序，各为九鼎、七鼎、五鼎、三鼎。鼎为牲器，祭祀用以盛肉品者。

③ 孟子对于无可奈何的事，往往归之于天意，见 [9.6]。臧仓固然从中作梗，但鲁侯自己缺乏识见，即使会晤孟子也未必能予以重用。

公孙丑上

[3.1]

公孙丑问曰："夫子当路于齐，管仲、晏子之功，可复许乎？"

孟子曰："子诚齐人也，知管仲、晏子而已矣。或问乎曾西曰：'吾子与子路孰贤？'曾西蹴（cù）然曰：'吾先子之所畏也。'曰：'然则吾子与管仲孰贤？'曾西艴（fú）然不悦，曰：'尔何曾比予于管仲？管仲得君如彼其专也，行乎国政如彼其久也，功烈如彼其卑也。尔何曾比予于是？'"曰："管仲，曾西之所不为也，而子为我愿之乎？"

曰："管仲以其君霸，晏子以其君显。管仲、晏子犹不足为与？"

曰："以齐王，由反手也。"

曰："若是，则弟子之惑滋甚。且以文王之德，百年而后崩，犹未洽于天下。武王、周公继之，然后大行。今言王若易然，则文王不足法与？"

曰："文王何可当也？由汤至于武丁，贤圣之君六七作，天下归殷久矣，久则难变也。武丁朝诸侯，有天下，犹运之掌也。纣之去武丁未久也，其故家遗俗，流风善政，犹有存者；又有微子、微仲、王子比干、箕子、胶鬲，皆贤人也，相与辅相之，故久而后失之也。尺地，莫非其有也，一民，莫非其臣也；然而文王犹方百里起，是以难也。齐人有言曰：'虽有智慧，不如乘势；

虽有镃（zī）基，不如待时。'今时则易然也。夏后、殷、周之盛，地未有过千里者也，而齐有其地矣；鸡鸣狗吠相闻，而达乎四境，而齐有其民矣。地不改辟矣，民不改聚矣，行仁政而王，莫之能御也。且王者之不作，未有疏于此时者也；民之憔悴于虐政，未有甚于此时者也。饥者易为食，渴者易为饮。孔子曰：'德之流行，速于置邮而传命。'当今之时，万乘之国行仁政，民之悦之，犹解倒悬也。故事半古之人，功必倍之，惟此时为然。"

[白话]

公孙丑请教说："如果先生在齐国掌权，管仲、晏子的功业，可以再度兴起吗？"

孟子说："你真是个齐国人，只知道管仲、晏子而已。有人问曾西说：'你和子路相比，谁比较杰出？'曾西不安地说：'他是我父亲所敬畏的人。'那人又问："那么你和管仲相比，谁比较杰出？"曾西脸色一沉很不高兴，说：'你怎么竟拿我和管仲相比？管仲得到齐桓公的信任是那样专一，执掌国政的时间是那样长久，而功业却是那样卑微。你怎么竟拿我和他相比？'"孟子又说："管仲这样的人是曾西都不愿意做的，你以为我愿意学他吗？"

公孙丑说："管仲辅佐桓公使他称霸，晏子辅佐景公使他扬名。管仲、晏子还不值得学习吗？"

孟子说："以齐国的条件要称王天下，是易如反掌的。"

公孙丑说："照您这么讲，学生就更困惑了。凭着周文王的德行，活了将近百年，都还没有收服天下。周武王、周公继承他的事业，然后教化才遍及天下。现在您把称王天下说得好像很容易，那么周文王也不值得效法吗？"

孟子说："怎么可以和周文王相比呢？从商汤到武丁，贤明的君主有六七位，天下归顺商朝已经很久了，久了就难以改变。

武丁使诸侯来朝见，统治天下，就像在手掌上转动东西一样。商纣距离武丁的年代并不算久，原有家族遗留的风俗，善良政治造成的影响，都还有些保存着；又有微子、微仲、王子比干、箕子、胶鬲这些贤良的人一起辅佐他，所以过了很长的时间才失去天下。当时，没有一尺土地不是他的疆土，没有一个百姓不是他的臣民；然而周文王还能由纵横一百里的地方兴起，所以是很困难的。齐国有句俗话说：'虽然有智慧，不如靠形势；虽然有锄具，不如等时机。'现在的时机算是容易的。夏、商、周三代兴盛时，土地没有超过纵横一千里的，现在齐国就有这么大的地方了；鸡啼狗叫互相听闻，一直达到四周的边境，齐国有这么多百姓了。土地不必再开拓，百姓不必再增加，施行仁政而称王天下，没有人能够阻挡得住。并且，仁德的君主不出现，没有比现在等得更久的；百姓受暴政压迫的痛苦，没有比现在更严重的。饥饿的人吃什么都容易满足，口渴的人喝什么都容易接受。孔子说：'德政的流行，比驿站传达政令还要快。'现在这个时候，拥有万辆兵车的大国施行仁政，百姓的喜悦就像解除了倒悬的痛苦一样。所以，事情做到古人的一半，功效必定是古人的一倍，只有在这个时候才是如此。"

[解读]

① 管仲：孔子肯定管仲的贡献，因为他"九合诸侯，不以兵车"，以外交手段避免战争，由此造福各国百姓。（《论语》[14.16]、[14.17]）孟子认为管仲未能帮助齐桓公修其仁政，由霸而王。这两者角度不同，而基本立场仍是一致的。

② 曾西：曾申，字子西，为曾参之子。"吾子"是对熟人的尊称，"先子"多用以指称已过世的父亲。

③ 商汤至武丁贤圣之君有太甲、太戊、祖乙、盘庚。

④　微子、微仲都是商纣的兄弟，王子比干与箕子是商纣的叔父，胶鬲是商纣的大臣。

⑤　孟子对周文王处境的分析，出于合理的历史见识。他认为齐国（或其他大国）行仁政，就可以称王天下，并且是"由反手也"。这种说法若非源自他对"人性向善"的坚定信念，实在不易理解。

[3.2.1]

公孙丑问曰："夫子加齐之卿相，得行道焉，虽由此霸王，不异矣。如此，则动心否乎？"

孟子曰："否，我四十不动心。"

曰："若是，则夫子过孟贲远矣。"

曰："是不难，告子先我不动心。"

曰："不动心有道乎？"

曰："有。北宫黝（yǒu）之养勇也，不肤挠（náo），不目逃，思以一毫挫于人，若挞之于市朝。不受于褐（hè）宽博，亦不受于万乘之君。视刺万乘之君，若刺褐夫。无严诸侯，恶声至，必反之。孟施舍之所养勇也，曰：'视不胜犹胜也；量敌而后进，虑胜而后会，是畏三军者也。舍岂能为必胜哉？能无惧而已矣。'孟施舍似曾子，北宫黝似子夏。夫二子之勇，未知其孰贤，然而孟施舍守约也。昔者曾子谓子襄曰：'子好勇乎？吾尝闻大勇于夫子矣。自反而不缩，虽褐宽博，吾不惴（zhuì）焉；自反而缩，虽千万人吾往矣。'孟施舍之守气，又不如曾子之守约也。"

曰："敢问夫子之不动心与告子之不动心，可得闻与？"

"告子曰：'不得于言，勿求于心；不得于心，勿求于气。'不得于心，勿求于气，可；不得于言，勿求于心，不可。夫志，气之帅也；气，体之充也。夫志至焉，气次焉。故曰：'持其志，无暴其气。'"

"既曰'志至焉，气次焉'，又曰'持其志，无暴其气'者，何也？"

曰："志壹则动气，气壹则动志也，今夫蹶（jué）者趋者，是气也，而反动其心。"

[白话]

公孙丑请教说："先生如果担任齐国的卿相，可以实行自己的主张，那么即使由此而建立了霸业或王业，也是不足奇怪的。如此一来，会不会动心呢？"

孟子说："不，我四十岁就不动心了。"

公孙丑说："这么看来，先生就远远超过孟贲了。"

孟子说："这个不难，告子比我更早做到了不动心。"

公孙丑说："不动心有方法吗？"

孟子说："有。北宫黝这样培养勇气：肌肤被刺不退缩，眼睛被戳不逃避，他觉得受到一点小挫折，就像在公共场所被人鞭打一样。既不受平凡小民的羞辱，也不受大国君主的羞辱。把刺杀大国君主看成刺杀平凡小民一样。毫不畏惧诸侯，听到斥骂一定反击。孟施舍这样培养勇气，他说：'对待不能战胜的，就像对待足以战胜的一样；如果衡量敌得过才前进，考虑可以胜才交战，那是畏惧众多军队的人。我怎能做到必胜呢？不过是无所畏惧罢了。'孟施舍的作风像曾子，北宫黝的作风像子夏。这两人的勇气，不知道谁比较杰出，但是孟施舍把握了要领。从前曾子对子襄说：'你爱好勇敢吗？我曾经听孔子谈过大勇的作风。反省自己觉得理屈，即使面对平凡小民，我怎能不害怕呢？反省自己觉得理直，即使面对千人万人，我也向前走去。'孟施舍保持勇气的方法，又不如曾子的那么扼要。"

公孙丑说："请问，先生的不动心与告子的不动心，可以讲来听听吗？"

孟子说："告子说过：'言论上有所不通，不必求助于思想；思想上有所不通，不必求助于意气。'思想上有所不通，不必求助于意气，这是可以的；言论上有所不通，不必求助于思想，这是不可以的。心志是意气的统帅，意气是充满体内的。心志关注到哪里，意气就停留在哪里。所以说，'要持守心志，不要妄动意气'。"

公孙丑说："既然说'心志关注到哪里，意气就停留在哪里'，却又说'要持守心志，不要妄动意气'，这是为什么？"

孟子说："心志专一就能带动意气，意气专一也能带动心志。譬如跌倒与奔跑，都是意气的运作，反过来却带动了心志。"

[解读]

① "不动心"必须沉得住气，所以孟子先谈"养勇"。北宫黝的方法是"外发"，以外在的过人气势来彰显勇敢；孟施舍的方法是"内求"，以坚定自己必胜的意念来彰显勇敢。内求比起外发，当然更能把握住要领。曾子所述孔子的一番话，则是"上诉"于人人心中共有的义理，超越个人的气势与意念，务求放诸四海而皆准，所以称为大勇，也是最扼要而有效的方法。

② 孟贲、北宫黝、孟施舍都是古代的勇士。曾子与子夏是孔子的学生。"三军"约有三万七千五百人。按周朝制度，天子六军，诸侯大国三军。这个军队数目早就与实情不符了。关于"自反而缩"的"缩"字，可参考《礼记·檀弓》："古者，冠缩缝；今也，衡缝。"缩为直，衡为横。缩由横直的直，引申为曲直的直。所以，在此译为理直。

③ 孟子承认告子比他更早达到不动心的境界，但是告子的不动心

是靠两种"勿求"，结果既不能通达义理，也不能知言养气。有关告子的思想，请参考本书《告子篇上》。

④ "志，气之帅也；气，体之充也"一语，是孟子对人的生命的基本看法。人有身体，以气为其内容。"气"包含血气、欲望、情绪等，在此勉强译为"意气"。同时，人还有心志，可以思想、判断及选择，这才应该作为气的统帅。简而言之，孟子主张身心合一论与以心统身论。

[3.2.2]

"敢问夫子恶（wū）乎长（cháng）？"

曰："我知言，我善养吾浩然之气。"

"敢问何谓浩然之气？"

曰："难言也。其为气也，至大至刚，以直养而无害，则塞于天地之间。其为气也，配义与道；无是，馁也。是集义所生者，非义袭而取之也。行有不慊（qiè）于心，则馁矣。我故曰，告子未尝知义，以其外之也。必有事焉而勿正，心勿忘，勿助长也，无若宋人然。宋人有闵其苗之不长而揠（yà）之者，芒芒然归，谓其人曰：'今日病矣！予助苗长矣。'其子趋而往视之，苗则槁矣。天下之不助苗长者寡矣。以为无益而舍之者，不耘苗者也；助之长者，揠苗者也，非徒无益，而又害之。"

"何谓知言？"

曰："诐（bì）辞知其所蔽，淫辞知其所陷，邪辞知其所离，遁辞知其所穷。生于其心，害于其政；发于其政，害于其事。圣人复起，必从吾言矣。"

"宰我、子贡善为说辞，冉牛、闵子、颜渊善言德行。孔子兼之，曰：'我于辞命，则不能也。'然则夫子既圣矣乎？"

曰："恶（wū）！是何言也！昔者子贡问于孔子曰：'夫子圣矣乎？'孔子曰：'圣则吾不能，我学不厌而教不倦也。'子贡曰：'学不厌，智也；教不倦，仁也。仁且智，夫子既圣矣。'夫圣，孔子不居，是何言也！"

[白话]

公孙丑说："请问先生的优异之处在哪里？"

孟子说："我能辨识言论，我善于培养我的浩然之气。"

公孙丑说："请问什么叫做浩然之气？"

孟子说："很难说清楚的。那一种气，最盛大也最刚强，以正直去培养而不加妨碍，就会充满在天地之间。那一种气，要和义行与正道配合；没有这些，它就会萎缩。它是不断集结义行而产生的，不是偶然的义行就能装扮成的。如果行为让内心不满意，它就萎缩了。所以我说，告子不曾懂得义行，因为他把义行看成外在的东西。对这种气，一定要在行事上努力，但不可预期成效；内心不能忘记它，但不可主动助长，不要像宋国人那样。宋国有个担心禾苗不长而去拔高的人，十分疲困地回去，对家人说：'今天累坏了！我帮助禾苗长高了。'他的儿子赶快跑去一看，禾苗都枯槁了。天下不帮助禾苗长高的人很少啊。以为养气没有用处而放弃的，是不为禾苗锄草的人；主动助长的，是拔苗的人，不但没有好处，反而伤害了它。"

公孙丑说："什么叫做辨识言论？"

孟子说："偏颇的言辞，我知道它的盲点；过度的言辞，我知道它的执著；邪僻的言辞，我知道它的偏差；闪躲的言辞，我知道它的困境。这些言辞从心思产生出来，会危害政治；在政治上表现出来，会危害具体的事务。如果有圣人再出现，一定会赞成我所说的。"

公孙丑说："宰我、子贡擅长言谈，冉牛、闵子、颜渊擅长阐述德行。孔子兼有双方优点，但还是说：'我对口语表达，并不具备专长。'那么，先生已经是圣人了吧？"

孟子说："唉！这是什么话！从前子贡请教孔子说：'先生是圣人了吧？'孔子说：'圣人，我做不到，我只是学习而不厌烦，教人而不倦怠。'子贡说：'学习而不厌烦，就是明智；教人而不倦怠，就是仁德。仁德加上明智，先生已经是圣人了。'圣人，孔子还不敢自居，你这是什么话？"

[解读]

① "气"是身体的内容，也是有形质的宇宙万物的共同因素。所谓"浩然之气"，是把人的生命力发挥到极限，抵达与万物相通，"塞于天地之间"的地步。要培养此气，首先要做到"直"（真诚而正直），同时配合义行（该做的特定事项）与正道（人生的光明大道）。"浩然之气"是长期集结义行而生的，它表现为内心坦荡而自得其乐，一无所缺而永远精进，亦即"至大至刚"。义行由内而发，以人性向善为基础，努力择善固执，追求止于至善。在相关章节，我们将再说明此理。

② "知言"有两项条件：一是充分了解事物的因果关系，由此形成一种完整的观点；二是逻辑思辨能力很强，可以就事论事，不受个人因素干扰。《论语·尧曰》说："不知言，无以知人也。"这是《论语》全书的结语。孟子自谓知言，可见甚为自信。

③ 孔子强调自己不擅长"辞命"，是要突显德行在人生中的首要地位。至于"圣人"概念，则孔子与孟子已有不同标准，稍后即将见到。另外，本章最后一段，在《论语·述而》的记载是：子曰："若圣与仁，则吾岂敢？抑为之不厌，诲人不倦，则可谓云尔而已矣。"公西华曰："正唯弟子不能学也。"

"昔者窃闻之：子夏、子游、子张，皆有圣人之一体；冉牛、闵子、颜渊，则具体而微。敢问所安？"

曰："姑舍是。"

曰："伯夷、伊尹何如？"

曰："不同道。非其君不事，非其民不使；治则进，乱则退，伯夷也。何事非君，何使非民；治亦进，乱亦进，伊尹也。可以仕则仕，可以止则止，可以久则久，可以速则速，孔子也。皆古圣人也，吾未能有行焉；乃所愿，则学孔子也。""伯夷、伊尹于孔子，若是班乎？"

曰："否。自有生民以来，未有孔子也。"

曰："然则有同与？"

曰："有。得百里之地而君之，皆能以朝诸侯，有天下；行一不义，杀一不辜，而得天下，皆不为也。是则同。"

曰："敢问其所以异。"

曰："宰我、子贡、有若，智足以知圣人，污不至阿（ē）其所好。宰我曰：'以予观于夫子，贤于尧、舜远矣。'子贡曰：'见其礼而知其政，闻其乐而知其德，由百世之后，等百世之王，莫之能违也。自生民以来，未有夫子也。'有若曰：'岂惟民哉？麒麟之于走兽，凤凰之于飞鸟，泰山之于丘垤（dié），河海之于行潦（lǎo），类也。圣人之于民，亦类也。出于其类，拔乎其萃。自生民以来，未有盛于孔子也。'"

[白话]

公孙丑说："从前我听说过：子夏、子游、子张都各有圣人的部分特点，冉牛、闵子、颜渊已有圣人的全部特点而格局较小。请问先生处于何种情况？"

孟子说："暂且不谈这个问题。"

公孙丑说："伯夷、伊尹怎么样？"

孟子说："处世的作风不同。不是理想的君主不去侍奉，不是理想的百姓不去使唤；天下安定就出来做官，天下动乱就退而隐居，这是伯夷的作风。任何君主都可以侍奉，任何百姓都可以使唤；天下安定出来做官，天下动乱也出来做官，这是伊尹的作风。应该做官就做官，应该辞职就辞职，应该久留就久留，应该速去就速去，这是孔子的作风。他们都是古代的圣人，我还做不到他们那样；至于我所希望的，则是学习孔子。"公孙丑说："伯夷、伊尹比起孔子，算是同等的吗？"

孟子说："不。自有人类以来，没有像孔子这样的人。"

公孙丑说："那么，他们有共同之处吗？"

孟子说："有。如果能有纵横各一百里的土地让他们担任君主，都能让诸侯来朝见而统治天下；如果要他们做一件不义的事，杀一个无辜的人，即便因此得到天下，他们都是不会去做的。这些是他们的共同之处。"

公孙丑说："请问孔子的不同之处何在？"

孟子说："宰我、子贡、有若三人，智力足以了解圣人，即使说话夸大也不至于偏袒他们所敬爱的人。宰我说：'以我对先生的观察，他的杰出远远超过了尧、舜。'子贡说：'看见一国的礼制，就知道它所推行的政事；听到一国的音乐，就知道它所流行的风气；一百代以后再来评价这一百代的君主，没有谁能违背这个道理。自有人类以来，没有像孔子这样的人。'有若说：'岂止是人类有这样的不同！麒麟对于走兽，凤凰对于飞鸟，泰山对于土丘，河海对于水洼，都是同类的；圣人对于百姓也是同类的。但是，高出了他的同类，超出了他的同群。自有人类以来，没有比孔子更伟大的了。'"

[解读]

① 本章出现的孔门弟子，可参考《论语》[11.3]：“德行：颜渊、闵子骞、冉伯牛、仲弓。言语：宰我、子贡。政事：冉有、季路。文学：子游、子夏。”

② 伯夷与其弟叔齐，为孤竹君之子，互相让位而逃离本国。后来劝阻周武王未果，逃入首阳山饿死。伊尹为商汤宰相。

③ “行一不义，杀一不辜，而得天下，皆不为也。”这句话是人类政治史上的最高理想。其中隐含了肯定人性、尊重人权，不为目的而不择手段等。可参考 [13.33]。

④ 孔子的“圣人”专指古代圣王而言，所以会说：“若圣与仁，则吾岂敢？”（《论语》[7.34]）孟子的圣人观主要见于 [10.1]，他扩大圣人范围，以孔子为天下首圣，是“生民未有”。他还表明自己要学习孔子，儒家原则上是肯定人人皆可以成为圣人的，有“人皆可以为尧舜”[12.2]之说。

[3.3]

孟子曰：“以力假仁者霸，霸必有大国。以德行仁者王，王不待大：汤以七十里，文王以百里。以力服人者，非心服也，力不赡（shàn）也。以德服人者，中心悦而诚服也，如七十子之服孔子也。《诗》云：‘自西自东，自南自北，无思不服。’此之谓也。”

[白话]

孟子说：“凭借武力来号召行仁的是称霸，称霸必须具备大国的条件。凭借道德来努力行仁的是称王，称王不必要有大国的条件：商汤以纵横各七十里的土地，周文王以纵横各一百里的土地，就称王了。凭借武力使人服从，别人不是真心服从，而是力量不够。凭借道德使人服从，别人内心快乐真正顺服，像七十多位弟子顺服孔子一样。《诗经·大雅·文王有声》上说：'从西从东，从南从北，四方无不顺服。'说的就是这事。"

[解读]

① 本章谈到王霸之辨，关键在于：王者以德，霸者以力。"力"需要各种条件的配合，并且常在变迁之中，造成强权轮流兴亡。"德"则是人性共同的归趋，有其可大可久的基础。可参考 [13.13]、[12.7]、[13.30]。

② "七十子"：取其整数而言。《史记·孔子世家》说："孔子以诗书礼乐教，弟子盖三千焉。身通六艺者，七十有二人。"

[3.4]

孟子曰："仁则荣，不仁则辱。今恶（wù）辱而居不仁，是犹恶湿而居下也。如恶之，莫如贵德而尊士，贤者在位，能者在职。国家闲暇，及是时，明其政刑。虽大国，必畏之矣。《诗》云：'迨（dài）天之未阴雨，彻彼桑土（dù），绸（chóu）缪牖（yǒu）户。今此下民，或敢侮予？'孔子曰：'为此诗者，其知道乎！能治其国家，谁敢侮之？'今国家闲暇，及是时，般（pán）乐怠敖，是自求祸也。祸福无不自己求之者。《诗》云：'永言配命，自求多福。'《太甲》曰：'天作孽，犹可违；自作孽，不可活。'此之谓也。"

[白话]

孟子说："行仁就获得荣耀，不行仁就招来耻辱。现在的君主厌恶耻辱却又处于不行仁的状态，这就好像厌恶潮湿却又处于低洼的地方。如果厌恶耻辱，最好的办法是崇尚道德、尊重士人，使贤良的人有官位，能干的人有职务。国家太平无事，趁这个时候修明政治法典，那么即使大国也一定会畏惧它了。《诗经·豳风·鸱鸮》上说：'趁着天空没起云没下雨，剥取桑树根的皮，窗门都要缠绕好。今后底下那些人，有谁还敢欺侮我？'孔子说：'写这首诗的人，懂得道理啊！能够治理他的国家，谁还敢欺侮他？'如果国家太平无事，就趁这个时候追求享乐、怠惰游玩，这是自己寻求灾祸。灾祸与幸福没有不是自己找来的。《诗经·大雅·文王》上说：'永远配合天命，自己寻求更多的幸福。'《尚书·太甲》上说：'天降下的灾祸，还有办法躲开；自己造的灾祸，就没有活路了。'说的就是这事。"

[解读]

① "仁则荣，不仁则辱"，因为不仁将会造成众叛亲离，最后可能亡国丧命。"祸福无不自己求之者"，这句话不只在说个人的因果报应，也在强调自己的主体性与无可推卸的责任。本章引用《太甲》之语，亦见于[7.8]。

[3.5]

孟子曰："尊贤使能，俊杰在位，则天下之士皆悦，而愿立于其朝矣；市，廛（chán）而不征，法而不廛，则天下之商皆悦，而愿藏于其市矣；关，讥而不征，则天下之旅皆悦，而愿出于其路矣；耕者，助而不税，则天下之农皆悦，而愿耕于其野矣；廛，无夫里之布，则天下之民皆悦，而愿为之氓矣。信能行此五者，则邻国之民仰之若父母矣。率其子弟，攻其父母，自有生民

以来未有能济者也。如此，则无敌于天下。无敌于天下者，天吏
也。然而不王者，未之有也。"

[白话]

孟子说："尊重贤良者，任用能干者，让杰出人才都有官位，
那么天下的士人都会高兴，并且愿意去那个朝廷服务了；市场，提
供场地存放货物而不征收货物税，依法收购而不让货物滞销堆积在
仓库，那么天下的商人都会高兴，并且愿意把货物存放在那个市场
了；关卡，只稽查而不征税，那么天下的旅客都会高兴，并且愿意
经过那里的道路了；对待耕田的人，只要他们助耕公田就不再另外
征税，那么天下的农夫都会高兴，并且愿意在那儿的田野耕种了；
人们居住之处，没有劳役税与额外的地税，那么天下百姓都会高兴，
并且愿意做那儿的子民了。真能做到这五方面的事，邻国的百姓就
会仰望他有如父母。率领子弟去攻打他们的父母，自有人类以来，
没有能够成功的。像这样，就会天下无敌。天下无敌的人，就是奉
行天命的官吏。如此而不能称王天下，那是从来不曾有过的。"

[解读]

① 孟子提出治国五法，针对"士人、商贾、旅人、农夫、居民"
施行仁政。只要大量减少军备武力的支出，这些办法倒也似乎
可行。君主若行仁政，各国百姓皆愿视之为父母，然后自然人
人归顺而天下无敌了。但是，如果不止一国在行仁政，又该如
何比较？或者，遇到强国霸主的武力侵犯，又该如何应付？

② "士"有两种基本用法。一是正式官职，分为"上士、中士、
下士"，本书［10.2］就其待遇而加以说明。二是泛指读书人，
准备从政者。如，"通古今，辨然否"（《白虎通·爵篇》），"讲
学道义者也"（《国语·齐语》注），"学以居位"（《汉书·食

货志》），"德能居位"（《公羊传》成公元年，传注）。

③ "天吏"一词亦见于 [4.8]。

[3.6]

孟子曰："人皆有不忍人之心。先王有不忍人之心，斯有不忍人之政矣。以不忍人之心，行不忍人之政，治天下可运之掌上。所以谓人皆有不忍人之心者，今人乍见孺子将入于井，皆有怵（chù）惕（tì）恻隐之心；非所以内（nà）交于孺子之父母也，非所以要（yāo）誉于乡党朋友也，非恶（wù）其声而然也。由是观之，无恻隐之心，非人也；无羞恶（wù）之心，非人也；无辞让之心，非人也；无是非之心，非人也。恻隐之心，仁之端也；羞恶之心，义之端也；辞让之心，礼之端也；是非之心，智之端也。人之有是四端也，犹其有四体也。有是四端而自谓不能者，自贼者也；谓其君不能者，贼其君者也。凡有四端于我者，知皆扩而充之矣，若火之始然，泉之始达。苟能充之，足以保四海；苟不充之，不足以事父母。"

[白话]

孟子说："每个人都有不忍别人受苦的心。先王有不忍别人受苦的心，才会有不忍别人受苦的政治。凭借不忍别人受苦的心，实施不忍别人受苦的政治，治理天下就像在手掌上转动东西一样。我所以说每个人都有不忍别人受苦的心，理由是：现在有人忽然看到一个孩童快要掉到水井里，都会出现惊恐怜悯的心；不是想借此和孩童的父母攀结交情，不是想借此在乡里朋友中博取名声，也不是因为讨厌听到孩童的哭叫声才如此的。由此看来，没有怜悯心的，不是人；没有羞耻心的，不是人；没有谦让心的，不是人；没有是非心的，不是人。怜悯心是仁德的开端，羞耻心是义行的开端，谦让心是守礼的开端，是非心是明智的开端。人有这四种开端，就像他有四肢一样。有这四种开端却说自己不能行善，是伤害自己的人；说他的君主不能行善，是伤害君主的人。所有具备这四种开端的人，如果知道要去扩大充实它们，就会像柴火刚刚燃烧，泉水刚刚涌出。假使能扩充它们，足以保住天下；假使不能扩充它们，连侍奉父母都做不到。"

[解读]

① "恻隐、羞恶、辞让、是非"是心之四端，都是人心在特定情况下，对特定对象的趋力，亦即要求自己付诸行动的力量。此力量所针对的分别是"仁德、义行、守礼、明智"，而这四者才能算是善。换言之，心的四端是向善的力量，是由内而发的。这种人性观点并非通常所理解的人性本善。

② 有关"四端"之说，亦见于 [11.6]。但本章所说较为清楚，尤其是"人之有是四端也，犹其有四体也"一语。由此可知"仁义礼智"这四种善，是由"四端"所实践的"行为"，而非天生本具之善。

③ 孟子用"火之始然，泉之始达"来描写由四端到四善的"动态"过程。这里所肯定的是人性"向"善。至于由向善到行善的关键，则在 [7.12] 谈到"人之道"时作了说明："至诚而不动者，未之有也；不诚，未有能动者也。"

[3.7]

孟子曰："矢人岂不仁于函人哉？矢人唯恐不伤人，函人唯恐伤人。巫匠亦然，故术不可不慎也。孔子曰：'里仁为美。择不处仁，焉得智？'夫仁，天之尊爵也，人之安宅也。莫之御而不仁，是不智也。不仁、不智，无礼、无义，人役也。人役而耻为役，由弓人而耻为弓，矢人而耻为矢也。如耻之，莫如为仁。仁者如射，射者正己而后发；发而不中，不怨胜己者，反求诸己而已矣。"

[白话]

孟子说："制箭的难道比制铠甲的更为残忍吗？制箭的唯恐不射伤人，制铠甲的唯恐人被射伤。治病的巫医与制棺的木匠之间也是如此，所以选择谋生之术不能不慎重啊。孔子说：'住在有仁德的地方才最理想。选择住处而错过了有仁德的地方，怎么算得上明智呢？'仁德，是天所赋予的尊贵爵位，是人所拥有的安定住宅。没有人阻挡而不行仁，是不明智的。无仁德、不明智，不守礼、无义行，这种人只能做仆役。做仆役又以被人役使为耻，就像制弓的人觉得制弓可耻，制箭的人觉得制箭可耻一样。如果觉得可耻，不如就行仁。行仁的人有如比赛射箭，射箭的人端正自己的姿势再发箭；如果没有射中，不抱怨胜过自己的人，而要反过来在自己身上寻找原因。"

[解读]

① 各种行业都需要人，孟子提醒我们不要轻易受行业的特性所影响，亦即不可因为行业而失去行仁的心。"仁"是天之尊爵与人之安宅，除了努力行仁，人生没有光明坦途。随着仁德而并现的有义行、守礼、明智，正是心之四端所引发的善。确立了人的主体价值，人的尊严才可得到肯定。

② 本章引述孔子之语，见《论语》[4.1]。"反求诸己"一词亦见于本书 [7.4]。

[3.8]

孟子曰："子路，人告之以有过，则喜。禹闻善言，则拜。大舜有大焉，善与人同，舍己从人，乐取于人以为善。自耕稼、陶、渔以至为帝，无非取于人者。取诸人以为善，是与人为善者也。故君子莫大乎与人为善。"

[白话]

孟子说："子路，别人指出他的过错，他就欢喜。禹，听到良善的言辞就拜谢。伟大的舜更是了不起，善行与别人分享，舍弃自己而追随别人，乐于吸取别人的优点来自己行善。从当农夫、陶工、渔夫，直到成为天子，没有一项优点不是向别人学来的。吸取众人的优点来自己行善，就是偕同别人一起行善。所以，君子最高的楷模就是偕同别人一起行善。"

[解读]

① 舜的事迹，见《史记·五帝本纪》："舜耕历山，历山之人皆让畔；渔雷泽，雷泽之人皆让居；陶河滨，河滨器皆不苦窳。一年所居成聚，二年成邑，三年成都。"

② "与人为善"（帮助及偕同别人一起行善）是儒家的基本主张，因为"善"是"我与别人之间适当关系之实现"，所以一人行善，自然会有相关之人受到正面影响。但是，自觉此一效应而努力行善，仍是作为君子的最高目标。

③ 本章将子路与"禹、舜"并列讨论，深具历史眼光。由此可知，孟子认为外在成就（如，帝王将相）各有其时代背景，但人格修养则大家基础相同，全靠各自的努力才会有所成就。

[3.9]

孟子曰："伯夷，非其君不事，非其友不友。不立于恶人之朝，不与恶人言。立于恶人之朝，与恶人言，如以朝衣朝冠坐于涂炭。推恶（wù）恶（è）之心，思与乡人立，其冠不正，望望然去之，若将浼（měi）焉。是故诸侯虽有善其辞命而至者，不受也。不受也者，是亦不屑就已。柳下惠不羞污君，不卑小官；进不隐贤，必以其道；遗佚（yì）而不怨，阨穷而不悯。故曰：'尔为尔，我为我，虽袒裼（xī）裸裎（chéng）于我侧，尔焉能浼我哉？'故由由然与之偕而不自失焉，援而止之而止。援而止之而止者，是亦不屑去已。"

孟子曰："伯夷隘（ài），柳下惠不恭，隘与不恭，君子不由也。"

[白话]

孟子说："伯夷，不是理想的君主不去侍奉，不是理想的朋友不去结交。不在恶人的朝廷做官，不与恶人交谈。在恶人的朝廷做官，与恶人交谈，就像穿戴礼服礼帽坐在泥土炭灰上一样。把这种讨厌恶人的心情推广出去，他会想，如果与一个乡下人站在一起，而那人帽子戴得不正，他就会生气地走开，像是会被玷污一样。因此，诸侯即使有好言好语来相请的，他也不接受。不接受，也就是不屑于接近罢了。柳下惠不以坏君主为羞耻，也不以官职低为卑下；入朝做官，不隐藏才干，但一定遵循自己的原则；丢官去职而不抱怨，倒霉穷困而不忧愁。因此他说：'你是你，我是我，你即使在我旁边赤身裸体，又怎能玷污我呢？'所以他能随和地与这样的人相处而不失去自己的风度，拉他留下他就留下。拉他留下他就留下，也就是不屑于离开罢了。"孟子又说："伯夷器量狭隘，柳下惠态度不严肃。狭隘与不严肃，君子是不这么做的。"

[解读]

① 柳下惠（姓展，名获，字禽）是春秋时鲁国大夫，封邑在柳下，死后谥惠。他与伯夷的行事风格正好代表两个极端，孟子则希望取其中道。

② 有关伯夷与柳下惠的讨论，可参考［10.1］。他们分别是孟子所谓的"圣之清者"与"圣之和者"。这两位圣人在本章的分析中，各有其限制。由此可知孟子为何说"乃所愿，则学孔子"［3.2］。

公孙丑下

孟子曰:"天时不如地利,地利不如人和。三里之城,七里之郭,环而攻之而不胜。夫环而攻之,必有得天时者矣;然而不胜者,是天时不如地利也。城非不高也,池非不深也,兵革非不坚利也,米粟非不多也;委而去之,是地利不如人和也。故曰:域民不以封疆之界,固国不以山谿之险,威天下不以兵革之利。得道者多助,失道者寡助。寡助之至,亲戚畔(pàn)之;多助之至,天下顺之。以天下之所顺,攻亲戚之所畔;故君子有不战,战必胜矣。"

[白话]

孟子说:"天候时机比不上地理优势,地理优势比不上众人团结。面对三里的内城、七里的外城,包围起来攻打却不能获胜。能够包围起来攻打,一定是配合了天候时机,但是却不能取胜,这就是天候时机比不上地理优势。城墙不是不高,护城河不是不深,兵器铠甲不是不锐利坚固,粮食不是不多,然而很快就弃城逃走,这就是地理优势比不上众人团结。所以说,限制百姓不必用国家的疆界,保护国家不必靠山川的险阻,威行天下不必借兵器的锐利。合乎正道的君主,很多人会来帮助;背离正道的君主,就很少有人帮助了。帮助的人少到最后，连亲戚都背叛他；帮助的人多到最后，天下人都归顺他。以天下都归顺的人去攻打亲戚都背叛的人，所以君子不发动战争，若是发动战争则必定胜利。"

[解读]

① 凡事讲求天时、地利、人和，天时与地利可以决定"能不能做"，人和则决定"该不该做"，以及最后能否成功。
② "道"是顺着人心的要求所展现的光明大道，在此则指君主施行仁政。

[4.2]

孟子将朝王，王使人来曰："寡人如就见者也，有寒疾，不可以风。朝（zhāo），将视朝，不识可使寡人得见乎？"

对曰："不幸而有疾，不能造朝。"

明日，出吊于东郭氏。公孙丑曰："昔者辞以病，今日吊，或者不可乎？"

曰："昔者疾，今日愈，如之何不吊？"

王使人问疾，医来。孟仲子对曰："昔者有王命，有采薪之忧，不能造朝。今病小愈，趋造于朝，我不识能至否乎？"使数人要于路，曰："请必无归，而造于朝。"

不得已而之景丑氏宿焉。景子曰："内则父子，外则君臣，人之大伦也。父子主恩，君臣主敬。丑见王之敬之也，未见所以敬王也。"

曰："恶！是何言也！齐人无以仁义与王言者，岂以仁义为不美也？其心曰，'是何足与言仁义也'云尔，则不敬莫大乎是。我非尧、舜之道，不敢以陈于王前，故齐人莫如我敬王也。"

景子曰：“否，非此之谓也。礼曰，'父召，无诺；君命召，不俟驾。'固将朝也，闻王命而遂不果，宜与夫礼若不相似然。”

曰：“岂谓是与？曾子曰：'晋、楚之富，不可及也。彼以其富，我以吾仁；彼以其爵，我以吾义。吾何慊（qiàn）乎哉？'夫岂不义而曾子言之？是或一道也。天下有达尊三：爵一，齿一，德一。朝廷莫如爵，乡党莫如齿，辅世长民莫如德。恶得有其一以慢其二哉？故将大有为之君，必有所不召之臣，欲有谋焉，则就之。其尊德乐道，不如是，不足与有为也。故汤之于伊尹，学焉而后臣之，故不劳而王。桓公之于管仲，学焉而后臣之，故不劳而霸。今天下地丑德齐，莫能相尚，无他，好臣其所教，而不好臣其所受教。汤之于伊尹，桓公之于管仲，则不敢召。管仲且犹不可召，而况不为管仲者乎？”

[白话]

孟子准备去朝见齐宣王，齐宣王恰好派人来说：“我原想来看望您的，但是着凉了，不能吹风。明天早晨我将临朝听政，不知您是否肯来让我见见？”

孟子回答说：“我不幸生病了，不能前往朝廷。”

第二天，孟子出门去东郭氏家里吊丧。公孙丑说：“昨天推说有病，今天却去吊丧，也许不合适吧？”

孟子说：“昨天生病，今天好了，怎么不能去吊丧？”

齐宣王派人来探病，还有医生同行。孟仲子回答来人说：“昨天接到大王的命令，他正好生病，不能前往朝廷。今天病稍微好些，就赶快上朝去了，我不知道现在到了没有？”孟仲子派了几个人去路上拦截，告诉孟子说：“您一定不要回家，赶快前去朝廷。”

孟子没有办法，就到景丑氏家里过夜。景子说：“在家有父子，在外有君臣，这是人与人之间最重要的关系。父子之间以慈爱为主，君臣之间以恭敬为主。我见到大王对您的敬重，却没有见到您怎么尊敬大王。"

孟子说："唉！这是什么话！齐国人中没有一个同大王谈论仁义的，难道是认为仁义不好吗？他们的心思是，'这种人哪里值得同他谈论仁义'，这才是最大的不恭敬啊。至于我，不是尧、舜的正道不敢在大王面前陈述，所以齐国人中没有像我那么尊敬大王的。"

景子说："不，我所说的不是这个。《礼经》上说：父亲召唤儿子，不能用'诺'应答；君主宣召，臣子不等马车驾好就先走。您本来准备去朝见，听到大王的命令反而不去了，这恐怕与《礼经》所说的不大符合吧。"

孟子说："难道我说的是这个吗？曾子说：'晋国、楚国的财富，是无法比得上的。不过，他凭借他的财富，我凭借我的仁德；他凭借他的爵位，我凭借我的义行。我还欠缺什么呢？'难道这些话没有正当性而曾子随意说说吗？大概另有一番道理吧。天下公认为尊贵的有三样：爵位、年龄、品德。在朝廷上，没有比爵位更尊贵的；在乡里中，没有比年龄更尊贵的；辅助世道、教育百姓，没有比品德更尊贵的。他怎能凭着一种就来轻视另外两种呢？所以，想要大有作为的君主，必定有他不能召唤的臣子，有什么事要商量，就亲自前去请教。要崇尚德行而喜欢正道，如果不这样，就不值得同他一起有所作为。因此商汤对于伊尹，先向他学习然后再任用他为大臣，所以不费力气就称王天下。齐桓公对于管仲，先向他学习然后再任用他为大臣，所以不费力气就称霸天下。现在天下大国诸侯，土地大小相同，德行作风相似，谁也不比谁好，这没有别的缘故，就是因为喜欢任用听从他们的人，而不喜欢任用教导他们的人。商汤对于伊尹、齐桓公对于管仲，就不敢用召唤的。管仲尚且不可以召唤，何况是不愿做管仲的人呢？"

傅佩荣解读《孟子》（修订版）

① 这段文字生动地表现了孟子的处事作风。他辩才无碍，凭借丰富的知识，明确的原则，以及坚定的信念，相信自己可与伊尹相比，甚至超过管仲，但是奈何当时既无商汤也无齐桓公。

② 采薪之忧：此为疾病之代名词。《礼记·曲礼下》：君使士射，不能，则辞以疾，言曰："某有负薪之忧。"采薪、负薪皆为樵夫工作，为庶人所为。士人而言采薪，是谦称"不能工作"之意。

③ "父召，无诺"，父亲召唤儿子，儿子说"唯"而不说"诺"。"君命召，不俟驾"，《荀子·大略》："诸侯召其臣，臣不俟驾，颠倒衣裳而走。"这是表示臣对君的敬意，孔子即是如此（《论语》[10.20]）。

[4.3]

陈臻问曰："前日于齐，王馈（kuì）兼金一百而不受；于宋，馈七十镒而受；于薛，馈五十镒而受。前日之不受是，则今日之受非也。今日之受是，则前日之不受非也。夫子必居一于此矣。"

孟子曰："皆是也。当在宋也，予将有远行，行者必以赆（jìn），辞曰：'馈赆。'予何为不受？当在薛也，予有戒心，辞曰：'闻戒，故为兵馈之。'予何为不受？若于齐，则未有处（chǔ）也。无处而馈之，是货之也。焉有君子而可以货取乎？"

[白话]

陈臻请教说："以前在齐国，齐王送您一百镒上等金，您不接受；在宋国，宋君送七十镒，您接受了；在薛国，薛君送五十镒，您也接受了。如果以前不接受是对的，后来接受就是错的；

如果后来接受是对的，以前不接受就是错的。先生一定处于其中一种情况吧。”

孟子说："都是对的。在宋国的时候，我准备远行，对远行的一定要送些路费，宋君说：'送上路费。'我为什么不接受？在薛国的时候，我听说路上有危险需要戒备，薛君说：'听说需要戒备，送钱给你买兵器。'我为什么不接受？至于在齐国的时候，就没有什么理由。没有理由而送钱，那是收买我。哪里有君子可以用钱收买的呢？"

[解读]

① 镒：二十两为一镒，不过古代所谓的"金"并非黄金，而是黄铜。兼金指上等的金，价格比平常的金贵一倍。

② 孟子处世强调守经达权，就是在坚持原则的同时，针对具体情况采取权宜措施。凡事不外乎理，理上说得通，就可以求得心安。读书所以明理，孟子以身教与言教来开导弟子。

[4.4]

孟子之平陆，谓其大夫曰："子之持戟（jǐ）之士，一日而三失伍，则去之否乎？"

曰："不待三。"

"然则子之失伍也亦多矣。凶年饥岁，子之民，老羸（léi）转于沟壑（hè），壮者散而之四方者，几（jī）千人矣。"

曰："此非距心之所得为也。"

曰："今有受人之牛羊而为之牧之者，则必为之求牧与刍矣。求牧与刍而不得，则反诸其人乎？抑亦立而视其死与？"

曰："此则距心之罪也。"

他日，见于王曰："王之为都者，臣知五人焉。知其罪者，惟孔距心。"为王诵之。

王曰："此则寡人之罪也。"

[白话]

孟子到了平陆，对当地的大夫孔距心说："如果你的卫士一天三次失职，你会开除他吗？"

孔距心说："不必等到三次。"

孟子说："那么你失职的地方也够多了。遇到灾荒年头，你的百姓，年老体弱的饿死在田沟山溪里，年轻力壮的逃散到四方去，大概有一千人了。"

孔距心说："这不是我能够解决的。"

孟子说："假使有个人接受别人的牛羊而替他放牧，那么这个人一定要为牛羊找到牧场与草料。如果找不到牧场与草料，那么他是把牛羊还给主人呢，还是站在那儿看着牛羊饿死？"

孔距心说："这是我的罪过啊。"

过了几天，孟子谒见齐宣王说："大王的地方长官，我认识五位。明白自己罪过的，只有孔距心。"接着把那番问答叙述一遍。

齐宣王说："这是我的罪过啊。"

[解读]

① 在其位就要谋其政，否则另请高明。孔距心与齐宣王在孟子的开导下，都能有所警觉。孟子使用比喻的功力，令人佩服。

② "王之为都者"，"都"与"邑"之别，在于"有宗庙先君之主曰都"。

[4.5]

　　孟子谓蚔（chí）蛙曰："子之辞灵丘而请士师，似也，为其可以言也。今既数月矣，未可以言与？"

　　蚔蛙谏于王而不用，致为臣而去。齐人曰："所以为蚔蛙则善矣；所以自为，则吾不知也。"

　　公都子以告。曰："吾闻之也：有官守者，不得其职则去；有言责者，不得其言则去。我无官守，我无言责也，则吾进退，岂不绰（chuò）绰然有余裕哉？"

[白话]

　　孟子对蚔蛙说："你辞去灵丘大夫的职位，请求担任司法官，似乎是对的，因为可以向大王进言。现在过了几个月了，还不可以进言吗？"

　　蚔蛙向大王进谏而不被采纳，他就辞官走了。齐国有人说："孟子为蚔蛙考虑得倒是很好，他怎么为自己考虑，我就不知道了。"

　　公都子把这番话报告给孟子。孟子说："我听说过：有固定官位的，无法行使职权就该离去；有进言责任的，无法以言进谏就该离去。我既没有固定官位，也没有进言责任，那么我的行动要进要退不是宽绰而大有余地吗？"

[解读]

①　蚔蛙的作为受到一般人的肯定，孟子的作为则未必如此。孟子在齐国担任客卿，既无官守也无言责，他心中想的是劝导齐宣王推行仁政，进而匡济天下百姓。

[4.6]

孟子为卿于齐，出吊于滕，王使盖（gě）大夫王驩（huān）为辅行。王朝暮见，反齐、滕之路，未尝与之言行事也。公孙丑曰："齐卿之位，不为小矣；齐、滕之路，不为近矣，反之而未尝与言行事，何也？"

曰："夫既或治之，予何言哉？"

[白话]

孟子在齐国担任客卿，奉命前往滕国吊丧。大王派盖邑大夫王为副使同行。王与孟子朝夕相见，来回于齐国与滕国的路途上，孟子却不曾与他谈过出使的事。

公孙丑说："齐国卿的官位不算小了，齐国与滕国之间的路途不算近了。来回一趟却不曾与王谈过出使的事，为什么呢？"

孟子说："他既然事情都办好了，我还说什么呢？"

[解读]

① 孟子是客卿，王驩虽然担任副使，却是齐国的权臣，行事专擅，所以孟子和他保持距离，参考［8.27］，相关资料亦见于［7.24］、［7.25］。当时滕国是为文公办丧事，而孟子与文公原为旧识，参考［5.1］。

[4.7]

孟子自齐葬于鲁，反于齐，止于嬴（yíng）。充虞请曰："前日不知虞之不肖，使虞敦匠事。严，虞不敢请。今愿窃有请也：木若以美然？"

曰："古者棺椁无度。中古棺七寸，椁称之。自天子达于庶人，非直为观美也，然后尽于人心。不得，不可以为悦；无财，不可以为悦。得之为有财，古之人皆用之，吾何为独不然？且比化者无使土亲肤，于人心独无恔（xiào）乎？吾闻之也，君子不以天下俭其亲。”

[白话]

  孟子从齐国到鲁国去安葬母亲，返回齐国时，在嬴地停留。充虞请教说："前些日子您不知我没有才干，派我监理棺椁的制造，当时事情匆迫，不敢请教。现在想冒昧问一下：棺木好像太华美了吧？"

  孟子说："上古对于棺椁的厚度没有规定，中古规定棺七寸，椁的厚度与棺相称。从天子直到百姓，讲究棺椁不只是为了美观，而是要这样才算尽了孝心。如果受法令限制不能这么做，就不会称心；如果没有钱财可以这么做，也不会称心。既合法令又有钱财，古代人都这么做了，为什么只有我不可以呢？并且能使泥土避免靠近死者的肌肤，在人子心中难道不欣慰吗？我听说过：君子不会因为爱惜天下财物而将父母的丧事办得俭约。"

[解读]

① 孟子运送母亲灵柩回鲁国安葬。有关孟母棺椁的华美，在［2.16］谈论过。充虞为孟子弟子。

② 中古是指周公制礼作乐以后。办理丧事除了要合乎法制，还须考虑是否"尽心"。

[4.8]

沈同以其私问曰："燕可伐与？"

孟子曰："可。子哙（kuài）不得与人燕，子之不得受燕于子哙。有仕于此，而子悦之，不告于王而私与之吾子之禄爵；夫士也，亦无王命而私受之于子，则可乎？何以异于是？"

齐人伐燕。或问曰："劝齐伐燕，有诸？"

曰："未也。沈同问，'燕可伐与？'吾应之曰，'可。'彼然而伐之也。彼如曰，'孰可以伐之？'则将应之曰，'为天吏，则可以伐之。'今有杀人者，或问之曰，'人可杀与？'则将应之曰，'可。'彼如曰，'孰可以杀之？'则将应之曰，'为士师则可以杀之。'今以燕伐燕，何为劝之哉！"

[白话]

沈同以个人身份请教："燕国可以讨伐吗？"

孟子说："可以。国君子哙不应该把燕国让给别人，相国子之不应该从子哙手中接受燕国。譬如这里有个士人，你喜欢他，不去请示大王就私下把你的俸禄与爵位让给他；而这个士人也没有大王的命令就私下接受了这些，这样可以吗？燕国的事情与这个例子有什么不同呢？"

齐国讨伐燕国。有人问说："您劝说齐国讨伐燕国，有这回事吗？"

孟子说："没有。沈同问，'燕国可以讨伐吗？'我答复他说，'可以。'他以为我说得对，就去讨伐了。他如果问，'谁可以去讨伐？'我就会答复他，'奉行天命的官吏才可以去讨伐。'譬如有个杀人犯，有人问，'这个人可以杀吗？'我会答复说，'可以。'如果再问，'谁可以去杀他？'我会答复说：'司法官才可以杀他。'现在就像用燕国来讨伐燕国，我怎么会去劝说呢？"

[解读]

① "以燕伐燕"无异于以暴易暴，当然不会得到孟子的同意。所

谓"天吏"[3.5]，是指实行仁政的君主。当时周朝尚有天子，只是并无实权，各国诸侯有共同维护秩序的责任，所以才会发生这一连串与燕国有关的事件。参考[2.10]、[2.11]、[4.9]。

[4.9]

燕人畔。王曰："吾甚惭于孟子。"

陈贾（gǔ）曰："王无患焉。王自以为与周公孰仁且智？"

王曰："恶！是何言也！"

曰："周公使管叔监殷，管叔以殷畔。知而使之，是不仁也；不知而使之，是不智也。仁智，周公未之尽也，而况于王乎？贾请见而解之。"

见孟子，问曰："周公，何人也？"

曰："古圣人也。"

曰："使管叔监殷，管叔以殷畔也，有诸？"

曰："然。"

曰："周公知其将畔而使之与？"

曰："不知也。"

"然则圣人且有过与？"

曰："周公，弟也；管叔，兄也。周公之过，不亦宜乎？且古之君子，过则改之；今之君子，过则顺之。古之君子，其过也，如日月之食，民皆见之；及其更也，民皆仰之。今之君子，岂徒顺之，又从为之辞。"

[白话]

燕国人起来反抗齐国的占领。齐宣王说："我对孟子觉得很惭愧。"

陈贾说："大王不必难过。大王在仁德与明智方面与周公相比，觉得谁比较强？"

齐宣王说："啊！这是什么话！"

陈贾说："周公派管叔监督殷人，管叔却带着殷人叛乱。知道他会反叛而派他去，那是不仁；不知道他会反叛而派他去，那是不智。仁德与明智，周公都没有完全具备，何况是大王呢？我愿意去见孟子向他解释。"

陈贾见到孟子，问说："周公是怎样的人？"

孟子说："古代的圣人。"

陈贾说："他派管叔监督殷人，管叔却带着殷人叛乱，有这回事吗？"

孟子说："有的。"

陈贾说："周公是知道他会叛乱而派他去的吗？"

孟子说："不知道。"

陈贾说："既然这样，圣人也会有过错吗？"

孟子说："周公是弟弟，管叔是哥哥。周公的过错，不也是应该的吗？并且古代的君子，有了过错就改正；现在的君子，有了过错还顺着做下去。古代的君子，他的过错像日食月食一样，百姓都看得到；等他改正之后，百姓都仰望他。现在的君子，不但顺着过错做下去，还要找些理由来辩解。"

[解读]

① 孟子曾经劝齐宣王不要夺取燕国，见[2.10]、[2.11]、[4.8]，但建议未获采纳。两年后，燕人拥立燕昭王，逐退齐人。

② 周武王灭商之后，封商纣之子武庚于其旧都，用以安抚殷（商）的遗民，并且派其弟管叔、蔡叔、霍叔监督。武王驾崩之后，成王年幼，由周公摄政，管叔等人叛乱未果。

③　人可能犯下各种过错，儒家的建议是"有过则改"。孔子说："过而不改，是谓过矣。"（《论语》[15.30]）孟子进而批评顺从过错还要找借口辩解的人。齐宣王身边有陈贾这种大臣，难怪孟子有志难伸了。参看[12.7]所说的"逢君之恶"。

[4.10]

　　孟子致为臣而归。王就见孟子曰："前日愿见而不可得，得侍同朝，甚喜；今又弃寡人而归，不识可以继此而得见乎？"

　　对曰："不敢请耳，固所愿也。"

　　他日，王谓时子曰："我欲中国而授孟子室，养弟子以万钟，使诸大夫国人皆有所矜式。子盍为我言之？"

　　时子因陈子而以告孟子，陈子以时子之言告孟子。孟子曰："然，夫时子恶知其不可也？如使予欲富，辞十万而受万，是为欲富乎？季孙曰：'异哉子叔疑！使己为政，不用，则亦已矣，又使其子弟为卿。人亦孰不欲富贵？而独于富贵之中有私龙（lǒng）断焉。'古之为市也，以其所有易其所无者，有司者治之耳。有贱丈夫焉，必求龙断而登之，以左右望，而罔市利。人皆以为贱，故从而征之。征商自此贱丈夫始矣。"

[白话]

　　孟子辞去客卿的职位，准备回乡。齐宣王亲自去见孟子，说："过去想看到您而不可能；后来能在一个朝廷共事，我很高兴；现在又将舍弃我回去了，不知道今后还能再相见吗？"

　　孟子回答说："我不敢请求罢了，这本来就是我所希望的。"

　　过了几天，齐宣王对时子说："我想在都城里给孟子一栋房屋，用一万钟粮食供养他的弟子，让大夫与百姓都有个效法的榜样。你何不替我去说说呢？"

时子托陈子把这话转达给孟子，陈子就把时子的话告诉了孟子。孟子说："是的，时子怎么知道这件事不能做呢？如果我想发财，辞掉十万钟的俸禄而接受这一万钟的赏赐，这是想要发财吗？季孙说：'子叔疑真奇怪！自己想做官，没被任用也就算了，却又叫他的子弟去做卿大夫。谁不想要富贵？而偏偏在富贵之中有人想私自垄断。'古代经商的人，以自己有的去交换自己没有的，由相关部门的官吏去管理。有个卑鄙的男人，一定要找块高地站上去，向左右两边张望，企图网罗市场的利益。人人都认为他卑鄙，于是抽他的税。对商人抽税就是从这个卑鄙的男人开始的。"

[解读]

① "不敢请耳，固所愿也"，这句话是天下读书人最深刻的心声，洋溢着淑世热情，却又收敛自重。

② 中国：国都，即临淄城。

③ 时子是齐国大夫，陈子（陈臻）是孟子弟子。季孙、子叔疑的资料皆不详。

④ 一钟为六石四斗，一万钟约为一年的俸禄。古代所谓"养弟子"，是对身为老师的人的客套话，其实就是提供孟子的俸禄。孟子说他辞去"十万钟"，是指他在齐国多年俸禄的总和。

⑤ 孟子所谓"征商"的来源，可供参考，而实际情况不详。

[4.11]

孟子去齐，宿于昼。有欲为王留行者，坐而言。不应，隐几而卧。客不悦曰："弟子齐（zhāi）宿而后敢言，夫子卧而不听，请勿复敢见矣。"

曰："坐！我明语子。昔者鲁缪（mù）公无人乎子思之侧，则不能安子思；泄柳、申详无人乎缪公之侧，则不能安其身。子为长者虑，而不及子思。子绝长者乎？长者绝子乎？"

[白话]

孟子离开齐国，在昼县过夜。有个想为齐宣王挽留孟子的人，恭敬地坐着说话。孟子不加理会，靠着桌子打盹。那人很不高兴，说："我先斋戒一天，然后敢来与您说话，您却睡觉不听，以后再也不敢与您相见了。"

孟子说："坐下来！我明白告诉你。从前，鲁缪公没有好人在子思身边伺候，就不能让子思安心留下；泄柳、申详没有好人在鲁缪公身边帮忙，就不能让自己安居。你替我这个长辈考虑，却没有想到子思的待遇。这是你弃绝长辈呢，还是长辈弃绝你？"

[解读]

① 鲁缪公在位三十三年。"缪"通"穆"。子思（孔伋）是孔子之孙，泄柳又名子柳（见本书［12.6］），申详为子张之子，皆为鲁国贤人。

② 孟子认为自己应该得到子思的待遇，而不能只以泄柳、申详为目标。

［4.12］

孟子去齐。尹士语人曰："不识王之不可以为汤、武，则是不明也；识其不可，然且至，则是干泽也。千里而见王，不遇故去，三宿而后出昼，是何濡滞也？士则兹不悦。"

高子以告。曰："夫尹士恶（wū）知予哉？千里而见王，是予所欲也；不遇故去，岂予所欲哉？予不得已也。予三宿而出昼，于予心犹以为速。王庶几改之，王如改诸，则必反予。夫出昼，而王不予追也，予然后浩然有归志。予虽然，岂舍王哉？王由足用为善。王如用予，则岂徒齐民安，天下之民举安。王庶几改之！予日望之！予岂若是小丈夫然哉？谏于其君而不受，则怒，悻悻然见（xiàn）于其面，去则穷日之力而后宿哉？"

尹士闻之，曰："士诚小人也。"

[白话]

孟子离开齐国。尹士对人说："不知道齐王不可能成为商汤、周武王，那是不明智；知道齐王不可能做到，却还是到齐国来，那是求俸禄。跋涉千里来见齐王，意见不合便离去，在昼县住了三夜才走，为什么这样滞留迟缓呢？我对这一点很不满意。"

高子把这番话转告孟子。孟子说："那个尹士怎能了解我呢？跋涉千里来见齐王，是我所期望的；意见不合便离去，难道也是我所期望的吗？我是不得已罢了。我住了三夜才离开昼县，在我心里还觉得太快了。齐王或许会改变态度，齐王如果改变态度，一定会召我回去。我离开了昼县，齐王没有派人追我，我这才心意畅快地决定回乡去。我虽然这么做，难道肯舍弃齐王吗？齐王还是有能力推行善政的。齐王如果任用我，那么岂止是齐国的百姓得到安定，天下的百姓都可以得到安定。齐王或许会改变态度的！我天天盼望啊！我难道像那种器量狭小的人吗？向君主进谏不被采纳，就立刻发怒，脸上显露愤愤不平的神色，离开时非得整天拼命赶路之后才肯投宿吗？"

尹士听人转告这番话，说："我真是个小人啊。"

① 孟子一番话，把委婉曲折的心思说清楚，充分显示了儒家的入世情怀。他的抱负是"天下之民举安"，豪情壮志令人肃然起敬。"浩然有归志"，以水势盛大描写心意畅快，"浩然"一词亦见于"浩然之气"［3.2］。

[4.13]

孟子去齐，充虞路问曰："夫子若有不豫色然。前日虞闻诸夫子曰：'君子不怨天，不尤人。'"

曰："彼一时，此一时也。五百年必有王者兴，其间必有名世者。由周而来，七百有余岁矣。以其数，则过矣；以其时考之，则可矣。夫天未欲平治天下也，如欲平治天下，当今之世，舍我其谁也？吾何为不豫哉？"

[白话]

孟子离开齐国，充虞在路上问说："先生好像有些不愉快的样子。以前我听先生说过：'君子不抱怨天，不责怪人。'"

孟子说："那是一个时候，这是一个时候。历史上每隔五百年必定会有圣君兴起，其间也必定会有辅佐圣君的贤臣出现。从周朝以来，已经七百多年了。按年数计算，已经超过了；按时势考察，圣君贤臣可以出现了。天还不想让天下太平吧，如果想让天下太平，在今天这个时代，除了我还有谁呢？我为什么不愉快呢？"

[解读]

① "不怨天，不尤人"出于《论语》［14.35］，为孔子自述之语。孟子说的"彼一时"，是指教书时，要告诉学生基本的原则与

恒常的道理；而"此一时"，则是考虑天下百姓的福祉，与个人能否得君行道。

② 孟子所谓的"五百年必有王者兴"，是他对历史的理解，如朱熹说："自尧、舜至汤，自汤至文、武，皆五百余年而圣人出。"往后算下去未必能有确证支持。至于名世者，朱熹说："谓其人德业闻望，可名于一世者，为之辅佐。"

③ "当今之世，舍我其谁也"一语充满自信，也显示了儒家的抱负。孔子在匡城受困时，曾公开声称："天之未丧斯文也，匡人其如予何？"（《论语》[9.5]）孟子在表达心声时，也同样以"天意"为前提，这使得儒家的自信不致沦为狂妄。

[4.14]

孟子去齐，居休。公孙丑问曰："仕而不受禄，古之道乎？"

曰："非也。于崇，吾得见王，退而有去志，不欲变，故不受也。继而有师命，不可以请。久于齐，非我志也。"

[白话]

孟子离开齐国，住在休地。公孙丑问说："做官不接受俸禄，这是古代的做法吗？"

孟子说："不是的。在崇地，我初次见到了齐王，回来后就有离开的念头，我不想改变心思，所以不接受俸禄。接着齐国有战事，不可以请求离开。长时间留在齐国，不是我的意愿啊。"

[解读]

① 从[4.10]至此，一连五章都在描述孟子离开齐国的事迹，使我们明白他对出处进退的考虑，既周全体贴又坚定不移。

滕文公上

[5.1]

　　滕文公为世子，将之楚，过宋而见孟子。孟子道性善，言必称尧舜。

　　世子自楚反，复见孟子。孟子曰："世子疑吾言乎？夫道一而已矣。成𬷕（jiàn）谓齐景公曰：'彼，丈夫也；我，丈夫也；吾何畏彼哉？'颜渊曰：'舜，何人也？予，何人也？有为者亦若是。'公明仪曰：'文王，我师也；周公岂欺我哉？'今滕，绝长补短，将五十里也，犹可以为善国。《书》曰：'若药不瞑（mián）眩，厥疾不瘳（chōu）。'"

[白话]

　　滕文公担任太子的时候，有一次前往楚国，路过宋国时与孟子会面。孟子谈论人性善良的道理，句句都要提到尧、舜。

　　太子从楚国返回，又来见孟子。孟子说："太子怀疑我的话吗？人生的正途只有一条。成𬷕对齐景公说：'他，是个男子；我，也是个男子；我怕他什么呢？'颜渊说：'舜，是什么样的人？我，是什么样的人？有所作为的人也会像他那样。'公明仪说：'周文王，是我的老师；周公这话难道会欺骗我吗？'现在滕国的土地截长补短，将近纵横各五十里，仍然可以成为推行善政的国家。《尚书·说命》上说：'如果药物不能使人头晕眼花，这个病是治不好的。'"

[解读]

① "孟子道性善"一语，概括说明了孟子对人性的看法，至于是"性本善"还是"性向善"，还须配合相关资料来辨明。正如"言必称尧、舜"是一句重点提示，因为孟子许多话（即使讨论人性之处）并未提及尧、舜。

② 成是齐国勇士，他口中的"彼"是指角力的对手。颜渊是孔子的最佳弟子，以舜为其楷模，可谓取法乎上。公明仪是曾子弟子。这两段话表明：人要自重自强，发挥正面潜能，抵达完美之境。

[5.2]

滕定公薨（hōng），世子谓然友曰："昔者孟子尝与我言于宋，于心终不忘。今也不幸至于大故，吾欲使子问于孟子，然后行事。"

然友之邹，问于孟子。孟子曰："不亦善乎！亲丧，固所自尽也。曾子曰：'生，事之以礼；死，葬之以礼，祭之以礼，可谓孝矣。'诸侯之礼，吾未之学也。虽然，吾尝闻之矣。三年之丧，齐（zī）疏之服，饘（zhān）粥之食，自天子达于庶人，三代共之。"

然友反命，定为三年之丧。父兄百官皆不欲也，曰："吾宗国鲁先君莫之行，吾先君亦莫之行也，至于子之身而反之，不可。且志曰：'丧祭从先祖。'曰：'吾有所受之也。'"

谓然友曰："吾他日未尝学问，好驰马试剑。今也父兄百官不我足也，恐其不能尽于大事，子为我问孟子。"然友复之邹，问孟子。孟子曰："然。不可以他求者也。孔子曰：'君薨，听于冢宰，歠（chuò）粥，面深墨，即位而哭，百官有司莫敢不哀，先之也。'上有好者，下必有甚焉者矣。君子之德，风也；小人之德，草也。草上之风，必偃。是在世子。"

然友反命。世子曰："然，是诚在我。"五月居庐，未有命戒。百官族人可，谓曰知。及至葬，四方来观之，颜色之戚，哭泣之哀，吊者大悦。

[白话]

滕定公去世了，太子对然友说："以前孟子在宋国与我谈过话，我心里一直没有忘记。现在不幸遭到父丧的大事，我想让您去请教孟子，然后再举行丧礼。"

然友就去邹国请教孟子。孟子说："这不是很好吗！父母的丧事，本来就是要竭尽自己的心意去办的。曾子说过：'父母在世时，依礼的规定来侍奉；父母过世后，依礼的规定来安葬，依礼的规定来祭祀，这样可以说是孝顺了。'诸侯的丧礼，我没有学习过；但是，还是听说过的。三年的服丧期，穿粗布缝边的孝服，喝粥，从天子到百姓，夏、商、周三代都是这样的。"

然友回国复命，太子决定实行三年之丧。宗室百官都不愿意，说："我们宗国鲁国的前代君主并没有实行这种丧礼，我们的前代君主也没有实行过，到你这一代却要违反传统，这是不应该的。况且有记载说：'丧礼、祭礼要遵从祖宗的规矩。'意思是说：'我们是有所继承的。'"

太子对然友说："过去我不曾讲求学问，喜欢骑快马与比剑法。现在宗室百官都不满意我，担心我不能竭尽心力办好丧事，您再替我去请教孟子。"然友又到邹国请教孟子。孟子说："是的，这是不能求助于别人的。孔子说：'国君去世，太子把政务交给冢宰，喝粥，面色深黑，走到孝子的位置就哭泣，大小官员没有敢不哀伤的，因为太子带头这么做。'在上位的人爱好什么，下属一定更加爱好。'君子的言行表现，像风一样；百姓的言行表现，像草一样；风吹在草上，草一定跟着倒下。'这件事就在于太子了。"

然友回去复命。太子说："对，这确实在于我自己。"于是太子五个月都住在丧庐，其间没有发布任何政令与告诫。百官与亲族都赞同，认为太子知礼。到了安葬那天，四方各地都有人来观礼。太子面容悲伤、哭泣哀恸，使来吊丧的人都非常满意。

[解读]

① 本章所引曾子之语，在《论语》[2.5]中是孔子对樊迟所说的。可能是曾子转述这段话来教导弟子，因而有此记载。

② "三年之丧"也是孔子所赞成的，可参考《论语》[17.21]。在此所谓的三年，实指二十五个月（到第三年的第一个月结束为止）。不过，鲁国与滕国早就不守此礼了。滕国称鲁国为"宗国"，是因为两国祖先皆为周文王之子，鲁国周公年长，所以滕国宗之。

③ 齐疏之服：《仪礼·丧服》："疏衰裳齐。"意即用粗布（疏）做成的丧服上衣（衰）与下裳皆缝上衣边（齐）。粥之食：稀饭，厚的称，稀的称粥。

④ "君子之德，风也"一语，出自《论语》[12.19]。在此"德"是指人的言行表现所形成的特色或作风，与善恶无关。

⑤ 五月居庐："庐"又称"凶庐"，是服丧期间所居的简陋丧宅。古代诸侯去世，要筹划五月才可安葬，让同盟各国可以派人前来观礼。在安葬之前，孝子须住在凶庐。

[5.3]

滕文公问为国。孟子曰："民事不可缓也。《诗》云：'昼尔于茅，宵尔索绹；亟其乘屋，其始播百谷。'民之为道也，有恒产者有恒心，无恒产者无恒心。苟无恒心，放辟邪侈，无不为已。及陷乎罪，然后从而刑之，是罔民也。焉有仁人在位，罔民而可为也？是故贤君必恭俭礼下，取于民有制。阳虎曰：'为富不仁矣，为仁不富矣。'夏后氏五十而贡，殷人七十而助，周人百亩而彻，其实皆什一也。彻者，彻也；助者，借也。龙子曰：'治地莫善于助，莫不善于贡。'贡者，挍（jiào）数岁之中以为常。乐岁，粒米狼戾，多取之而不为虐，则寡取之；凶年，粪其田而不足，则必取盈焉。为民父母，使民盻（xì）盻然，将终岁勤动，不得以养其父母，又称贷而益之，使老稚转乎沟壑，恶（wū）在其为民父母也？夫世禄，滕固行之矣。《诗》云：'雨我公田，遂及我私。'惟助为有公田。由此观之，虽周亦助也。设为庠序学校以教之。庠者，养也。校者，教也。序者，射也。夏曰校，殷曰序，周曰庠；学则三代共之，皆所以明人伦也。人伦明于上，小民亲于下。有王者起，必来取法，是为王者师也。《诗》云：'周虽旧邦，其命维新。'文王之谓也。子力行之，亦以新子之国。"

使毕战问井地。孟子曰："子之君将行仁政，选择而使子，子必勉之！夫仁政必自经界始。经界不正，井地不钧，谷禄不平，是故暴君污吏必慢其经界。经界既正，分田制禄可坐而定也。夫滕，壤地褊小，将为君子焉，将为野人焉。无君子，莫治野人；无野人，莫养君子。请野九一而助，国中什一使自赋。卿以下必有圭田，圭田五十亩，余夫二十五亩。死徙无出乡，乡田同井，出入相友，守望相助，疾病相扶持，则百姓亲睦。方里而井，井九百亩，其中为公田。八家皆私百亩，同养公田。公事毕，然后敢治私事，所以别野人也。此其大略也。若夫润泽之，则在君与子矣。"

　　滕文公请教怎样治理国家。孟子说:"百姓的需求是不可延缓的。《诗经·豳风·七月》上说:'白天割取茅草,晚上绞成绳索,赶紧修缮屋顶,很快又将播种百谷。'百姓走在人生正途上,有固定产业的才有坚定心志,没有固定产业的就没有坚定心志。如果没有坚定心志,就会违法乱纪,什么事都做得出来。等到他们犯了罪,然后加以处罚,就等于设下罗网陷害百姓。哪里有仁德君主在位却做出陷害百姓的事呢? 所以贤明的君主一定要恭敬节俭,以礼对待臣下,向百姓征税有制度。阳虎说过:'要致富就不能行仁,要行仁就不能致富。'夏朝每家五十亩地,实行贡法;殷朝每家七十亩地,实行助法;周朝每家一百亩地,实行彻法,其实税率都是十分之一。'彻'是通的意思,'助'是借的意思。龙子说:'征取田税没有比助法更好的,没有比贡法更差的。'贡法是比较几年的收成得到平均的常数,按此来抽税。丰年时谷物堆得满地,多征些粮不算暴虐,贡法却收得少;荒年时,就算施肥,收成也不够纳税,而贡法却要收到足数。作为百姓的父母,却让百姓目光含恨,整年辛苦劳动,收成都无法养活父母,还须借贷来维持生活,使得老人小孩饿死在田沟山溪中,这样哪里配做百姓的父母呢? 做官的世代享受俸禄,滕国本来就实行了。《诗经·小雅·大田》上说:'雨先下到我们的公田,然后落到我们的私田。'只有助法才有公田。由此看来,就是周朝也是用助法的。接着,要设立庠、序、学、校来教育他们。庠是教养的意思,校是教导的意思,序是陈列的意思。地方的学校,夏朝称为'校',商朝称为'序',周朝称为'庠';国家设立的称为'学',三代都一样。这些机构都是要教人明白伦理关系的。在上位的人明白了伦理关系,底下的百姓就会互相亲爱了。如果有圣王兴起,必定会来效法,这样就成了圣王的老师了。《诗经·大雅·文王》上说:'周家虽是古老的邦国,承受的天命却是新的。'

这是讲的周文王。您努力实行吧，也来使您的国家气象一新。"

滕文公派毕战请教井田施行的办法。孟子说："你的国君准备实行仁政，选派你来问我，你一定要好好努力！实行仁政，一定要从划分田界开始，田界划分不正确，井田的面积就不平均，作为俸禄的田租收入就不公平，因此暴君与贪官污吏必定要破坏田界。田界划分正确了，那么分配井田、制定官禄就轻而易举了。滕国土地狭小，但也有政府的官吏，也有耕田的农夫。没有官吏，就没有人来治理农夫；没有农夫，就没有人来供养官吏。我建议在郊野用九分抽一的助法，城市就十分抽一，让他们自行纳税。卿以下的官吏一定要有供祭祀的圭田，每家五十亩，家中未成年的男子另给二十五亩。丧葬或搬家都不离开本乡。共一井田的各家，出入互相结伴，防盗互相帮助，有病互相照顾，那么百姓之间就会亲近和睦。每一方里的土地定为一个井田，每一井田九百亩地，中间一块是公田。八家各有一百亩私田，并且共同耕种公田。公田农事做完，然后才敢做私田的事，这就是区别官吏与农夫的办法。这是井田制度的大概情况。至于如何调节改善，那就要看国君与您的努力了。"

[解读]

① 阳虎（阳货）曾任鲁国季氏的总管，生平年代与孔子相近。《论语》中有《阳货》篇。他说这句话的意思，是要选择致富。孟子不以人废言，借此强调应该行仁。

② "彻"是通的意思，表示通盘规定。"助"是借的意思，表示借助私人力量来耕种公田，所以稍后会说"惟助为有公田"。

③ 本章所述井田，实为孟子心目中乌托邦的第一步。在战国时代，社会阶级的流动性日趋活泼，农业社会也逐渐转型，时空条件已不允许此一构想了。

④ 圭田：古代之"士"，得分配圭田以供祭祀。圭为洁，洁白也。表示士因洁白操守而分受此田。

[5.4.1]

有为神农之言者许行，自楚之滕，踵门而告文公曰："远方之人，闻君行仁政，愿受一廛（chán）而为氓。"文公与之处。其徒数十人，皆衣褐，捆屦、织席以为食。陈良之徒陈相与其弟辛，负耒（lěi）耜（sì）而自宋之滕，曰："闻君行圣人之政，是亦圣人也，愿为圣人氓。"陈相见许行而大悦，尽弃其学而学焉。陈相见孟子，道许行之言曰："滕君，则诚贤君也，虽然，未闻道也。贤者与民并耕而食，饔（yōng）飧（sūn）而治。今也滕有仓廪（lǐn）府库，则是厉民而以自养也，恶得贤？"

孟子曰："许子必种粟而后食乎？"曰："然。""许子必织布而后衣乎？"曰："否！许子衣褐。""许子冠乎？"曰："冠。"曰："奚冠？"曰："冠素。"曰："自织之与？"曰："否，以粟易之。"曰："许子奚为不自织？"曰："害于耕。"曰："许子以釜甑爨，以铁耕乎？"曰："然。""自为之与？"曰："否！以粟易之。"

"以粟易械器者，不为厉陶冶；陶冶亦以其械器易粟者，岂为厉农夫哉？且许子何不为陶冶，舍皆取诸其宫中而用之？何为纷纷然与百工交易？何许子之不惮烦？"曰："百工之事，固不可耕且为也。"

"然则治天下独可耕且为与？有大人之事，有小人之事。且一人之身，而百工之所为备，如必自为而后用之，是率天下而路也。故曰，或劳心，或劳力；劳心者治人，劳力者治于人；治于人者食人，治人者食于人，天下之通义也。"

[白话]

有一位奉行神农氏学说的人，名叫许行，他从楚国来到滕国，登门谒见滕文公说："我是从远方来的，听说您实行仁政，希望得到一个住所，成为您的百姓。"滕文公给他一个住处。他有弟子数十人，都穿粗麻衣服，以编草鞋、织席子为生。陈良的弟子陈相带着弟弟陈辛，背着农具从宋国来到滕国，对滕文公说："听说您实行圣人的政治，那么您也是圣人了，我愿意做圣人的百姓。"陈相见到许行，非常高兴，就完全抛弃以前所学的，改向许行学习。陈相来见孟子，转述许行的话说："滕君确实是个贤明的君主；不过，他还没有懂得正道。真正贤明的君主应该与百姓一起耕种养活自己，一面烧火做饭，一面治理百姓。现在，滕国有储存粮食与财货的仓库，这是损害百姓来供养自己，怎么算得上贤明呢？"

孟子说："许子一定自己栽种粮食才吃饭吗？"陈相说："是的。"孟子说："许子一定自己织布才穿衣吗？"陈相说："不是，许子穿粗麻衣服。"孟子问："许子戴帽子吗？"陈相说："戴的。"孟子问："戴什么样的帽子？"陈相说："戴白绸帽子。"孟子说："是他自己织的吗？"陈相说："不，用粮食换来的。"孟子说："许子为什么不自己织呢？"陈相说："会妨碍农耕。"孟子说："许子用锅甑烧饭，用铁器耕田吗？"陈相说："是的。"孟子说："是他自己制的吗？"陈相说："不，用粮食换来的。"

孟子说："用粮食换取锅甑铁器不算是损害瓦匠、铁匠；瓦匠、铁匠也用他们制的锅甑铁器换取粮食，难道就是损害了农夫吗？并且许子为什么不兼做瓦匠、铁匠，样样东西都从自己屋里取来用呢？为什么要忙忙碌碌同各种工匠交换呢？为什么许子这么不怕麻烦呢？"陈相说："各种工匠的工作，本来就不可能一面耕种一面操作的。"

孟子说："那么，难道治理天下就能一面耕种一面操作吗？

有官吏的工作，有小民的工作。并且，一个人身上的用品，要靠各种工匠来制作才能齐备，如果一定要自己制作而后使用，那将率领天下人疲于奔命了。所以说：有的人操劳心思，有的人操劳体力。操劳心思的治理别人，操劳体力的被人治理；被人治理的养活别人，治理人的靠别人养活。这是天下共同的法则。"

[解读]

① 神农是上古传说中的人物，有说他与伏羲、燧人合称"三皇"的。许行背景不详，陈良也许是"仲良氏之儒"，符合孟子稍后对他的描述。有关神农之教，《吕氏春秋·爱类》说："神农之教曰：士有当年而不耕者，则天下或受其饥矣；女有当年而不绩者，则天下或受其寒矣。""当年"指年富力强之时。

② 如果认为农家重农而轻忽其他行业，那么儒家是否会受到类似的批评呢？不会的，因为孟子无所偏废而区分本末轻重，并且以"人性的适当发展"为考虑焦点。

[5.4.2]

"当尧之时，天下犹未平，洪水横流，泛滥于天下，草木畅茂，禽兽繁殖，五谷不登，禽兽偪（bī）人，兽蹄鸟迹之道交于中国。尧独忧之，举舜而敷治焉。舜使益掌火，益烈山泽而焚之，禽兽逃匿。禹疏九河，瀹（yuè）济、漯（tà），而注诸海；决汝、汉，排淮、泗，而注之江，然后中国可得而食也。当是时也，禹八年于外，三过其门而不入，虽欲耕，得乎？后稷教民稼穑，树艺五谷，五谷熟而民人育。人之有道也，饱食暖衣，逸居而无教，则近于禽兽。圣人有忧之，使契（xiè）为司徒，教以人伦，父子有亲，君臣有义，夫妇有别，长幼有序，朋友有信。放勋曰：

'劳之来之，匡之直之，辅之翼之，使自得之，又从而振德之。'圣人之忧民如此，而暇耕乎？

"尧以不得舜为己忧，舜以不得禹、皋陶（gāo yáo）为己忧。夫以百亩之不易为己忧者，农夫也。分人以财谓之惠，教人以善谓之忠，为天下得人者谓之仁。是故以天下与人易，为天下得人难，孔子曰：'大哉尧之为君！惟天为大，惟尧则之，荡荡乎民无能名焉！君哉舜也！巍巍乎有天下而不与焉。'尧、舜之治天下，岂无所用其心哉？亦不用于耕耳。吾闻用夏变夷者，未闻变于夷者也。陈良，楚产也，悦周公、仲尼之道，北学于中国。北方之学者，未能或之先也。彼所谓豪杰之士也。子之兄弟，事之数十年。师死，而遂倍之。昔者孔子没，三年之外，门人治任将归，入揖于子贡，相向而哭，皆失声，然后归。子贡反，筑室于场，独居三年，然后归。他日，子夏、子张、子游以有若似圣人，欲以所事孔子事之，强曾子。曾子曰：'不可。江汉以濯之，秋阳以暴（pù）之，皓（hào）皓乎不可尚已。'今也南蛮鴃（jué）舌之人，非先王之道，子倍子之师而学之，亦异于曾子矣。吾闻出于幽谷迁于乔木者，未闻下乔木而入于幽谷者。《鲁颂》曰：'戎狄是膺，荆、舒是惩。'周公方且膺之，子是之学，亦为不善变矣。"

"从许子之道，则市贾（jià）不贰，国中无伪。虽使五尺之童适市，莫之或欺。布帛长短同，则贾相若；麻缕丝絮轻重同，则贾相若；五谷多寡同，则贾相若；屦大小同，则贾相若。"

曰："夫物之不齐，物之情也。或相倍蓰（xǐ），或相什百，或相千万。子比而同之，是乱天下也。巨屦小屦同贾，人岂为之哉？从许子之道，相率而为伪者也，恶（wū）能治国家？"

　　　　　　　　　　　　　　　傅佩荣解读《孟子》（修订版）

"在尧的时候，天下尚未太平，洪水横流，到处泛滥，草木丛生茂盛，禽兽大量繁殖，谷物没有收成，禽兽迫害人类，兽蹄鸟迹的路途遍布中原各地。尧特别为此忧虑，提拔舜来全面治理。舜派伯益掌管用火，伯益就用大火把山野沼泽的草木烧掉，使禽兽逃跑躲藏起来。大禹疏通九条河道，引导济水、漯水流入海中；挖掘汝水、汉水，疏浚淮水、泗水，让它们流入长江。这样，中原百姓才能耕种有饭吃。那个时候，大禹八年在外，三次经过自家门口都没有进去，即使是想亲自耕种，能做得到吗？后稷教导百姓各种农事，种植五谷；五谷成熟了，才可养育百姓。人类生活的法则是：吃饱穿暖，生活安逸而没有教育，就和禽兽差不多。圣人又为此忧虑，就任命契为司徒，教导百姓伦理关系：父子有亲情，君臣有道义，夫妇有内外之别，长幼有尊卑次序，朋友有诚信。尧说：'慰劳及催促他们，匡正及期勉他们，辅导及协助他们，使他们自己走上正路，然后赈济及加惠他们。'圣人为百姓忧虑到这种地步，还有空闲耕种吗？

"尧以得不到舜作为自己的忧虑，舜以得不到禹、皋陶作为自己的忧虑。把耕不好百亩地作为自己忧虑的，是农夫。以财物分给别人，叫做恩惠；以善行教导别人，叫做忠心；为天下找到贤才，叫做仁德。因此，把天下让给人是容易的，为天下找到贤才是困难的。孔子说：'伟大啊，像尧这样的君主！只有天是最伟大的，只有尧是效法天的。他的恩泽广博啊，百姓没有办法去形容。舜真是个君主啊！多么崇高啊，拥有天下而不刻意去统治。'尧、舜治理天下，难道是无所用心的吗？只是不用在耕种上罢了。我只听说用中原文明去改变蛮夷的，没有听说反而被蛮夷改变的。陈良原是楚国人，却喜爱周公、孔子的学说，到北方的中国来学习，北方的学者没有超过他的，他真是所谓的豪杰之士啊。你们兄弟向他学习了几十年，老师一死就背叛了他。从前，孔子逝世，弟子守丧三年之后，收拾行李准备回家，走进子贡住处作揖告别，相对痛哭，大家都泣不成声，然后才离去。子贡又回到墓地重新筑屋，独居三年，然后才回家。一段时日之后，子夏、子张、子游认为有若的言行举止很像孔子，就想用侍奉孔子的礼节去侍奉他，并且勉强曾子同意。曾子说：'不行。经过江水、汉水洗涤过，盛夏的太阳曝晒过，洁白明亮无以复加了！'现在，那个说话怪腔怪调的南方蛮人，否定了先王的正道，你却背叛了自己的老师去向他学习，这与曾子大不相同啊。我只听说有从幽暗的山谷飞出来，迁移到高大的树木上的，没有听说从高大的树木上飞下来，迁移到幽暗的山谷中的。《诗经·鲁颂·宫》上说：'打击戎狄，惩戒荆、舒。'周公尚且要打击楚国人，你还去向他们学习，也真是不善于改变了。"

陈相说："如果依照许子的办法，那么市场价格一致，国中就没有作伪的事。即使叫小孩子去市场，也不会有人欺骗他。布四丝绸长短相同，价钱就一样；麻线丝绵轻重相同，价钱就一样；五谷只要数量相同，价钱就一样；鞋子只要大小相同，价钱就一样。"

孟子说："物品各有差别，这是它们的实际情况。有的相差一倍、五倍，有的相差十倍、百倍，有的相差千倍、万倍。你把它们放在一起等同看待，只是扰乱天下罢了。粗糙的鞋与精致的鞋价钱一样，谁还肯做精致的鞋呢？依照许子的办法，大家一个跟着一个都去作伪了，哪里还能治理国家？"

[解读]

① 尧舜时代有不少贤臣，其事迹于此章可见。后稷（名弃）相传为周朝的始祖，契相传为商朝的始祖。皋陶为虞舜时的司法官。

帝尧又名放勋。五伦之教是稳定社会的基础。

② 五谷：稻（水稻）、黍（黄米）、稷（小米）、麦（小麦）、菽（豆类）。

③ 人需要教育，否则"近于禽兽"。那么人性与善的关系如何？教育的内容显然是善（人伦），因此人性内在有行善的可能性与自发的力量，可以说是"向善"。

④ 孔子对尧、舜的赞美，参看《论语》[8.18]、[8.19]。弟子们在孔子死后守丧的一段事迹，令人动容。

⑤ 楚国本名为荆，舒是楚国邻近的小国。"南蛮鴃舌"显然是歧视之语，"鴃"为伯劳鸟。秋阳：依周历为七、八月，依夏历为五、六月，正是盛夏。五尺之童：约为今日身高三尺半的小孩子。

[5.5]

墨者夷之，因徐辟而求见孟子。孟子曰："吾固愿见，今吾尚病，病愈，我且往见，夷子不来！"他日，又求见孟子。孟子曰："吾今则可以见矣。不直，则道不见；我且直之。吾闻夷子墨者，墨之治丧也，以薄为其道也。夷子思以易天下，岂以为非是而不贵也？然而夷子葬其亲厚，则是以所贱事亲也。"

徐子以告夷子。夷子曰："儒者之道，古之人若保赤子，此言何谓也？之则以为爱无差等，施由亲始。"徐子以告孟子。孟子曰："夫夷子信以为人之亲其兄之子，为若亲其邻之赤子乎？彼有取尔也。赤子匍匐将入井，非赤子之罪也。且天之生物也，使之一本，而夷子二本故也。盖上世尝有不葬其亲者，其亲死，则举而委之于壑。他日过之，狐狸食之，蝇蚋（ruì）姑嘬（chuài）之。其颡（sǎng）有泚（cǐ），睨而不视。夫泚也，非为人泚，中心达于面目，盖归反蔂（léi）梩（lí）而掩之。掩之诚是也，则孝子仁人之掩其亲，亦必有道矣。”

徐子以告夷子。夷子怃（wǔ）然为间，曰：“命之矣！”

［白话］

墨家学者夷之，经由徐辟的介绍求见孟子。孟子说：“我本来愿意接见，不过现在有病在身，等病好了，我会去看他，夷子不必来了。”过了几天，夷之又来求见孟子。孟子说：“我现在可以接见他了。说话不直爽，正道就无法显示；我这就直说了。我听说夷子是墨家学者，墨家办理丧事以薄葬为原则。夷子想用它来改革天下，是否认为不薄葬就不可贵呢？然而夷子却厚葬自己的父母，那就是用他自己所轻视的方式去对待父母了。”

徐子把这番话转告夷子。夷子说：“按照儒家的说法，古代的君主爱护百姓就像爱护婴儿一样，这句话是什么意思？我认为它的意思是：对人的爱不分差别等级，不过施行要由对待父母开始。”徐子把这番话转达给孟子。孟子说：“夷子真的以为人们爱自己的侄子就像爱邻居的婴儿一样吗？他只是抓住了一点。婴儿在地上爬行，快要掉进井里了，这不是婴儿的罪过，所以大家都想救他，好像是爱无差等。再说，天生万物，使它们只有一个本源（自己的父母），而夷子的主张（爱无差等）是因为他认为有两个本源。大概上古曾有不埋葬父母的人，父母死了就抬去丢在山沟里。过了几天经过那里，看见狐狸在啃他父母的尸体，苍蝇蚊虫也在上面吸吮。那人额头上冒出汗来，斜着眼不敢正视。这些汗不是流给别人看的，而是内心的悔恨表露在脸上，于是他就回家拿了锄头土筐把尸体掩埋了。掩埋尸体确实是对的，那么孝子仁人埋葬他们过世的父母，就必定有道理了。”

徐子把这番话转告夷子。夷子怅惘了一会儿，说：“我领教了。”

［解读］

① "若保赤子"一语出自《尚书·康诰》。《大学》亦引此语，作"如保赤子"，可见此为儒家对待百姓的基本立场。

② "一本"是指自己的父母，"二本"则是同时想以同样的方式对待别人的父母。稍后有关葬礼的起源，是孟子的合理想象。最后所谓的"有道"，则是指礼仪中复杂的葬礼规定。

滕文公下

[6.1]

陈代曰："不见诸侯，宜若小然。今一见之，大则以王，小则以霸。且《志》曰：'枉尺而直寻'，宜若可为也。"

孟子曰："昔齐景公田，招虞人以旌（jīng），不至，将杀之。'志士不忘在沟壑，勇士不忘丧其元。'孔子奚取焉？取非其招不往也。如不待其招而往，何哉？且夫枉尺而直寻者，以利言也。如以利，则枉寻直尺而利，亦可为与？昔者赵简子使王良与嬖（bì）奚乘，终日而不获一禽。嬖奚反命曰：'天下之贱工也。'或以告王良。良曰：'请复之。'强（qiǎng）而后可，一朝而获十禽。嬖奚反命曰：'天下之良工也。'简子曰：'我使掌与女乘。'谓王良。良不可，曰：'吾为之范我驰驱，终日不获一；为之诡遇，一朝而获十。《诗》云："不失其驰，舍矢如破。"我不贯与小人乘，请辞。'御者且羞与射者比，比而得禽兽，虽若丘陵，弗为也。如枉道而从彼，何也？且子过矣，枉己者未有能直人者也。"

[白话]

陈代说："不愿谒见诸侯，似乎只是拘泥小节。如果现在您去谒见，往大的方面说，可以称王天下，往小的方面说，可以称霸天下。况且《志》上说：'受屈一尺可以伸直八尺'，似乎值得一试。"

孟子说："从前，齐景公打猎，用旌旗召唤猎场小吏，小吏不肯前去，齐景公准备杀他。'有志之士不怕弃尸山沟，勇敢的人不怕丢掉脑袋。'孔子称赞猎场小吏是取他哪一点呢？取的是，不是他所应该接受的召唤之礼，就不前往。如果我不等诸侯的召聘就主动谒见，那算什么呢？并且所谓受屈一尺，可以伸直八尺，是从利益来说的。如果只讲利益，那么受屈八尺伸直一尺而可以得到利益，也可以去做吗？从前，赵简子派王良替他的宠臣奚驾车去打猎，一整天打不到一只鸟。奚向赵简子回报说：'他是天下最拙劣的驾车人。'有人转告王良这句话。王良说：'让我再驾一次。'奚勉强同意，结果一个上午就打中了十只鸟。奚回来报告说：'他是天下最能干的驾车人。'赵简子说：'叫他专门替你驾车。'于是告诉王良，王良不愿意，说：'我为他按规矩驾车，一整天打不到一只；不按规矩驾车，一上午就打到了十只。《诗经·小雅·车攻》上说："不违反驾车规矩，箭一出手就射中。"我不习惯替小人驾车，请让我辞去这个差事。'驾车的人尚且羞于与射手妥协，妥协所猎得的鸟兽，就算堆积如丘陵，他也不肯做。如果委屈正道而顺从诸侯，那算什么呢？并且你错了，委屈自己的人，从来没有能伸直别人的。"

[解读]

① 陈代是孟子的弟子，《志》是古代所记资料。

② 古代召唤有一定的规矩：以"旌"召唤大夫，以"弓"召唤士，以"皮冠"召唤虞人（守苑囿之吏）。

③ 赵简子是晋国正卿赵鞅。嬖奚：嬖是宠幸之人，加于其名前，有界定身份之意。

④ 孟子坚守原则，绝不见利忘义。枉己之后能否直人，尚未可知；但先已枉己，失去立场，往后也只能计较利害了。毫厘之失，足以造成千里之谬。

[6.2]

　　景春曰："公孙衍、张仪岂不诚大丈夫哉？一怒而诸侯惧，安居而天下熄。"

　　孟子曰："是焉得为大丈夫乎？子未学礼乎？丈夫之冠也，父命之；女子之嫁也，母命之，往送之门，戒之曰：'往之女（rǔ）家，**必敬必戒，无违夫子。**'以顺为正者，妾妇之道也。居天下之广居，立天下之正位，行天下之大道；得志，与民由之；不得志，独行其道。富贵不能淫，贫贱不能移，威武不能屈，此之谓大丈夫。"

[白话]

　　景春说："公孙衍、张仪难道不是真正的大丈夫吗？他们一发怒，诸侯就害怕，他们安居家中，天下就太平无事。"

　　孟子说："这怎能算是大丈夫呢？你没有学过礼吗？男子举行加冠礼时，父亲教诲他；女子出嫁时，母亲教诲她，送她到门口，告诫她说：'到了夫家，一定要恭敬，一定要谨慎，不要违背丈夫！'把顺从当做正途，是妇女遵循的原则啊。居住于天下最宽广的住宅，站立于天下最正确的位置，行走于天下最开阔的道路；能实现志向，就同百姓一起走上正道；不能实现志向，就独自走在正道上。富贵不能让他耽溺，贫贱不能让他变节，威武不能让他屈服，这样才叫做大丈夫。"

[解读]

①　景春、公孙衍（犀首）、张仪都是当时的纵横家，讲究"合纵连横"，以优异口才与游说之辞使各国或和或战。在此未提及苏秦，可能因为他已经过世了。孟子认为他们是"以顺为正"，所做的是投机取巧、买空卖空，与诸侯周旋而毫无原则，只求

个人利益，实在不配称为"大丈夫"。

② "丈夫"本是成年男子（二十岁要行冠礼）的通称，前加"大"字，则有高人一等、伟大不凡的意味。孟子认为：这个"大"字，不由权力、地位、财富、名望来决定，而是由志向、操守、修养来决定，因而也是人人可以做到的。朱熹认为："广居，仁也；正位，礼也；大道，义也。"能行仁，必得人心向往，无处不可居；能守礼，进退从容有节，无处不可立；能行义，浩然之气充满，处处是大道。无论得志与否，皆不背离这些原则，至于富贵、贫贱、威武，则可作为试金石。人的价值，起于主体的道德自觉，中间经过层层考验，目标则是兼善天下。有关得志与不得志，可参考［13.9］。

［6.3］

周霄问曰："古之君子仕乎？"

孟子曰："仕。传曰：'孔子三月无君则皇皇如也，出疆必载质。'公明仪曰：'古之人三月无君，则吊。'"

"三月无君则吊，不以急乎？"

曰："士之失位也，犹诸侯之失国家也。《礼》曰：'诸侯耕助，以供粢（zī）盛（chéng）；夫人蚕缲（sāo），以为衣服。牺牲不成，粢盛不洁，衣服不备，不敢以祭。惟士无田，则亦不祭。'牲杀、器皿、衣服不备，不敢以祭，则不敢以宴，亦不足吊乎？"

"出疆必载质，何也？"

曰："士之仕也，犹农夫之耕也，农夫岂为出疆舍其耒耜哉？"

曰："晋国亦仕国也，未尝闻仕如此其急。仕如此其急也，君子之难仕，何也？"

曰："丈夫生而愿为之有室，女子生而愿为之有家。父母之心，人皆有之。不待父母之命、媒妁（shuò）之言，钻穴隙相窥，逾墙相从，则父母国人皆贱之。古之人未尝不欲仕也，又恶不由其道。不由其道而往者，与钻穴隙之类也。"

[白话]

周霄问说："古代的君子做官吗？"

孟子说："做官。有记载说：'孔子三个月没有被君主任用，就着急起来；离开一个国家，必定带着谒见另一个国家君主的见面礼。'公明仪说：'古代的人三个月没有被君主任用，别人就要去慰问他。'"

周霄说："三个月不被任用就要受别人慰问，不是太急切了吗？"

孟子说："士人失去官位，就像诸侯失去国家。《礼经》上说：'诸侯亲自耕种，用来供给祭品；夫人养蚕缫丝，用来供给祭服。牺牲不完美，祭品不洁净，祭服不齐备，就不敢用来祭祀。士人没有田地俸禄，也就不能祭祀。'祭祀用的牲畜、器皿、祭服不齐全，不敢用来祭祀，也就不敢举行宴会，这样还不该去慰问他吗？"

周霄说："离开一个国家，必定带着谒见另一个国家君主的见面礼，为什么呢？"

孟子说："士人做官，就像农夫耕田，农夫难道会因为离开一个国家就丢弃他的农具吗？"

周霄说："我们魏国也是有官可做的国家，却不曾听说找官位是这么急切的。找官位这么急切，君子却不轻易做官，为什么呢？"

孟子说："男孩一出生，就希望替他找个妻室；女孩一出生，就希望替她找个夫家；父母这种心思，是人人都有的。但是，如果不等父母的吩咐、媒人的介绍，就钻洞找缝互相偷看，甚至翻墙私会，那么父母与社会大众都会轻视他们。古代的人不是不想做官，但是厌恶没有经由正途。没有经由正途去求官位，与钻洞找缝是同一类的行径啊。"

[解读]

① 周霄是魏国人，因魏国由三家分晋而来，所以他也认为自己是晋国人。

② 本文所谓"君子"，是指有德者，如孔子、孟子。他们需要官位，以便实现抱负，造福百姓。"士"是读书人，也有做官的资格，并且似乎以做官为其专长。即使如此，也不可为了官位而不择手段。出疆必载质："质"通"贽"，初次见面之礼，一般士人用雉。

③ 诸侯耕助：助为借，诸侯于每年孟春举行亲耕仪式，而真正耕田仍须假借人民之力，称为籍田。粢盛：六谷（稻、麦、黍、稷、粱、苽）可盛于皿者，为粢；已盛者为盛。媒妁之言：媒为谋，谋合二姓；妁为酌，斟酌二姓。

[6.4]

彭更问曰："后车数十乘，从者数百人，以传食于诸侯，不以泰乎？"

孟子曰："非其道，则一箪食不可受于人；如其道，则舜受尧之天下，不以为泰。子以为泰乎？"

曰："否。士无事而食，不可也。"

曰："子不通功易事，以羡补不足，则农有余粟，女有余布。子如通之，则梓（zǐ）匠轮舆，皆得食于子。于此有人焉，入则孝，出则悌，守先王之道，以待后之学者，而不得食于子。子何尊梓匠轮舆而轻为仁义者哉？"

曰："梓匠轮舆，其志将以求食也。君子之为道也，其志亦将以求食与？"

曰："子何以其志为哉？其有功于子，可食而食之矣。且子食志乎？食功乎？"

曰："食志。"

曰："有人于此，毁瓦画墁（màn），其志将以求食也，则子食之乎？"

曰："否。"

曰："然则子非食志也，食功也。"

[白话]

彭更问说："跟随的车子几十辆，随从的人员几百位，由这一国招待吃喝到那一国，不是太过分了吗？"

孟子："不合乎正道，那么一竹筐饭也不能接受；合乎正道，那么舜接受尧的天下，也不以为过分。你认为过分吗？"

彭更说："不过分。但是士人不做事就有饭吃，还是不应该的。"

孟子说："如果你不流通交换各行业的产品，用多余的弥补不足的，那么农夫就会有剩余的粮食，妇女就会有剩余的布匹；如果你流通交换，那么木匠、车工都能在你这里得到饭吃。假设这里有个人，在家孝顺父母，出外尊敬兄长，维护先王的正道，让后代学者有所遵循，但是他在你这里却得不到饭吃。你为什么看重木匠、车工，却轻视讲求仁义的人呢？"

彭更说："木匠、车工的动机是要找口饭吃。君子追求理想，动机也是找口饭吃吗？"

孟子说："你何必计较他们的动机呢？他们为你做事，可以给饭吃才给他们饭吃。并且，你是根据动机给饭吃，还是根据功绩给饭吃？"

彭更说："根据动机。"孟子说："假设有个人在这里打碎屋瓦又乱画墙壁，他的动机是找口饭吃，那么你会给他饭吃吗？"

彭更说："不会。"

孟子说："既然如此，你就不是根据动机，而是根据功绩来给人饭吃了。"

[解读]

① 社会上各行业分工合作，都有一定的贡献。动机是个人要负责的，功绩则依社会需求而定。在孟子看来，治国平天下的"功绩"无与伦比，再好的待遇也不为过；至于"动机"则不足与平凡之人多谈了。

[6.5]

万章问曰："宋，小国也，今将行王政，齐、楚恶而伐之，则如之何？"

孟子曰："汤居亳（bó），与葛为邻，葛伯放而不祀。汤使人问之曰：'何为不祀？'曰：'无以供牺牲也。'汤使遗（wèi）之牛羊，葛伯食之，又不以祀。汤又使人问之曰：'何为不祀？'曰：'无以供粢盛也。'汤使亳众往为之耕，老弱馈食。葛伯率其民，要其有酒食黍稻者夺之，不授者杀之。有童子以黍肉饷，杀而夺之。《书》曰：'葛伯仇饷。'此之谓也。为其杀是童子而征之，四海之内皆曰：'非富天下也，为匹夫匹妇复仇也。''汤始征，自葛载。'十一征而无敌于天下。东面而征，西夷怨；南面而征，北狄怨，曰：'奚为后我？'民之望之，若大旱之望雨也。归市者弗止，芸者不变，诛其君，吊其民，如时雨降，民大悦。《书》曰：'徯（xī）我后，后来其无罚。''有攸不惟臣，东征，绥厥士女，篚（fěi）厥玄黄，绍我周王见休，惟臣附于大邑周。'其君子实玄黄于篚以迎其君子，其小人箪食壶浆以迎其小人。救民于水火之中，取其残而已矣。《太誓》曰：'我武惟扬，侵于之疆，则取于残，杀伐用张，于汤有光。'不行王政云尔，苟行王政，四海之内，皆举首而望之，欲以为君。齐、楚虽大，何畏焉？"

[白话]

万章请教说："宋国是个小国，现在想实行王道政治，齐国、楚国因此厌恶而出兵攻打，那该怎么办？"

孟子说："商汤住在亳地时，与葛国为邻。葛伯胡作非为，不祭祀先祖。商汤派人问他：'为什么不祭祀？'他说：'没有供祭祀用的牺牲。'商汤派人送给他牛羊。葛伯把牛羊吃了，却不用来祭祀。商汤又派人问他：'为什么不祭祀？'他说：'没有供祭祀用的谷物。'商汤叫亳的群众去替他耕田，年老体弱的负责送饭。葛伯却率领自己的手下，去拦截带着酒肉饭菜的人进行抢夺，不肯给的就杀掉。有个孩子去送饭与肉，结果被杀了也被抢了。《尚书》上说：'葛伯仇视送饭的人。'就是在说这件事。因为葛伯杀了这个孩子，商汤才去征讨他，四海之内的人都说：'不是想得天下这个财富，而是要为平民百姓报仇。''商汤的征伐，从葛国开始。'征伐十一次然后天下无敌。他向东方征伐，西边的夷人就抱怨；他向南方征伐，北边的狄人就抱怨，说：'为什么把我们放在后面？'百姓盼望他，就像久旱时盼望下雨一样。去市场的不停止，锄地的照常工作，他杀了那儿的暴君，慰问那儿的百姓，像是及时雨从天而降，百姓非常欢喜。《尚书》上说：'等待我们的君主，他来了我们不再受折磨。'又说：'攸国不臣服，周武王向东征讨，安抚那里的人民。人民用竹筐装着黑色、黄色的绢帛来迎接，希望侍奉周王而受他恩泽，称臣归顺伟大的周国。'那里的官员用竹筐装满黑色、黄色的绢帛，迎接周王的官员；那里的百姓用筐装饭、用壶盛浆汤，迎接周王的百姓。原因就是周王把百姓从水深火热中拯救出来，除掉他们的暴君罢了。《尚书·泰誓》上说：'我的威武要发扬，攻到于国疆土上，除去凶残的暴君，征伐成效受欢迎，比起商汤更辉煌。'不实行王道政治就算了，如果实行王道政治，四海之内的人都将抬起头盼望他，要拥护他来做自己的君主。齐国、楚国虽然强大，有什么可怕呢？"

[解读]

① 万章是孟子弟子。据说宋王偃早期有意推行王政，后来宋国发生内乱，最后被齐、魏、楚三国所灭。孟子对王政或仁政的信念坚定不移，但是客观形势未必可以配合。宋王是否真能推行王政，也是一个问题。

② 有关"汤征葛"之事，亦见于［2.11］。

[6.6]

孟子谓戴不胜曰："子欲子之王之善与？我明告子。有楚大夫于此，欲其子之齐语也，则使齐人傅诸？使楚人傅诸？"曰："使齐人傅之。"

曰："一齐人傅之，众楚人咻之，虽日挞（tà）而求其齐也，不可得矣；引而置之庄岳之间数年，虽日挞而求其楚，亦不可得矣。子谓薛居州善士也，使之居于王所。在于王所者，长幼卑尊皆薛居州也，王谁与为不善？在王所者，长幼卑尊皆非薛居州也，王谁与为善？一薛居州，独如宋王何？"

[白话]

孟子对戴不胜说："你希望你的大王走上善途吗？我明白告诉你办法。假定有一位楚国大夫想让他的儿子学习齐国话，那么是请齐国人来教，还是请楚国人来教？"戴不胜说："请齐国人来教。"

孟子说："一个齐国人教他，许多楚国人干扰他，即使天天鞭打来逼他说齐国话，也不可能做到。如果带他到齐国都城的街坊住上几年，即使天天鞭打来逼他说楚国话，也不可能做到。你说薛居州是个好人，让他住在大王宫中。如果大王宫中，不论年纪大小、地位高低，都是薛居州那样的人，大王能同谁去做坏事呢？如果大王宫中，不论年纪大小、地位高低，都不是薛居州那样的人，大王能同谁去做好事呢？单靠一个薛居州，能对宋王起什么作用呢？"

[解读]

① 人要走上善途，需要环境配合，尤其是志同道合之士互相期许勉励。"善"是人与人之间适当关系的实现，周围如果好人很少，就要靠自己加倍努力了。

② 庄岳：庄是街名，岳是里名，都在齐国都城临淄城内。今人谈论语文教育，可参考孟子所举的事例。

[6.7]

公孙丑问曰："不见诸侯何义？"

孟子曰："古者不为臣不见。段干木逾垣（yuán）而辟之，泄柳闭门而不纳，是皆已甚；迫，斯可以见矣。阳货欲见孔子，而恶无礼。大夫有赐于士，不得受于其家，则往拜其门。阳货瞰（kàn）孔子之亡也，而馈孔子蒸豚；孔子亦瞰其亡也，而往拜之。

当是时，阳货先，岂得不见？曾子曰：'胁肩谄笑，病于夏畦。'子路曰：'未同而言，观其色赧（nǎn）赧然，非由之所知也。'由是观之，则君子之所养，可知已矣。"

[白话]

公孙丑请教说："不主动谒见诸侯，有什么道理？"

孟子说："在古代，不是诸侯的臣属，不去谒见诸侯。段干木跳墙躲开魏文侯，泄柳关门不接待鲁缪公，这么做都太过分了。如果执意要见，也就可以相见。阳货希望孔子去见他，又怕被人说成失礼。按礼节规定，大夫赐赠礼物给士，士未能在家接受，就须前往大夫家拜谢。阳货探听到孔子不在家时，送去一只蒸熟的小猪；孔子也探听到阳货不在家时，才登门拜谢。在那个时候，阳货先来拜访，孔子怎能不去见他呢？曾子说：'耸起双肩，装出讨好的笑脸，真比夏天在田里工作更难受。'子路说：'志趣不合还要交谈，看他脸色羞惭的样子，这不是我所能了解的。'由此看来，君子平日如何修养自己，就可以知道了。"

[解读]

① 人间规范以礼为主，礼的基础则在于真诚。孟子认为只要诸侯有诚意又合礼仪，他不会拒人于千里之外。

② 阳货一事，可参考《论语》[17.1]。孔子当时四十九岁，不久之后，出来从政。

[6.8]

戴盈之曰："什一，去关市之征，今兹未能，请轻之，以待来年然后已，何如？"

孟子曰："今有人日攘（rǎng）其邻之鸡者，或告之曰：'是非君子之道。'曰：'请损之，月攘一鸡，以待来年然后已。'如知其非义，斯速已矣，何待来年？"

[白话]

戴盈之说："实施十分抽一的税率，免除关卡和市场上的征税，今年还做不到，预备减轻一些，等到明年再停止旧的做法，这样如何？"

孟子说："譬如一个人每天偷邻居一只鸡，别人对他说：'这不是君子的作为。'他说：'预备减少一些，每月偷一只鸡，等到明年再停止偷鸡。'如果知道那种事不合道义，就赶快停止算了，为什么要等到明年？"

[解读]

① 戴盈之是宋国大夫。如果一个人知道"有善则行，有恶则改"，并且真正加以实践，那么他的品格自然光明高尚。不过，人很容易找借口来推托，然后岁月如流，徒呼奈何。

[6.9]

公都子曰："外人皆称夫子好辩，敢问何也？"

孟子曰："予岂好辩哉？予不得已也。天下之生久矣，一治一乱。当尧之时，水逆行，泛滥于中国，蛇龙居之，民无所定，下者为巢，上者为营窟。《书》曰：'洚（hóng）水警余。'洚水者，洪水也。使禹治之。禹掘地而注之海，驱蛇龙而放之菹（zū）。水由地中行，江、淮、河、汉是也。险阻既远，鸟兽之害人者消，然后人得平土而居之。尧、舜既没，圣人之道衰，暴君代作，坏宫室以为污池，民无所安息；弃田以为园囿，使民不得衣食。邪说暴行又作，园囿、污池、沛泽多而禽兽至。及纣之身，天下又大乱。周公相武王诛纣，伐奄三年讨其君，驱飞廉于海隅而戮之，灭国者五十。驱虎、豹、犀、象而远之，天下大悦。《书》曰：'丕显哉，文王谟！丕承哉，武王烈！佑启我后人，咸以正无缺。'

"世衰道微，邪说暴行有作。臣弑其君者有之，子弑其父者有之。孔子惧，作《春秋》。《春秋》，天子之事也。是故孔子曰：'知我者其惟《春秋》乎！罪我者其惟《春秋》乎！'圣王不作，诸侯放恣，处士横议，杨朱、墨翟之言盈天下。天下之言，不归杨则归墨。杨氏为我，是无君也；墨氏兼爱，是无父也。无父无君，是禽兽也。公明仪曰：'庖有肥肉，厩有肥马，民有饥色，野有饿莩，此率兽而食人也。'杨、墨之道不息，孔子之道不著，是邪说诬民，充塞仁义也。仁义充塞，则率兽食人，人将相食。吾为此惧，闲先圣之道，距杨、墨，放淫辞，邪说者不得作。作于其心，害于其事；作于其事，害于其政。圣人复起，不易吾言矣。

"昔者禹抑洪水而天下平；周公兼夷狄，驱猛兽而百姓宁；孔子成《春秋》，而乱臣贼子惧。《诗》云：'戎狄是膺，荆、舒是惩，则莫我敢承。'无父无君，是周公所膺也。我亦欲正人心，息邪说，距诐行，放淫辞，以承三圣者；岂好辩哉？予不得已也。能言距杨、墨者，圣人之徒也。"

[白话]

公都子说："外面的人都说先生喜欢辩论，请问这是为什么呢？"

孟子说："我难道喜欢辩论吗？我是出于不得已啊！天下有人

类已经很久了，总是安定一时，又动乱一时。在尧的时候，水势倒流，在中国泛滥，大地成为蛇龙的居所，百姓无处安身，低地的人在树上搭巢，高地的人就挖出相连的洞穴。《尚书》上说：'大水警戒我们。'大水就是洪水。尧派禹治水。禹疏通河道，让河水流进大海；驱逐蛇与龙，把它们赶进草泽中。水顺着河床流动，这就是长江、淮河、黄河、汉水。大水的险阻排除了，危害人类的鸟兽消灭了，然后百姓才能够在平地上居住。尧、舜去世之后，圣人的正道也衰微了，暴君不断出现。毁坏民宅来做深池，使百姓无处安居；废弃农田来做园林，使百姓断了衣食。荒谬的学说，暴虐的行为纷纷出现，园林、深池、沼泽多了之后，禽兽又聚集了。到了商纣时，天下又大乱了。周公辅佐周武王杀了商纣，再讨伐奄国，三年之后除掉奄君，并把飞廉追逐到海边杀死。消灭的国家有五十个。把老虎、豹子、犀牛、大象驱赶到远方去，天下百姓非常高兴。《尚书》上说：'大显光彩啊，文王的谋略！善于继承啊，武王的功业！帮助启迪我们后人，都能正直而没有缺失。'

"到了后来，社会纷乱，正道不明，荒谬的学说、暴虐的行为又纷纷出现了。有大臣杀君主的，有儿子杀父亲的。孔子感到忧惧，编写了《春秋》。《春秋》对历史人物作评价，原是天子的职权。所以孔子说：'了解我的，大概就在于这部《春秋》吧！怪罪我的，大概就在于这部《春秋》吧！'现在，圣王不再兴起，诸侯无所顾忌，士人乱发议论，杨朱、墨翟的说法到处流行。天下的言论，不是归向杨朱一派，就是归向墨翟一派。杨朱主张一切都为自己，这是无视于君主的存在。墨翟主张爱人不分差等，这是无视于父母的存在；无视于父母与君主的存在，那就成了禽兽了。公明仪说：'厨房里有肥肉，马厩里有肥马，可是百姓面带饥色，野外有饿死的尸体，这等于率领野兽来吃人。'杨朱、墨翟的思想不消除，孔子的思想不发扬，荒谬的学说就会欺骗百姓，阻塞仁德与义行。仁德与义行被阻塞，就会导致率领野兽来吃人，人与人也将互相残食。我为此感到忧惧，所以要捍卫古代圣人的思想，批驳杨朱、墨翟的说法，排斥荒诞的言论，使那些宣传邪说的人不能得势。偏邪的思想从心里产生，就会误导他的行事；在行事上表现出来，就会危害他的政治。即使圣人再度出现，也不会改变我的这番话。

"从前大禹治平了洪水而使天下太平，周公驱除夷狄、赶走猛兽而使百姓安宁，孔子编写《春秋》而使叛乱之臣与不孝之子感到害怕。《诗经·鲁颂·宫》上说：'打击戎狄，惩戒荆、舒，就没有人敢抗拒我。'无视于父母与君主的存在，那是周公要打击的。我也想端正人心，消灭邪说，批驳偏颇的行为，排斥荒诞的言论，以此来继承三位圣人的事业。这难道是喜欢辩论吗？我是不得不如此的。能够以言论批驳杨朱、墨翟的，才是圣人的追随者啊。"

[解读]

① 本章表述孟子心志，亦即上承三圣（大禹、周公、孔子），以求安定天下、造福百姓。他谈到孔子作《春秋》之事，也有"不得已"之意，亦即要代替天子来评定人间善恶，使天下重归正道。

② 奄国以及被周武王所灭的五十国（古代有万国之称，国指大小部落而言），是支持商纣的。飞廉是商纣之臣。

③ 杨朱主张"拔一毛而利天下，不为也"，其言行在《庄子》中稍有述及。孟子此处对杨朱、墨翟的批判（参考[13.26]），是基于他们的主张所作"合乎逻辑的推论"，而结论则是"无父无君"。

④ "率兽食人"一语亦见于[1.4]。此语让人警醒，而儒家的爱民思想亦由此可见。

匡章曰：“陈仲子岂不诚廉士哉？居於（wū）陵，三日不食，耳无闻，目无见也。井上有李，螬（cáo）食实者过半矣，匍匐往，将食之，三咽，然后耳有闻，目有见。”

孟子曰：“于齐国之士，吾必以仲子为巨擘（bò）焉。虽然，仲子恶能廉？充仲子之操，则蚓而后可者也。夫蚓，上食槁壤，下饮黄泉。仲子所居之室，伯夷之所筑与？抑亦盗跖（zhí）之所筑与？所食之粟，伯夷之所树与？抑亦盗跖之所树与？是未可知也。”

曰：“是何伤哉？彼身织屦，妻辟纑（lú），以易之也。”

曰：“仲子，齐之世家也，兄戴，盖（gě）禄万钟。以兄之禄为不义之禄而不食也，以兄之室为不义之室而不居也，辟兄离母，处于於陵。他日归，则有馈其兄生鹅者，己频蹙曰：‘恶用是鶂鶂（yì）者为哉？’他日，其母杀是鹅也，与之食之。其兄自外至，曰：‘是鶂鶂之肉也。’出而哇之。以母则不食，以妻则食之；以兄之室则弗居，以於陵则居之。是尚为能充其类也乎？若仲子者，蚓而后充其操者也。”

[白话]

匡章说：“陈仲子难道不是真正的廉洁之士吗？他住在於陵，三天没有吃东西，饿得耳朵听不见，眼睛看不到。井边有个李子，已被金龟子啃掉了大半，他爬过去拿来吃，吞了三口，然后耳朵才听得见，眼睛才看得到。”

孟子说：“在齐国的士人中，我一定推陈仲子为手中的大拇指。但是，他怎能叫做廉洁？要推广陈仲子的那种操守，只有变成蚯蚓才能办到。蚯蚓，在地上吃干土，在地下喝泉水。陈仲子住的房屋，是伯夷建造的，还是盗跖建造的？他吃的粮食，是伯夷种植的，还是盗跖种植的？这些都还不知道呢。"

匡章说："这有什么关系呢？他自己编织草鞋，妻子积麻搓线，用这些交换来的。"

孟子说："陈仲子是齐国的世家。他的哥哥陈戴，每年的盖邑俸禄有两万钟。他认为哥哥的俸禄是不该得的，他就不吃；认为哥哥的房屋是不该得的，他就不住；于是避开哥哥，离开母亲，自己住到於陵去了。有一天他回去探望母亲，正好有人送给他哥哥一只活鹅，他皱着眉头说：'要这种呃呃叫的东西做什么？'过了几天，母亲杀了这只鹅同他一起吃。这时他的哥哥从外面回来，说：'这就是那呃呃叫的东西的肉啊。'他就跑到门外把食物呕吐出来。因为是自己母亲的食物就不吃，因为是妻子的食物就吃；因为是哥哥的房屋就不住，因为是於陵的房屋就住了，这还算是能够推广他那种廉洁吗？像陈仲子那样的人，只有变成蚯蚓才能推广他的操守。"

[解读]

① 匡章是齐国的将军，曾率兵取燕。陈仲子是齐国的名士。有关匡章是否"不孝"的讨论，见于［8.30］。

② 盗跖是春秋时代著名的大盗，为柳下惠的弟弟。他原名展跖，被称为"盗跖"，则成了贪残之辈的代表。伯夷与盗跖，一善一恶；后代的人无从追究自己所食所用是善人还是恶人的产品，所以廉洁之士所重视的首先应该是自己内心的原则。像陈仲子，就有矫枉过正之嫌。《庄子》一书有《盗跖》篇，描述其人思想。可参考［13.25］。有关陈仲子的评论，亦见于［13.34］。

离娄上

孟子曰："离娄之明，公输子之巧，不以规矩，不能成方员；师旷之聪，不以六律，不能正五音；尧、舜之道，不以仁政，不能平治天下。今有仁心仁闻而民不被其泽，不可法于后世者，不行先王之道也。故曰：徒善不足以为政，徒法不能以自行。《诗》云：'不愆（qiān）不忘，率由旧章。'遵先王之法而过者，未之有也。圣人既竭目力焉，继之以规矩准绳，以为方员平直，不可胜用也；既竭耳力焉，继之以六律正五音，不可胜用也；既竭心思焉，继之以不忍人之政，而仁覆天下矣。故曰：为高必因丘陵，为下必因川泽，为政不因先王之道，可谓智乎？

"是以惟仁者宜在高位。不仁而在高位，是播其恶于众也。上无道揆也，下无法守也，朝（cháo）不信道，工不信度，君子犯义，小人犯刑，国之所存者幸也。故曰：城郭不完，兵甲不多，非国之灾也；田野不辟，货财不聚，非国之害也。上无礼，下无学，贼民兴，丧无日矣。《诗》云：'天之方蹶。无然泄（yì）泄。'泄泄，犹沓（tà）沓也。事君无义，进退无礼，言则非先王之道者，犹沓沓也。故曰：责难于君谓之恭，陈善闭邪谓之敬，吾君不能谓之贼。"

[白话]

　　孟子说："即使有离娄的眼力，公输子的技巧，不靠圆规与曲尺，也画不出标准的方形与圆形；即使有师旷的听力，不靠六律，也无法校正五音；即使有尧、舜的理想，不靠仁德的政治制度，也不能使天下太平。现在某些君主虽有仁德的心思与名声，百姓却没有受到他们的恩泽，也不能为后代留下楷模，那是因为他们没有实行先王的制度。所以说，光靠善心不足以办好政治，光有法度也不会自动运作。《诗经·大雅·假乐》上说：'不要偏差，不要遗忘，一切依循旧的规章。'遵循先王的法度而犯错，那是从来没有的事。圣人竭尽了眼力，接着使用圆规、曲尺、水平器、绳墨，来制作方的、圆的、平的、直的东西，这些东西就用不完了；圣人竭尽了耳力，接着使用六律来校正五音，五音就应用无穷了；圣人竭尽了心思，接着实行不忍让人受苦的政治，仁德就遍布天下了。所以说，筑高台一定要凭借丘陵，挖深池一定要凭借沼泽；那么，治理国家不凭借先王的制度，能说是明智吗？

　　"因此，只有行仁的人应该居于高位。不行仁的人居于高位，就会把他的邪恶传播给大众。在上的不用正道来衡量事理，在下的不用法度来约束自己，朝廷不相信正道，官吏不相信制度，有官位的违反义行，一般百姓违反刑律，国家如此还能存在，那是侥幸啊。所以说，城墙不坚固，军备不充足，不是国家的灾难；田野没开辟，财物不积聚，不是国家的祸害。在上的不守礼仪，在下的没有教育，作恶的百姓越来越多，国家的灭亡也就快了。《诗经·大雅·板》上说：'天正在颠覆王朝，不要再喋喋不休。'喋喋不休就是放肆随便。侍奉君主不讲义，行动进退不合礼，张口就诋毁先王的制度，这就是放肆随便。所以说，要求君主实践困难的事，叫做恭敬；向君主陈述善行、堵塞异端，叫做尊重；认为君主不能走上正途，叫做伤害。"

[解读]

① 孟子强调"善"与"法"并重。善是"行善的心思",法是"法律制度"。本章使用"先王之道"与"先王之法"二词,所指皆是法律制度。在遵行"法"的前提下,君主的"仁心仁闻"才可发挥最大的效果。至于如何辅佐君主,则须注意最后所说的"恭、敬、贼"三点。

② 离娄相传是黄帝时视力奇佳的人。公输子(公输般)是春秋时代的鲁国人,所以又名鲁班。师旷是晋平公时的大乐官,古代著名音乐家。六律是太簇、姑洗、蕤宾、夷则、无射、黄钟。

[7.2]

孟子曰:"规矩,方员之至也;圣人,人伦之至也。欲为君,尽君道;欲为臣,尽臣道。二者皆法尧、舜而已矣。不以舜之所以事尧事君,不敬其君者也;不以尧之所以治民治民,贼其民者也。孔子曰:'道二,仁与不仁而已矣。'暴其民甚,则身弑国亡;不甚,则身危国削。名之曰'幽''厉',虽孝子慈孙,百世不能改也。《诗》云:'殷鉴不远,在夏后之世。'此之谓也。"

[白话]

孟子说:"圆规与曲尺,是制作方形与圆形的最高标准;圣人,是人类做人的最高典范。要做君主,就要充分实践君主的理想;要做臣子,就要充分实践臣子的理想。这两方面都效法尧与舜就可以了。不以舜侍奉尧的方式去侍奉君主,就是不敬重他的君主;不以尧治理百姓的方式去治理百姓,就是伤害他的百姓。孔子说:'道路只有两条,行仁与不行仁罢了。'虐待百姓太严重,就会自身被杀,国家灭亡;即使不太严重,也会自身危险,国家削弱，死后谥号叫做'幽''厉'，即使他有孝顺的子孙，一百代也无法更改。《诗经·大雅·荡》上说：'殷朝要引为鉴戒的不在远处，就是前代的夏朝。'说的正是这种情况。"

[解读]

① "道二，仁与不仁而已矣"，不仅君主治理百姓如此，个人选择人生道路也是如此。不过，虽说"道二"，其实是"道一"，亦即行仁才可向上提升，不行仁就会自取灭亡。

② 周朝末期，先有厉王，其孙为幽王。根据谥法，"厉"是杀戮无辜；"幽"是壅遏不通，动祭乱常。

[7.3]

孟子曰："三代之得天下也以仁，其失天下也以不仁。国之所以废兴存亡者亦然。天子不仁，不保四海；诸侯不仁，不保社稷；卿大夫不仁，不保宗庙；士庶人不仁，不保四体。今恶（wù）死亡而乐不仁，是犹恶醉而强（qiǎng）酒。"

[白话]

孟子说："夏、商、周三代取得天下，是由于行仁；他们失去天下，是由于不行仁。国家衰颓、兴盛、生存、灭亡的原因也是如此。天子不行仁，不能保住天下；诸侯不行仁，不能保住国家；卿大夫不行仁，不能保住祖庙；士人与百姓不行仁，不能保住自身。如果害怕死亡却又以不行仁为乐，那就像害怕喝醉却又偏要喝酒一样。"

[解读]

① 凡与人生有关之事，都无法使用简单的二分法。因此，在翻译

"仁"与"不仁"时，要指出"行"字，表示行动之趋势。

② 社稷："社"是土神，"稷"是谷神。古代诸侯的国都，皆立社稷之神。因此社稷为国家之称。大夫的采邑称为"家"，可立祖庙，是为宗庙。

[7.4]

孟子曰："爱人不亲，反其仁；治人不治，反其智；礼人不答，反其敬。行有不得者皆反求诸己，其身正而天下归之。《诗》云：'永言配命，自求多福。'"

[白话]

孟子说："爱护别人，别人却不来亲近，就要反问自己仁德够不够；治理别人，别人却不上轨道，就要反问自己明智够不够；礼貌待人，别人却没有回应，就要反问自己恭敬够不够。行为没有得到预期效果的，就要反过来要求自己，自身端正了，天下的人就会来归附。《诗经·大雅·文王》上说：'永远配合天命，自己求得更多的幸福。'"

[解读]

① "反求诸己"（亦见于 [3.7]）一语，一方面肯定自己是行为的主体，随时可以改过自新，或者精益求精；另一方面则强调了解自己不能离开群体，必须学习与别人好好相处。重点显然仍在前者，所以要以周文王为典型，努力自求多福。

[7.5]

　　孟子曰：“人有恒言，皆曰‘天下国家’。天下之本在国，国之本在家，家之本在身。”

[白话]

　　孟子说：“人们有句常说的话，就是‘天下国家’。天下的基础是国，国的基础是家，家的基础是每个人自身。”

[解读]

① 　可参考《大学》所谓：“身修而后家齐，家齐而后国治，国治而后天下平。”接着进而肯定：“自天子以至于庶人，壹是皆以修身为本。”这是儒家一贯的主张。

[7.6]

　　孟子曰：“为政不难，不得罪于巨室。巨室之所慕，一国慕之；一国之所慕，天下慕之；故沛然德教溢乎四海。”

[白话]

　　孟子说：“办好政治并不难，不得罪贤明的卿大夫就行了。他们所向往的，一国的人都会向往；一国的人所向往的，天下的人都会向往；于是道德教化浩浩荡荡洋溢于天下。”

[解读]

① 　“巨室”是指一国的重要家族，亦即贤明而有影响力的卿大夫之家。他们的“正确”价值观将会形成社会风气，使统治者在为政时事半功倍。

[7.7]

孟子曰："天下有道，小德役大德，小贤役大贤；天下无道，小役大，弱役强。斯二者，天也，顺天者存，逆天者亡。齐景公曰：'既不能令，又不受命，是绝物也。'涕出而女于吴。今也小国师大国而耻受命焉，是犹弟子而耻受命于先师也。如耻之，莫若师文王。师文王，大国五年，小国七年，必为政于天下矣。《诗》云：'商之孙子，其丽不亿。上帝既命，侯于周服。侯服于周，天命靡常。殷士肤敏，裸（guàn）将于京。'孔子曰：'仁不可为众也。夫国君好仁，天下无敌。'今也欲无敌于天下而不以仁，是犹执热而不以濯也。《诗》云：'谁能执热，逝不以濯。'"

[白话]

孟子说："天下上轨道的时候，德行低的接受德行高的安排，才智少的接受才智多的安排；天下不上轨道的时候，力量小的被力量大的支配，势力弱的被势力强的支配。这两种情况，是天意所定的。顺从天意的可以生存，违背天意的将会灭亡。齐景公说：'既然不能命令别人，如果又不听从别人的命令，那就走上绝路了。'于是流着眼泪把女儿嫁到吴国去。现在，小国效法大国，却又耻于接受大国的命令，这就如同学生耻于接受老师的教诲一样。如果真的感觉羞耻，最好效法周文王。效法周文王之后，大国只需要五年，小国只需要七年，一定可以得到天下的政权。《诗经·大雅·文王》上说：'商朝的子孙，数目何止十万。上帝既有命令，都向周朝归顺。都向周朝归顺，可见天命没有一定。殷朝的官员，不论俊美的聪明的，都要执行灌酒的礼节，在周朝京城助祭。'孔子说：'仁德的力量，不在于人多。国君爱好仁德，就能天下无敌。'如果想要天下无敌，却又不行仁政，就好像热得难受却又不肯洗澡一样。《诗经·大雅·桑柔》上说：'谁能热得难受，不去洗个澡呢？'"

① 天下有道时，大家推崇德行与才智；天下无道时，只有诉诸力量与势力了。这里所谓的"天也"，字面上是指"天意"，其实也隐含大势所趋、无法抗拒的意思。

② 孟子此章谈及"顺天"与"逆天"，他另外也谈及"乐天"与"畏天"［2.3］，以及"知天"与"事天"［13.1］。

③ 齐景公为了与吴王阖庐结盟，忍痛嫁出自己的女儿。他的话颇有道理，但是所采的方法则有商榷余地。

④ 亿：十万；肤：美。裸（亦即"灌"）是古代宗庙祭祀中的一种仪式，以酒浇在地上来迎接鬼神。两段《诗》中的语助词有"侯""将""逝"。

⑤ 孟子使用"上帝"一词，两次引述古书，另一次为［2.3］。他直接说到的则在［8.25］，其意为至上神，某些角色与"天"无异。

［7.8］

孟子曰："不仁者可与言哉？安其危而利其菑（zāi），乐其所以亡者。不仁而可与言，则何亡国败家之有？有孺子歌曰：'沧浪之水清兮，可以濯我缨；沧浪之水浊兮，可以濯我足。'孔子曰：'小子听之！清斯濯缨，浊斯濯足矣。自取之也。'夫（fú）人必自侮，然后人侮之；家必自毁，而后人毁之；国必自伐，而后人伐之。《太甲》曰：'天作孽，犹可违；自作孽，不可活。'此之谓也。"

［白话］

孟子说："不行仁的人，还能同他商议吗？他把危险当做安全，把灾祸当做有利，把导致灭亡的事情当做快乐。不行仁的人如果还能同他商议，那怎么会发生亡国败家的事呢？从前有个小孩唱歌，内容是：'沧浪的水清澈呀，可以洗我的帽缨；沧浪的水混浊啊，可以洗我的脚。'孔子说：'同学们听着！水清澈就洗帽缨，水混浊就洗脚了。这是由水自己招来的。'所以，人一定是先侮辱自己，别人才来侮辱他；家一定是自己先毁坏，别人才来毁坏它；国一定是自己先实行会被别国讨伐的政治，别人才来征伐它。《尚书·太甲》上说：'天降下的祸害，还可以逃开；自己造作罪孽，就无法活命了。'说的就是这种情况。"

[解读]

① 沧浪之水："沧浪"并非水名，而是描写水色青碧，因此适用于每一条河川。一个人的处境，主要决定于自己的言行与心态；只要自重，就会赢得别人的尊重。

② 本章所引《太甲》之语，已见于［3.4］。

[7.9]

孟子曰："桀、纣之失天下也，失其民也；失其民者，失其心也。得天下有道：得其民，斯得天下矣；得其民有道：得其心，斯得民矣；得其心有道：所欲与之聚之，所恶勿施尔也。民之归仁也，犹水之就下、兽之走圹（kuàng）也。故为渊驱鱼者，獭（tǎ）也；为丛驱爵（què）者，鹯（zhān）也；为汤、武驱民者，桀与纣也。今天下之君有好仁者，则诸侯皆为之驱矣。虽欲无王，不可得已。今之欲王者，犹七年之病求三年之艾也。苟为不畜，终身不得。苟不志于仁，终身忧辱，以陷于死亡。《诗》云：'其何能淑，载胥及溺。'此之谓也。"

　　孟子说:"夏桀与商纣失去天下,是由于失去了百姓;失去百姓,是由于失去了民心。因此,得到天下有方法:得到百姓,就得到天下了;得到百姓有方法:得到民心,就得到百姓了;得到民心有方法:他们想要的,替他们聚集起来;他们厌恶的,不加在他们身上,如此而已。百姓归向仁德,就像水往下流,野兽奔向旷野一样。所以,替深水赶来鱼的,是水獭;替树丛赶来鸟雀的,是鹯鹰;替商汤、周武王赶来百姓的,是夏桀与商纣。如果现在天下的君主有爱好仁德的,那么其他诸侯就会替他赶来百姓。即使他不想称王天下,也是不可能的。现在想要称王天下的人,就像患了七年的病要用存放三年的艾草来医治。如果不开始积存就终身都得不到。如果不立志行仁,就终身忧愁受辱,以至于死亡。《诗经·大雅·桑柔》上说:'他们怎么做得好?只有一起溺水了。'说的就是这种情况。"

[解读]

① 　孟子谈到"民之归仁"时,表达了他对人性的基本看法,亦即人性是"向善"的,所以他用比喻时,会强调"动态的趋力",如"水之就下,兽之走圹"。类似比喻请参考 [3.6]。此外"三年之艾"的说法也提醒我们:为善不能只靠"一念之仁",而是需要长期努力,亦即《中庸》所谓的"择善而固执之"。

[7.10]

　　孟子曰:"自暴者,不可与有言也;自弃者,不可与有为也。言非礼义,谓之自暴也;吾身不能居仁由义,谓之自弃也。仁,人之安宅也;义,人之正路也。旷安宅而弗居,舍正路而不由,哀哉!"

孟子说："残害自己的人，不可能同他商议事情；放弃自己的人，不可能同他有所作为。说话诋毁礼制与义行，就叫做残害自己；认为自己不能以仁居心、由义而行，就叫做放弃自己。仁德，是人类安稳的住宅；义行，是人类正当的道路。空着安稳的住宅不去住，舍弃正当的道路不去走，真是可悲啊！"

［解读］

① 仁是人的"安宅"，意即只有仁德才能安定人心，因为人心永远向往着它。义是人的"正路"，表示义行是正确的抉择与行动。仁与义都是人心有其"端"，再发而为具体的善的作为。

② ［11.11］有"仁，人心也；义，人路也"一语，可供读者参考。
［13.33］说："居仁由义，大人之事备矣。"

［7.11］

孟子曰："道在迩而求诸远，事在易而求诸难。人人亲其亲，长其长，而天下平。"

［白话］

孟子说："道路就在眼前，却向远处去寻找；事情本来容易，却往难处去设法。只要人人亲爱自己的父母，尊敬自己的长辈，天下就会太平。"

［解读］

① 天下的人各自努力做到孝悌，则家家和乐，整体社会自然安定。如果有特殊状况，如鳏寡孤独，则靠国家来救助。

[7.12]

孟子曰:"居下位而不获于上,民不可得而治也。获于上有道,不信于友,弗获于上矣。信于友有道,事亲弗悦,弗信于友矣。悦亲有道,反身不诚,不悦于亲矣。诚身有道,不明乎善,不诚其身矣。是故诚者,天之道也;思诚者,人之道也。至诚而不动者,未之有也;不诚,未有能动者也。"

[白话]

孟子说:"身居下位而得不到长官的支持,是不可能治理好百姓的。要得到长官的支持有方法,如果不被朋友信任,就得不到长官的支持了。要被朋友信任有方法,如果侍奉父母未能让父母高兴,就不会被朋友信任了。要让父母高兴有方法,如果反省自己却不够真诚,就无法让父母高兴了。要真诚反省自己有方法,如果不明白什么是善,就不能真诚反省自己了。因此,真诚是天的运作模式,追求真诚是人的正确途径。极端真诚而不能使人感动,是不曾有过的事;如果没有真诚,是绝不能感动别人的。"

[解读]

① 本章阐述了孟子的人生逻辑。一个人从政之后,自然想要治理有成,那么,从何处努力呢?依序上推,要"获于上,信于友,事亲悦,反身诚,明乎善"。在此,孟子并未针对最基础的"明乎善"去发挥,理由大概有两点:一是"明乎善"涉及良好的教育,而这不是个人所能决定的;二是"明乎善"其实与"反身诚"联结在一起。因为一个人真诚反省自己,就会体悟内在有向善的动力(诚则明);同样的,一个人明白了什么是善,就会真诚反省自己(明则诚)。《中庸》上说:"自诚明,谓之性;自明诚,谓之教。诚则明矣,明则诚矣。"(二十一章)正

好与孟子所言相呼应。有关《中庸》的讨论，请参考《傅佩荣解读大学中庸》（东方出版社）。

② 孟子说："诚者，天之道也；思诚者，人之道也。"《中庸》则说："诚者，天之道也；诚之者，人之道也。"（二十章）这两者所谓的"天"，是指"除了人之外的宇宙万物"，其运作模式是"真实无妄"，没有"不诚"的可能性。当然，我们不能忘记古人的"天"是个复杂而重要的概念，其原始角色有五：主宰之天，造生之天，载行之天，启示之天，审判之天。春秋时代演变为三：主宰之天（维持原意，但作用大降，且常被用为借口），自然之天（由造生、载行这两种功能所合成），命运之天（由启示、审判这两种功能所演变）。孟子心目中的天，是兼顾上述三种角色的。详细讨论请参考傅佩荣《儒道天论发微》（中华书局）

③ 将"人之道"与"天之道"对比来说，一方面显示人的地位在宇宙万物中最为独特；另一方面也提醒我们：人是唯一"可以诚也可以不诚"的生物，但是无疑的，"诚"是人生的正确途径。人若不诚，只是虚伪、做戏，根本是一场空，还能奢谈什么人生？

[7.13]

孟子曰："伯夷辟纣，居北海之滨，闻文王作，兴曰：'盍归乎来！吾闻西伯善养老者。'太公辟纣，居东海之滨；闻文王作，兴曰：'盍归乎来！吾闻西伯善养老者。'二老者，天下之大老也，而归之，是天下之父归之也。天下之父归之，其子焉往？诸侯有行文王之政者，七年之内，必为政于天下矣。"

孟子说："伯夷避开商纣，住在北海的海边，听说周文王奋发有为，就振作起来说：'何不去投奔西伯！我听说他善于奉养老人。'姜太公避开商纣，住在东海的海边，听说周文王奋发有为，就振作起来说：'何不去投奔西伯！我听说他善于奉养老人。'这两位老人，是天下最有声望的老人，他们投奔了周文王，就等于天下做父亲的都去投奔了。天下做父亲的都去投奔，他们的儿子还能往哪里去呢？诸侯中如果有实行周文王的政治的，不出七年，一定可以得到天下的政权。"

[解读]

① 姜太公名吕尚，字子牙，号太公望，封于齐国。"大老"的言行，不但反映百姓的需求，也将对社会产生示范作用。

[7.14]

孟子曰："求也为季氏宰，无能改于其德，而赋粟倍他日。孔子曰：'求非我徒也，小子鸣鼓而攻之可也。'由此观之，君不行仁政而富之，皆弃于孔子者也，况于为之强战？争地以战，杀人盈野；争城以战，杀人盈城，此所谓率土地而食人肉，罪不容于死。故善战者服上刑，连诸侯者次之，辟草莱、任土地者次之。"

[白话]

孟子说："冉求担任季氏家臣时，不能改变季氏的作风，反而把田赋增加一倍。孔子说：'冉求不是我的同道，同学们可以敲着大鼓去批判他。'由此看来，君主不实行仁政，却还去帮他聚敛财富的人，都是孔子所唾弃的，更何况是为他卖力作战的人呢？为争夺一块土地而战，杀死的人遍野都是；为争夺一座城池而战，杀死的人满城都是，这叫做带领土地来吃人肉，罪恶之大，连死刑都不够罚。所以，善于打仗的人应该受到最重的刑罚，联结诸侯、掀起战端的，该受次一等的刑罚，开垦荒野、增加收成来备战的，该受再次一等的刑罚。"

[解读]

① 冉求（冉有）为孔子弟子，事见《论语》[11.17]。

② 孟子说："善战者服上刑。"老子说："战胜以丧礼处之。"（《老子》第三十一章）这两者分属儒家与道家，对"反战"却有相同的立场，值得留意。

[7.15]

孟子曰："存乎人者，莫良于眸子。眸子不能掩其恶。胸中正，则眸子瞭（liǎo）焉；胸中不正，则眸子眊（mào）焉。听其言也，观其眸子，人焉廋（sōu）哉！"

[白话]

孟子说："观察一个人，没有比观察他的眼睛更好的了。眼睛不能遮掩他的邪恶。心思正直，眼睛就明亮；心思不正直，眼睛就浊暗。听他说话，同时观察他的眼睛，这个人的善恶还能隐藏到哪里去呢？"

[解读]

① 本章表明孟子主张"身心合一论"，正如通常所说的"眼睛是

灵魂之窗"。说得更清楚些，身体是配合内心状态而运作的，所谓"诚于中，形于外"。不过，有一点必须补充的，就是：如果碰巧眼睛本身有病（或者患了黄疸病），以致"眸子眊焉"，那么就须另当别论了。至于由行善而手舞足蹈，亦出于身心合一的立场，参考 [7.27]。

[7.16]

孟子曰："恭者不侮人，俭者不夺人。侮夺人之君，惟恐不顺焉，恶得为恭俭？恭俭岂可以声音笑貌为哉？"

[白话]

孟子说："谦恭的人不会侮辱别人，节俭的人不会掠夺别人。有些君主，侮辱别人也掠夺别人，唯恐别人不顺从他，怎么算得上谦恭与节俭呢？谦恭与节俭难道可以靠好听的声音与微笑的脸孔来伪装吗？"

[解读]

① 做什么比说什么更重要。如果没有合宜的行动，或者行动荒诞离奇，光靠"声音笑貌"是无法长期蒙骗大众的。

[7.17]

淳于髡（kūn）曰："男女授受不亲，礼与？"

孟子曰："礼也。"

曰："嫂溺，则援之以手乎？"

曰："嫂溺不援，是豺狼也。男女授受不亲，礼也；嫂溺，援之以手者，权也。"

　　曰："今天下溺矣，夫子之不援，何也？"

　　曰："天下溺，援之以道；嫂溺，援之以手。子欲手援天下乎？"

[白话]

　　淳于髡说："男女之间不亲手递接东西，这是礼制的规定吗？"

　　孟子说："是礼制的规定。"

　　淳于髡说："如果嫂嫂掉在水里，要用手去拉她吗？"

　　孟子说："嫂嫂掉到水里而不去拉她，就是豺狼了。男女之间不亲手递接东西，这是礼制的规定；嫂嫂掉在水里则用手去拉她，这是变通的办法。"

　　淳于髡说："现在天下的人都掉到水里去了，先生却不肯伸手，为什么呢？"

　　孟子说："天下的人掉在水里，要用正道去救；嫂嫂掉在水里，要用手去救。你难道想用手去救天下的人吗？"

[解读]

① 　淳于髡是齐国有名的辩士。他在［12.6］亦对孟子提出质疑。

② 　"权"是衡量事理，采取变通办法。任何礼制规定都是固定的条文，可以维系社会整体的秩序；但是人的现实处境却各有不同，因此要培养判断的智慧，既能守经（遵守常规），又能达权（做到变通）。

③ 　"援之以道"，在此，"道"是指孟子所推崇的仁政。如果君主不肯实行仁政，再卓越的学者也将徒呼奈何。

[7.18]

公孙丑曰："君子之不教子，何也？"

孟子曰："势不行也。教者必以正。以正不行，继之以怒。继之以怒，则反夷矣。'夫子教我以正，夫子未出于正也。'则是父子相夷也。父子相夷，则恶矣。古者易子而教之，父子之间不责善。责善则离，离则不祥莫大焉。"

[白话]

公孙丑说："君子不亲自教育儿子，为什么呢？"

孟子说："就形势看，是做不到的。教育的人一定要讲求正确的道理。用正确的道理行不通，接着就会生气，一生气反而伤感情了。儿子会说：'您用正确的道理教育我，而您自己的作为未必合乎正确的道理。'这样，父子之间就伤了感情。父子之间伤了感情，就太糟了。古代的人是与别人交换儿子来教育的，父子之间不会因为要求行善而互相责备。要求行善而互相责备，就会彼此疏远；父子变得疏远，没有比这更不幸的了。"

[解读]

① 本章所谓的"教"，是指像老师一样，进行正式的教导。由于教育是长期而艰难的工作，父亲板起脸来教育孩子，势必影响父子之间原有的亲密情感。但是，一般所谓的"家庭教育"以及身教言教，还是不可或缺的。孟子所要强调的是亲情可贵，无可取代。

② "夷"为伤。《易经》有"明夷卦"（䷣），描写光明受到伤害或压抑。

[7.19]

孟子曰："事，孰为大？事亲为大。守，孰为大？守身为大。不失其身而能事其亲者，吾闻之矣；失其身而能事其亲者，吾未之闻也。孰不为事？事亲，事之本也。孰不为守？守身，守之本也。曾子养曾晳，必有酒肉；将彻，必请所与；问有余，必曰，'有。'曾晳死，曾元养曾子，必有酒肉；将彻，不请所与；问有余，曰：'亡矣。'将以复进也。此所谓养口体者也。若曾子，则可谓养志也。事亲若曾子者，可也。"

[白话]

孟子说："哪一种侍奉最重要？侍奉父母最重要。哪一种守护最重要？守护自身最重要。不丧失自己的节操而能侍奉父母的，我听说过；丧失自己的节操还能侍奉父母的，我没有听说过。谁能不侍奉别人？侍奉父母是一切侍奉的根本。谁能不有所守护？守护自身是一切守护的根本。曾子奉养他的父亲曾晳时，每餐一定有酒有肉。撤除食物时，一定要请示剩下的给谁；父亲问有没有多余的，他一定说'有'。曾晳死后，曾元奉养他的父亲曾子，每餐也必定有酒有肉。但是撤除食物时，不再请示剩余的给谁；父亲问有没有多余的，他就说'没有了'，准备留到下一顿再给父亲吃。这叫做奉养父亲的口腹。像曾子那样，才可称为奉养父亲的心意。侍奉父母做到像曾子那样，就可以了。"

[解读]

① 生命得自于父母，侍奉父母自然最重要了。稍后所说曾子的故事，则提醒我们除了对父母"养口体"之外，还须进而"养志"，让父母真正快乐。至于守身，则是做人处事的基础，需要一生念兹在兹，才可达成目标。如果不能守护自己的节操，

又怎能守护别人？或者如果守护的是财富、权力、名声、地位，则最后难免有如镜花水月。

② 曾晳（曾点）与曾子（曾参）都是孔子的学生。有关曾晳的志向，可参考《论语》[11.26]。另外，孟子以曾晳为"狂者"的代表[14.37]。至于曾参的孝顺故事，亦见于[14.36]。

[7.20]

孟子曰："人不足与适（zhé）也，政不足与间（jiàn）也，惟大人为能格君心之非。君仁，莫不仁；君义，莫不义；君正，莫不正。一正君而国定矣。"

[白话]

孟子说："国君的用人，不值得多加谴责，施政也不值得加以非议；只有德行完备的人，才能够辨明君主的偏差心思。君主行仁，没有人不行仁；君主行义，没有人不行义；君主端正，没有人不端正。只要使君主端正，国家就安定了。"

[解读]

① 朱熹的批注中，引用程颐的话说："天下之治乱，系乎人君之仁与不仁耳。心之非，即害于政，不待乎发之于外也。昔者孟子三见齐王而不言事，门人疑之。孟子曰：'我先攻其邪心，心既正而后天下事可从而理也。'"因此，本章开头所谓的"人"与"政"，皆是就国君的偏差作为而言。为何不必谴责与非议呢？因为根本问题在于"君心之非"。有关"格"字，《尚书·囧命》有"绳愆纠谬，格其非心"一语。孔安国注"格其非心"为"检其非妄之心"；孔颖达疏曰："格谓检括，其有非理枉妄之心，

检括使妄心不作。"由此可见，"格"为辨明善恶之意，在"辨明"之时，自然就有"要求改正"的意图了。"君心之非"得到大人辨明，接着才可能自行改过迁善。

② "大人"是指德行完备的人，亦即能够长期择善固执，最终抵达"充实而有光辉之谓大"的境界。孟子有关"大人"的观点，可参考[8.6]、[8.11]、[8.12]、[11.14]、[11.15]、[13.33]。

[7.21]

孟子曰："有不虞之誉，有求全之毁。"

[白话]

孟子说："有意料不到的赞誉，也有过于苛求的诋毁。"

[解读]

① 毁誉操之于人，所以不必太在乎，自己内在的修养则应格外加以重视。

[7.22]

孟子曰："人之易其言也，无责耳矣。"

[白话]

孟子说："一个人说话轻易出口，那就不值得责备他了。"

① 言为心声，所以说话要谨慎；信口开河的人，孟子是懒得责备他的。

[7.23]

孟子曰："人之患在好为人师。"

[白话]

孟子说："人应该担心的毛病，就是喜欢充当别人的老师。"

[解读]

① "好为人师"的最大问题在于自己心满意足，不再进步，最后成为井底之蛙。孔子说："三人行，必有我师焉：择其善者而从之，其不善者而改之。"（《论语》[7.22]）像孔子这样的人，还在到处向人学习，何况是一般人？

[7.24]

乐正子从于子敖之齐。乐正子见孟子。孟子曰："子亦来见我乎？"

曰："先生何为出此言也？"

曰："子来几日矣？"

曰："昔者。"

曰："昔者，则我出此言也，不亦宜乎？"

曰："舍馆未定。"

曰："子闻之也，舍馆定，然后求见长者乎？"

曰："克有罪。"

[白话]

乐正子跟随王子敖到了齐国。乐正子去见孟子。孟子说："你也来看我吗？"

乐正子说："先生为什么说这样的话呢？"

孟子说："你来了几天了？"

乐正子说："昨天到的。"

孟子说："昨天，那么我说这样的话，不也是应该的吗？"

乐正子说："因为住所没有找好。"

孟子说："你听人说过，要找好住所才去求见长辈的吗？"

乐正子说："我做错了。"

[解读]

① 王子敖（王）是齐国大夫，事迹亦见于本书［4.6］、［8.27］。乐正子在鲁国做官，此次因公务随他而来齐国。

② 以今天的角度来看，孟子似乎有些苛求。但是古代师生关系十分密切，尤其在儒家传统中，更是如此。譬如，孔子过世后，许多弟子为他守丧三年，这等于尊崇孔子有如父母。那么，到了一地，能第二天再去拜访老师吗？孟子对乐正子的不满，在下一章会说得更清楚。

[7.25]

孟子谓乐正子曰："子之从于子敖来，徒哺（bǔ）啜（chuò）也。我不意子学古之道而以哺啜也。"

孟子对乐正子说："你跟随王子敖来到齐国，只是为了饮食而已。我没想到你学习古人的理想，竟然是为了饮食。"

[解读]

① 孟子期许学生"得君行道"，可以实现抱负，为民服务。像王子敖这样的人，孟子是不屑与他交谈的，乐正子跟着他，还有什么希望呢？

[7.26]

孟子曰："不孝有三，无后为大。舜不告而娶，为无后也。君子以为犹告也。"

[白话]

孟子说："不孝的事有三件，没有子孙是最大的不孝。舜没有禀告父母就娶妻，就是担心没有后代，所以君子认为他如同禀告了一样。"

[解读]

① "不孝有三，无后为大"赵岐注为"于礼有不孝者三事：谓阿意曲从，陷亲不义，一也；家贫亲老，不为禄仕，二也；不娶无子，绝先祖祀，三也。"此一说法的前两点今日仍可参考，但是"无后"的原因并不单纯，难以简单定为不孝。另有"世俗所谓不孝者五"，参考 [8.30]。

② 舜的作为是"两害相权取其轻"，正好应用了"权"（衡量），所以被说成"不告犹告"。

［7.27］

　　孟子曰："仁之实，事亲是也；义之实，从兄是也；智之实，知斯二者弗去是也；礼之实，节文斯二者是也；乐（yuè）之实，乐斯二者。乐则生矣，生则恶可已也。恶可已，则不知足之蹈之手之舞之。"

［白话］

　　孟子说："仁德的实质是侍奉父母；义行的实质是顺从兄长；明智的实质，是知道这两者是人不能离开的；守礼的实质，是对这两者加以调节与文饰；音乐的实质是由这两者得到快乐。快乐就这样产生了，快乐一产生就抑制不住，抑制不住就会不知不觉地手舞足蹈起来。"

［解读］

①　本章谈到"仁、义、智、礼、乐"，其中"仁、义"为基础，"智、礼、乐"都是对仁与义的适当响应。如此一来，人生的光明坦途就展现出来了。随之出现的是快乐。这种快乐所引发的手舞足蹈，再一次说明了孟子的"身心合一论"［7.15］。换言之，只要把握仁与义，人生将可转苦为乐。

［7.28］

　　孟子曰："天下大悦而将归己，视天下悦而归己，犹草芥也，惟舜为然。不得乎亲，不可以为人；不顺乎亲，不可以为子。舜尽事亲之道，而瞽（gǔ）瞍（sǒu）厎（zhǐ）豫。瞽瞍厎豫而天下化，瞽瞍厎豫而天下之为父子者定，此之谓大孝。"

孟子说："天下的人都十分高兴，要来归顺自己，但是把这一切看成像草芥一样的，只有舜是如此。不能得到父母的欢心，没有办法做人；不能顺从父母的心意，没有办法做儿子。舜竭尽全力孝顺父母，终于使他的父亲瞽瞍高兴了；瞽瞍高兴了，天下的人也受到了感化；瞽瞍高兴了，天下父子之间的伦常也就确定了。这叫做大孝。"

［解读］

① 有关舜的父亲瞽瞍，请参考本书［9.2］、［9.4］。舜在家中的处境极为艰难，但是最后以过人的修养达成美好的结局，并且成为天下人的楷模。他的"大孝"事迹是孟子所津津乐道的。

离娄下

[8.1]

孟子曰："舜生于诸冯，迁于负夏，卒于鸣条，东夷之人也。文王生于岐周，卒于毕郢（yǐng），西夷之人也。地之相去也，千有余里；世之相后也，千有余岁。得志行乎中国，若合符节，先圣后圣，其揆一也。"

[白话]

孟子说："舜出生在诸冯，迁居到负夏，最后死于鸣条，是个东方边远地区的人。周文王出生在岐周，后来死于毕郢，是个西方边远地区的人。两地相隔一千多里，时代相距一千多年。他们得志时在中国的所作所为，几乎一模一样，古代的圣人与后代的圣人，他们所遵循的法度是相同的。"

[解读]

① "夷"泛指边疆地区文明落后的少数民族。孟子所举的这些地名中，舜的不易确定，周文王的则在陕西。这两位圣王所秉持的法度，是来自人性的善行。

② 若合符节：古代以符、节为信物，可用玉、角、铜、竹制作，形状有虎、龙、人等。一般是剖为两半，各执其一，相合就可取信。

[8.2]

　　子产听郑国之政，以其乘舆济人于溱（zhēn）、洧（wěi）。孟子曰："惠而不知为政。岁十一月，徒杠（gāng）成；十二月，舆梁成，民未病涉也。君子平其政，行辟人可也，焉得人人而济之？故为政者，每人而悦之，日亦不足矣。"

[白话]

　　子产主持郑国的政治时，用自己乘坐的车辆帮助别人渡过溱水与洧水。孟子说："他给人恩惠，但是不懂得处理政治。如果十一月修好行人的桥，十二月再修好通车的桥，百姓就不会为渡河发愁了。君子把政治办好，出行时让人回避都可以，怎能一个个地帮人渡河呢？所以负责政治的人，如果要讨好每一个人，时间就太不够用了。"

[解读]

① 孔子认为子产是："有君子之道四焉：其行己也恭，其事上也敬，其养民也惠，其使民也义。"（《论语》[5.15]）其中关于"惠"，孟子在此稍加评论，认为子产并未把握政治的要领。的确，政治人物如果忙着讨好百姓，又怎能善尽职责？

② 徒杠：徒为行走，杠为独木之桥。舆梁：舆为行车，梁为桥。

[8.3]

　　孟子告齐宣王曰："君之视臣如手足，则臣视君如腹心；君之视臣如犬马，则臣视君如国人；君之视臣如土芥，则臣视君如寇仇。"

　　王曰："礼，为旧君有服，何如斯可为服矣？"

曰："谏行言听，膏泽下于民；有故而去，则君使人导之出疆，又先于其所往；去三年不反，然后收其田里。此之谓三有礼焉。如此，则为之服矣。今也为臣，谏则不行，言则不听，膏泽不下于民；有故而去，则君搏执之，又极之于其所往；去之日，遂收其田里。此之谓寇仇。寇仇，何服之有？"

[白话]

孟子告诉齐宣王说："君主看待臣下如同自己的手足，臣下看待君主就会如同自己的腹心；君主看待臣下如同狗与马，臣下看待君主就会如同路边人；君主看待臣下如同泥土草芥，臣下看待君主就会如同仇敌。"

齐宣王说："礼制规定，离职的臣子要为过去的君主穿孝服；君主怎么做，臣子就能为他服孝呢？"

孟子说："臣子的劝谏被听从，建议被采纳，使君主的恩泽照顾到百姓身上；臣子有事故要离职，君主就派人引导他离开国境，并且派人先到他要去的地方做好安排；臣子离开了三年还不回来，这才收回他的封地房屋。这叫做三次有礼。这样做，臣子就会为他服孝了。现在做臣子的，劝谏不被听从，建议不被采纳，以致君主的恩泽无法照顾到百姓；有事故要离职时，君主就要捉拿他，还设法使他在要去的地方陷入困境；离开的当天，就没收他的封地房屋。这样的人叫做仇敌。对于仇敌，还服什么孝呢？"

[解读]

① 本章第一段话揭示君臣之间的伦理关系是相互的，孟子并无"君要臣死，臣不得不死"的荒谬观念。孟子这种想法，在当时极为难得，而其基础则是人有共同的人性，具有同等的价值与尊严。因此，专制君主对孟子的厌恶，是可以理解的。另外，

傅佩荣解读《孟子》（修订版）

孟子亦有"民贵君轻"的思想，参看［14.14］。

② 臣子为旧君服丧，为期三月。

［8.4］

　　孟子曰："无罪而杀士，则大夫可以去。无罪而戮民，则士可以徙。"

［白话］

　　孟子说："士人没有犯罪而被杀，大夫就可以辞职不干；百姓没有犯罪而被杀，士人就可以迁往他处。"

［解读］

① 这是考虑到下一波的危险。古代最易受委屈的是百姓，往上则是士人，然后是大夫。事到临头，要走就太迟了。

［8.5］

　　孟子曰："君仁，莫不仁；君义，莫不义。"

［白话］

　　孟子说："君主行仁，没有人不行仁；君主行义，没有人不行义。"

［解读］

① 本章已见于［7.20］，重申"上行下效"的现象。孟子所说的，常指一般情况，而刻意忽略特殊情况。并且，仁或不仁也应就

趋势来判断，不宜采用简单的二分法。

② 《中庸》二十二章说："唯天下之至诚，为能尽其性；能尽其性，则能尽人之性。"这句话的思维逻辑与此处孟子所说相同。问题在于：或是天下从未有过至诚之人，或是至诚之人并无天子之位。儒家强调的重点是：一、君主有重责大任；二、人须自负修行之责任。

[8.6]

孟子曰："非礼之礼，非义之义，大人弗为。"

[白话]

孟子说："似是而非的礼，似是而非的义，德行完备的人是不会去做的。"

[解读]

① 非礼之礼：古代家族较大，有的人辈分虽低而年龄已老，那么以尊老为名义而向晚辈行礼，则是此例之一。

② 非义之义：如助友报仇，表面上是讲求"朋友有信"，实际上却违反了法律及社会公义。

③ 孟子的"大人"观念，可参考［7.20］、［8.11］、［8.12］、［11.14］、［11.15］、［13.33］。

[8.7]

孟子曰："中也养不中，才也养不才，故人乐有贤父兄也。如中也弃不中，才也弃不才，则贤不肖之相去，其间不能以寸。"

　　　　　　　　　　　　傅佩荣解读《孟子》（修订版）

[白话]

孟子说："言行适中的人要陶冶言行偏差的人，才干卓越的人要教导才干低劣的人，所以人们都乐于有贤能的父兄。如果言行适中的人鄙弃言行偏差的人，才干卓越的人不理才干低劣的人，那么贤能的人与差劲的人之间的距离，就近得不能用寸来量了。"

[解读]

① 没有人生来就言行适中，才干卓越，因此抵达这种境界的人应该乐意帮助别人，由近及远，使整体社会日益改善。如果这样的人只顾自己而忽略社会责任，也就算不上什么"贤"了。孔子主张："夫仁者，己欲立而立人，己欲达而达人。"（《论语》[6.30]）

[8.8]

孟子曰："人有不为也，而后可以有为。"

[白话]

孟子说："一个人有所不为，然后才可以有所作为。"

[解读]

① 人生贵在善于取舍，所考虑的是自己的兴趣与责任。如果什么都要，最后可能一无所获。[14.37]孟子引述孔子所说："狂者进取，狷者有所不为也。"本章所说"有不为"即指狷者，"有为"即指狂者，最高目标则是"中道"。

[8.9]

孟子曰："言人之不善，当如后患何？"

[白话]

孟子说："谈论别人的缺点，招来了后患要怎么办？"

[解读]

① "后患"在此是指：被你谈论的人可能会挟怨报复。并且，既然此人有缺点被你谈论，他对你又何必保留情面？孔子最讨厌的，就是述说别人缺点的人。（《论语》[17.24]）

[8.10]

孟子曰："仲尼不为已甚者。"

[白话]

孟子说："孔子是做什么事都不过分的人。"

[解读]

① 希腊德尔斐神殿上，刻着两句话，一句是广为人知的"认识你自己"，另一句则是"凡事勿过度"。能够在言行上适可而止，确实需要高度的修养。这句话符合子贡对孔子的观察，亦即"温、良、恭、俭、让"（见《论语》[1.10]）。

[8.11]

孟子曰：“大人者，言不必信，行不必果，惟义所在。”

[白话]

孟子说：“德行完备的人，说话不一定都兑现，做事不一定
有结果，但是全部以道义为依归。”

[解读]

① 有关“大人”的描述，读者可以参考［7.20］、［8.6］、［8.12］、
　　［11.14］、［11.15］、［13.33］。
② “义”是“宜”的意思，要配合适当的情况，作出正确的抉择，
　　找出“应该”的所在。人间事务一直在变迁发展之中，如果没
　　有通权达变的能力，言行都可能陷入困境。关于“惟义所在”，
　　可参考［8.23］以及［13.37］之“君子不可虚拘”。

[8.12]

孟子曰：“大人者，不失其赤子之心者也。”

[白话]

孟子说：“德行完备的人，不会失去他婴儿般纯真的心思。”

[解读]

① “赤子之心”纯朴、真诚、易感，对人信赖关怀，并且充满希
　　望、永不沮丧。他总是想要帮助群体、改善社会，并且只问耕
　　耘不问收获。除此之外，大人还有高明的智慧与杰出的才干，
　　所以不会轻易上当受骗。有关“大人”之说，参考［8.11］解读。

[8.13]

孟子曰："养生者不足以当大事，惟送死可以当大事。"

[白话]

孟子说："奉养父母还算不上大事，只有为他们送终才是真正的大事。"

[解读]

① 这是两相比较的说法。人的死亡是"一次性"的，人死不能复生，所以为父母办丧事要恪尽孝道，以免将来遗憾。至于平日奉养父母，当然也是重要的，也须尽力而为。

[8.14]

孟子曰："君子深造之以道，欲其自得之也。自得之，则居之安；居之安，则资之深；资之深，则取之左右逢其原，故君子欲其自得之也。"

[白话]

孟子说："君子依循正确的方法深入研究，就是希望可以自己领悟道理。自己领悟的道理，就会安稳地守住它；安稳地守住它，所受的启发就会深刻；所受的启发深刻，那么应用在任何地方都可以回溯本源，所以君子希望可以自己领悟道理。"

[解读]

① 这段话的关键是"自得之"。只要是自己领悟的道理，在应用时自然"左右逢源"，不但毫无勉强，并且信心日增。笔者长期研究儒

家，领悟了"人性向善论"之后，正有孟子所说的这一段体验。

[8.15]

孟子曰："博学而详说之，将以反说约也。"

[白话]

孟子说："广博地学习，详细地阐述，是要由此回到扼要说明的地步。"

[解读]

① 本章谈的是学习方法，先要博学，进而详说，最后则须"说约"，把握要点来介绍。换言之，背诵与记忆是不够的，一定要练习以自己的话作扼要的叙述。

[8.16]

孟子曰："以善服人者，未有能服人者也；以善养人，然后能服天下。天下不心服而王者，未之有也。"

[白话]

孟子说："用善行来让人佩服，没有能够让人佩服的；用善行来陶冶别人，然后才能使天下的人佩服。天下的人心中不服而能称王，那是不曾有过的事。"

[解读]

① "以善服人"，仍有互相比较之意；"以善养人"则是愿意同别

人一起为善，可参考［3.8］。道德行为的大敌是骄傲或自我中心；如果存着傲慢的心，认为自己比别人更善，光是这一点就是道德上的缺陷。

② 所谓"天下不心服而王者，未之有也"，所指应为尧、舜，以及夏、商、周三代的开国之君，而非通称所有君王。

［8.17］

孟子曰："言无实不祥，不祥之实，蔽贤者当之。"

［白话］

孟子说："说话没有根据是不好的。这种不好的后果，要由那些阻碍进用贤者的人来承担。"

［解读］

① 言语造成的困扰很多，譬如说话没有根据，任意批评别人。如果因此导致某些贤者无法受到任用，那就是国家的损失了。孟子此语似乎是有感而发。

［8.18］

徐子曰："仲尼亟（qì）称于水，曰：'水哉，水哉！'何取于水也？"

孟子曰："源泉混混，不舍昼夜，盈科而后进，放乎四海。有本者如是，是之取尔。苟为无本，七八月之间雨集，沟浍（kuài）皆盈，其涸（hé）也，可立而待也。故声闻（wèn）过情，君子耻之。"

［白话］

徐子说："孔子多次称赞水，说：'水啊！水啊！'他是肯定水的哪一点呢？"

孟子说："有源头的泉水滚滚涌出，日夜不停，注满坑洞之后继续前进，最后流入大海。有本源的就像这样，孔子肯定它这一点罢了。如果没有本源，像七八月间的雨水，下得很集中，大小沟渠都涨满了，但是它们的干涸，你可以站在旁边等着看到。因此，声望超过了实际情况，君子认为是可耻的。"

［解读］

① 名声应该以实力为其源头活水，不过，社会上所传播的名声，未必是当事人可以掌握的。因此，上策是努力充实自己，使自己可以名副其实；中策是以此为耻，并且向大家推荐真正的君子；下策则是认清自己成名的途径未达理想要求，然后改弦更张。

［8.19］

孟子曰："人之所以异于禽兽者几希，庶民去之，君子存之。舜明于庶物，察于人伦，由仁义行，非行仁义也。"

［白话］

孟子说："人与禽兽不同的地方，只有很少一点点，一般人丢弃了它，君子保存了它。舜了解事物的常态，明辨人伦的道理，因此顺着仁与义的要求去行动，而不是刻意要去实践仁与义。"

［解读］

① 人与禽兽的差别"几希"。君子与庶民的差别在于：前者"存

之"而后者"去之"。问题是：庶民一旦去之，还有恢复的希望吗？如果没有希望，则庶民如何异于禽兽？教育又如何可能进行？如果有希望恢复，那么所谓的"去之"，所去的就不是一个固定的称为"善"的人性了。换言之，人性可以去也可以存，所以它显然是一种动态的力量，亦即：只要人活着，并且给自己机会，这个力量又会开始运作。试问：这样的人性是本善还是向善？只有"向善"一词才可说明人性的力量状态。

② 舜"由仁义行"，正是因为体察了人性内在的力量，所以由内而发去行善。一个人只要真诚，就会体认到仁义是源于内心的，然后行善就不必刻意也毫无勉强。

[8.20]

孟子曰："禹恶旨酒而好善言。汤执中，立贤无方。文王视民如伤，望道而未之见。武王不泄迩，不忘远。周公思兼三王以施四事；其有不合者，仰而思之，夜以继日；幸而得之，坐以待旦。"

[白话]

孟子说："大禹讨厌美酒而喜欢合理的言论。商汤把握公正原则，选拔贤人没有固定的方法。周文王看待百姓有如他们受了伤，总是抚慰；望着正道却像没有看见，总是上进。周武王不轻慢身边的臣子，也不遗忘远方的臣子。周公想要融合三代圣王的表现，实践上述四方面的美德；如果有不合当时情况的，就仰起头思考，夜以继日；侥幸想通了，就坐着等候天亮，立即去实践。"

[解读]

① 孟子"言必称尧、舜"，又经常赞美"禹、汤、文王、武王、

周公"，加上他最崇拜的孔子，如此逐渐形成了儒家学派所肯定的"道统"。重要的不是谁能名列其中，而是他们的德行如何，目标何在。简而言之，他们的所作所为，可以用孔子的志向来概括，就是希望做到"老者安之，朋友信之，少者怀之"（《论语》[5.25]）。

② 周公：姓姬名旦，文王之子，武王之弟。武王死后，辅佐成王安定天下。此处所言"坐以待旦"，符合其名，令人敬仰。

[8.21]

孟子曰："王者之迹熄而《诗》亡，《诗》亡然后《春秋》作。晋之《乘》，楚之《梼杌（táo wù）》，鲁之《春秋》，一也。其事则齐桓、晋文，其文则史。孔子曰：'其义则丘窃取之矣。'"

[白话]

孟子说："周朝东迁以后，天子采集歌谣的做法废止，《诗经》也就告终了；《诗经》告终之后，《春秋》这部史书就出现了。晋国的《乘》，楚国的《梼杌》，鲁国的《春秋》，都是这一类的。所记载的是齐桓公、晋文公等人的事迹，文字则是出于史官之手。孔子说：'《诗经》中褒贬善恶的原则，我私自借过来使用了。'"

[解读]

① 本章说明《诗经》与《春秋》的承启关系。古代有采集歌谣的官吏，称为"遒（qiú）人"，"以木铎记诗言"（《说文解字·丌部》），因此本文的"迹"字应为""字。周平王东迁之后，天子势衰，无力进行此事，各国由其史官记述重要事件，基本精神仍是劝善戒恶，使当权者知所警惕。孔子作《春秋》之事，参考[6.9]。

[8.22]

孟子曰：“君子之泽五世而斩，小人之泽五世而斩。予未得为孔子徒也，予私淑诸人也。”

[白话]

孟子说：“君子言行的影响，五代以后就断绝了；百姓言行的影响，五代以后也就断绝了。我没有能够做孔子的弟子，我是私下从别人那里学习的。”

[解读]

① 三十年为一世，父子相继也是一世，师生相传也算一世。依《史记·孟子荀卿列传》，可知孟子“受业子思之门人”，而子思是孔子的孙子。所以从孔子到孟子，正好是五世。第五世正是将绝未绝的时候，孟子继承孔子理想的心志，十分明显。他说：“乃所愿，则学孔子也。”[3.2] 私淑：淑为拾取，在此指取而学之。

[8.23]

孟子曰：“可以取，可以无取，取伤廉；可以与，可以无与，与伤惠；可以死，可以无死，死伤勇。”

[白话]

孟子说：“处在可以拿也可以不拿的情况下，拿了就对廉洁有所损害；处在可以给也可以不给的情况下，给了就对恩惠有所损害；处在可以死也可以不死的情况下，死了就对勇敢有所损害。”

① 人生充满抉择，所以需要判断的智慧以及行动的勇气。孟子所说的"廉、惠、勇"，涉及对物、对人与对己，值得我们深思。

② 孔子评论古代贤者时，所作的结论是："我则异于是，无可无不可。"（《论语》[18.8]）由此可知儒家的处世智慧是灵活的，一方面，"君子不可虚拘"（[13.37]），另一方面，"惟义所在"[8.11]。

[8.24]

逢（páng）蒙学射于羿（yì），尽羿之道，思天下惟羿为愈己，于是杀羿。孟子曰："是亦羿有罪焉。"

公明仪曰："宜若无罪焉。"

曰："薄乎云尔，恶（wū）得无罪？郑人使子濯孺子侵卫，卫使庾公之斯追之。子濯孺子曰：'今日我疾作，不可以执弓，吾死矣夫！'问其仆曰：'追我者谁也？'其仆曰：'庾公之斯也。'曰：'吾生矣。'其仆曰：'庾公之斯，卫之善射者也。夫子曰吾生，何谓也？'曰：'庾公之斯学射于尹公之他，尹公之他学射于我。夫尹公之他，端人也，其取友必端矣。'庾公之斯至，曰：'夫子何不为执弓？'曰：'今日我疾作，不可以执弓。'曰：'小人学射于尹公之他，尹公之他学射于夫子。我不忍以夫子之道反害夫子。虽然，今日之事，君事也，我不敢废。'抽矢，扣轮，去其金，发乘矢而后反。"

[白话]

逢蒙向后羿学习射箭，完全学会了后羿的技术，他想到天下只有后羿比自己强，于是谋害了后羿。孟子说："这件事，后羿也有过错。"

公明仪说："好像没有什么过错吧。"

孟子说："过错不大而已，怎么会没有过错呢？郑国派子濯孺子侵犯卫国，卫国派庾公之斯追击他。子濯孺子说：'今天我旧病发作，不能拿弓，我活不成了。'接着问驾车的人：'追赶我的是谁？'驾车的人说：'是庾公之斯。'子濯孺子说：'我可以活命了。'驾车的人说：'庾公之斯是卫国善于射箭的人，您反而说可以活命，这是什么意思？'子濯孺子说：'庾公之斯向尹公之他学习射箭，尹公之他又向我学习射箭。尹公之他是个正派的人，他选择的朋友一定也是正派的人。'庾公之斯追来了，说：'先生为什么不拿弓？'子濯孺子说：'今天我旧疾发作，不能拿弓。'庾公之斯说：'我向尹公之他学习射箭，尹公之他向您学习射箭，我不忍心用您传授的技术反过来伤害您。但是，今天的事是国君交代的，我不敢不办。'说完就抽出箭来，往车轮上敲，去掉箭头之后，发射四箭就返身回去了。"

[解读]

① 同类的人会聚合在一起，因此一个人受到朋友或学生的连累，自己也有部分责任。苏格拉底认为恶人没有朋友，因为朋友以道义为主，而恶人岂有道义可言？因此，后羿收错了学生，反受其害；而子濯孺子收对了学生，可保其命。

[8.25]

孟子曰："西子蒙不洁，则人皆掩鼻而过之；虽有恶人，齐（zhāi）戒沐浴，则可以祀上帝。"

[白话]

孟子说："如果西施身上沾染了污垢，人们就会掩着鼻子走过她跟前；即使是面貌丑陋的人，只要斋戒沐浴，也可以祭祀上帝。"

[解读]

① 美丑是天生的，但是干净与污秽也会影响人们的好恶。不仅如此，如果内心纯净（譬如经由斋戒沐浴），连上帝都会欣赏。

② 此处的"上帝"一词显然是指古代的至高神明，其角色有如主宰之天，可以接受人的祭祀。另外，孟子两次引用古书，谈到"上帝"，可参考 [2.3]、[7.7]。

[8.26]

孟子曰："天下之言性也，则故而已矣。故者，以利为本。所恶于智者，为其凿也。如智者若禹之行水也，则无恶于智矣。禹之行水也，行其所无事也。如智者亦行其所无事，则智亦大矣。天之高也，星辰之远也，苟求其故，千岁之日至，可坐而致也。"

[白话]

孟子说："天下的人谈论本性，都是就既成事实来说的。既成事实是以顺从自然为基础的。我们讨厌聪明的缘故，是因为它穿凿附会。如果聪明的人像大禹使水运行一样，我们就不会讨厌聪明了。大禹使水运行，是顺其自然，好像没做任何事。如果聪明的人也能顺其自然，好像没做任何事，那么他的聪明也就了不起了。天是那么高，星辰是那么远，如果能推究既成事实，那么一千年以后的冬至，也是可以坐着推算出来的。"

[解读]

① 本文所谓的"性"，是指万物的本性；"故"是指表现出来的既成

事实，可以让人去观察及研究的。至于"利"，则是"顺"的意思，顺从每一物的自然状况。从科学角度来看，孟子就经验界的现象所说的，是可以成立的，所以最后谈到推算千年之后的冬至。孟子另外一次说的"日至"则是指"夏至"，见［11.7］。并且，大禹治水，是因为了解水性，所以顺而行之，可以事半功倍。

② 如果专就"人性"来说，也须考虑"故"与"利"，亦即认清人类社会的既成事实，再顺着人性的自然要求去省思。换言之，如果自作聪明，穿凿附会，想出一些奇特的人性理论，然后解释起来玄之又玄，甚至要借用西方学者（如康德）的理论来说明，那就不是孟子所能认可的了。

［8.27］

公行子有子之丧，右师往吊。入门，有进而与右师言者，有就右师之位而与右师言者。孟子不与右师言，右师不悦曰："诸君子皆与言，孟子独不与言，是简也。"

孟子闻之，曰："礼，朝廷不历位而相与言，不逾阶而相揖也。我欲行礼，子敖以我为简，不亦异乎？"

［白话］

齐国大夫公行子为儿子办理丧事，右师前去吊唁。他一进门，就有人上前同他说话；他坐定了，又有人走近座位同他说话。孟子不同他说话，他不高兴地说："大夫们都来同我说话，只有孟子不同我说话，这是怠慢我啊。"

孟子听到这话，就说："按礼制的规定，在朝廷上不能越过位置相互交谈，不能越过台阶相互作揖。我想遵行礼制，子敖却认为我怠慢了他，不也奇怪吗？"

① 这位右师就是王（王子敖），孟子对他并无好感，可参考 [4.6]，但仍依礼行事。礼制针对的是"朝廷"，而丧礼是民间 的正式礼仪，并且前往吊丧的多是朝廷官员，所以孟子就取法 乎上了。

② 孟子对王的态度，合乎《易经·遁卦·象传》所说："君子以 远小人，不恶而严。"意即要疏远小人，不去憎恶他们，但要严 肃以对。

[8.28]

孟子曰："君子所以异于人者，以其存心也。君子以仁存心，以礼存心。仁者爱人，有礼者敬人。爱人者，人恒爱之；敬人者，人恒敬之。有人于此，其待我以横逆，则君子必自反也：我必不仁也，必无礼也，此物奚宜至哉？其自反而仁矣，自反而有礼矣，其横逆由是也，君子必自反也，我必不忠。自反而忠矣，其横逆由是也，君子曰：'此亦妄人也已矣。如此则与禽兽奚择哉？于禽兽又何难焉？'

"是故君子有终身之忧，无一朝之患也。乃若所忧则有之：舜，人也；我，亦人也。舜为法于天下，可传于后世，我由未免为乡人也，是则可忧也。忧之如何？如舜而已矣。若夫君子所患则亡矣。非仁无为也，非礼无行也。如有一朝之患，则君子不患矣。"

[白话]

孟子说："君子与一般人的不同之处，在于他考察心思的方式。君子用仁德来考察心思，用守礼来考察心思。仁德者爱护别人，守礼者尊敬别人。爱护别人的，别人也总是爱护他；尊敬别人的，别人也总是尊敬他。假定这里有个人，他以粗暴蛮横的态度对待我，那么君子必定反省自己：我一定没仁德，我一定不守礼，不然这种态度怎么会冲着我来呢？反省之后肯定自己合乎仁德，反省之后也肯定自己做到守礼，而那人的粗暴蛮横还是一样，君子必定反省自己：我一定没有尽心竭力。反省之后肯定自己尽心竭力了，而那人的粗暴蛮横还是一样。君子就会说：'这不过是个狂妄的人罢了。像他这样，同禽兽有什么区别呢？对于禽兽又有什么好责怪的呢？'

"因此，君子有终身的忧虑，而没有一时的烦恼。至于要忧虑的则有：舜是个人，我也是个人；舜为天下人树立典范，影响流传到后代，我却仍然不免是个平凡的人，这是值得忧虑的。忧虑了又怎么办呢？像舜那样去做罢了。至于君子一时的烦恼，那是没有的。不是仁德的事不去做，不是守礼的事不去做。即使有一时的烦恼，君子也不认为那是值得烦恼的。"

[解读]

① "存心"一词值得深究。首先，它可以指居心、用心或动机。但是，接着说到"以仁存心，以礼存心"，就清楚地表明：仁与礼，并不等于心；尤其是稍后的"我必不仁也，必无礼也"，更表明这是一种"反省、考察"的态度。它与主观的个人动机或用心、居心是否纯正，是否具有善意，其实是两回事。其次，"存"的意思是"在"或"察"，因此，存心是"省察其心"，所以遇到状况就要"自反"，以免过于主观或自以为是。

② "终身之忧"来自于人性只是向善，所以一生都需要努力择善固执，以求最后可以止于至善。如果人性本善，又何忧之有？至于"一朝之患"，则是指生活中各种突发的困境，对君子而言，这些只是考验与挑战，根本构不成烦恼。

　　　　　　　　　　　　傅佩荣解读《孟子》（修订版）

[8.29]

禹、稷当平世，三过其门而不入，孔子贤之。颜子当乱世，居于陋巷，一箪食，一瓢饮，人不堪其忧，颜子不改其乐，孔子贤之。

孟子曰："禹、稷、颜回同道。禹思天下有溺者，由己溺之也；稷思天下有饥者，由己饥之也。是以如是其急也。禹、稷、颜子，易地则皆然。今有同室之人斗者，救之，虽被（pī）发缨冠而救之，可也。乡邻有斗者，被发缨冠而往救之，则惑也，虽闭户可也。"

[白话]

大禹、后稷处在政治清明的时代，三次路过家门都没有进去，孔子称赞他们。颜回处在政治昏乱的时代，住在破旧的巷子里，靠着一竹筐饭、一瓜瓢水活下去，别人都受不了这样的困苦，颜回却不改变他的快乐，孔子也称赞他。

孟子说："大禹、后稷、颜回所取的原则是相同的。大禹想到天下的人有溺水的，就好像是自己让他们溺水的一样；后稷想到天下的人有挨饿的，就好像是自己让他们挨饿的一样，所以才会那么急迫要去拯救。大禹、后稷、颜回如果互相交换处境，所做的事也会一样的。假定现在有同住一屋的人打架，为了阻止他们，即使披散着头发戴上帽子而未系帽带，也是可以的。如果是同乡的邻人打架，也披散着头发戴上帽子而未系帽带就赶去阻止，那就是糊涂了；这时即使关上门不管，也是可以的。"

[解读]

① 大禹、后稷并论，而只说"三过其门而不入"，这是古代修辞方式，表示同样急民之苦。颜回之事，见《论语》[6.11]，最

难得的是"不改其乐"四字。孟子认为这三人"易地则皆然"，因为人不能选择时代，只能对自己的理想负责。儒家的"同道"，是把自我实现与人群福祉连在一起，因为"善"不能脱离自我与群体之间的关系网络。

② 大禹与后稷的时代是"同室之人斗者"，所以救人第一，并且确有成效。颜回的时代则是"乡邻有斗者"，几乎无从救起。孟子将颜回与禹、稷并列，说他们"易地则皆然"，这无疑是对颜回的充分肯定，也显示了孟子独到的历史眼光与评价方式。

[8.30]

公都子曰："匡章，通国皆称不孝焉，夫子与之游，又从而礼貌之，敢问何也？"

孟子曰："世俗所谓不孝者五：惰其四支，不顾父母之养，一不孝也；博弈好饮酒，不顾父母之养，二不孝也；好货财，私妻子，不顾父母之养，三不孝也；从（zòng）耳目之欲，以为父母戮，四不孝也；好勇斗很，以危父母，五不孝也。章子有一于是乎？夫章子，子父责善而不相遇也。责善，朋友之道也；父子责善，贼恩之大者。夫章子，岂不欲有夫妻子母之属哉？为得罪于父，不得近，出妻屏（bǐng）子，终身不养焉。其设心以为不若是，是则罪之大者，是则章子已矣。"

[白话]

公都子说："齐国的匡章，全国的人都说他不孝，先生却同他交往，并且对他颇为敬重，请问这是什么缘故？"

孟子说："世俗所说的不孝，有五种情况：手脚懒惰，不管父母的生活，这是一不孝；喜欢赌博喝酒，不管父母的生活，这是二不孝；

贪图钱财，偏爱妻小，不管父母的生活，这是三不孝；放纵耳目欲望，使父母蒙受羞辱，这是四不孝；喜欢逞勇打斗，使父母陷于危险，这是五不孝。章子犯过哪一种呢？章子是因为父子之间要求行善而无法相处。要求行善是朋友相处的原则；父子之间要求行善，是最伤亲情的。章子难道不想有夫妻相处及母子陪伴吗？只是因为得罪了父亲，不能亲近他，就把自己的妻子儿女赶出了门，终身不要他们照顾。他在心里设想，不这么做，罪过就更大了。这就是章子的为人啊。"

[解读]

① 匡章的家庭背景大致如下：母亲得罪了父亲，父亲杀了母亲，并将母亲埋在马厩之下。匡章苦劝父亲不要做得太过分，结果造成父子失和。几年后，父亲也过世了。匡章认为自己在父亲生时未能奉养，所以就"出妻屏子"，也不要妻儿来奉养他。

② 孟子与匡章交往，倒不是基于"清官难断家务事"，而是因为他知道匡章已经尽了心了。世俗所说的孝与不孝，可以代表一种评价，但是人终究还须对自己负责。[6.10]有匡章与孟子关于齐国名士陈仲子的讨论。有关"不孝有三"，参考[7.26]解读。

[8.31]

曾子居武城，有越寇。或曰："寇至，盍去诸？"

曰："无寓人于我室，毁伤其薪木。"

寇退，则曰："修我墙屋，我将反。"

寇退，曾子反。左右曰："待先生如此其忠且敬也，寇至则先去以为民望；寇退，则反，殆于不可。"

沈犹行曰："是非汝所知也。昔沈犹有负刍之祸，从先生者七十人，未有与焉。"

子思居于卫，有齐寇。或曰："寇至，盍去诸？"

子思曰："如伋（jí）去，君谁与守？"

孟子曰："曾子、子思同道。曾子，师也，父兄也；子思，臣也，微也。曾子、子思，易地则皆然。"

[白话]

曾子住在武城时，越国军队来侵犯。有人说："敌兵要来了，何不离开这里？"

曾子说："不要让人住到我家来，破坏了里面的树木。"

等到敌兵退走，曾子说："修好我的门墙房屋，我要回来了。"

敌兵退走后，曾子回来了。他身边的人说："武城人对待先生这样忠诚而恭敬，敌兵来了他却先离开，让百姓都看到了；敌兵一退，他就回来，这样恐怕不可以吧。"

沈犹行说："这不是你们所能了解的。从前沈犹家遇到负刍作乱，跟随先生的七十个弟子都没有被波及。"

子思住在卫国时，齐国军队来侵犯。有人说："敌兵要来了，何不离开这里？"

子思说："如果我也离开，国君同谁来守城？"

孟子说："曾子与子思所取的原则是相同的。当时，曾子是老师，是长辈的身份；而子思是臣子，处于卑微的地位。曾子与子思互相交换处境，所做的事也会一样的。"

[解读]

① 曾子是老师，也是客人，没有理由与武城共存亡。子思当时是个小官，所以要尽忠职守。他们的作为是出于相同的原则（同道），但是要通权达变。孟子在此又说了"易地则皆然"，用以显示儒家的原则是一致的，在实践时则可通权达变。

[8.32]

　　储子曰："王使人瞷（jiàn）夫子，果有以异于人乎？"
　　孟子曰："何以异于人哉？尧舜与人同耳。"

[白话]

　　储子说："齐王派人来窥探先生，是不是真有与别人不同的地方？"
　　孟子说："有什么与别人不同的地方呢？尧、舜也与一般人一样啊。"

[解读]

①　齐王想知道的，应该不是孟子外貌的特色，而是他日常生活的细节，譬如是否每天道貌岸然，一开口就是仁义礼智之类的话。

②　孟子以尧、舜为例，一方面充满了自信，因为至少他本人相信"尧、舜与人同"；另一方面则提醒我们，即使人的外形都差不多，内心的志向与德行的修养却可以有天壤之别。读者还可参考［11.7］"圣人与我同类"以及［12.2］"人皆可以为尧舜"。

[8.33]

　　齐人有一妻一妾而处室者，其良人出，则必餍（yàn）酒肉而后反。其妻问所与饮食者，则尽富贵也。其妻告其妾曰："良人出，则必餍酒肉而后反；问其与饮食者，尽富贵也，而未尝有显者来，吾将良人之所之也。"
　　蚤起，施（yí）从良人之所之，遍国中无与立谈者。卒之东郭墦（fán）间，之祭者，乞其余；不足，又顾而之他，此其为餍足之道也。其妻归，告其妾曰："良人者，所仰望而终身也，今若此！"与其妾讪其良人，而相泣于中庭，而良人未之知也，施施从外来，骄其妻妾。由君子观之，则人之所以求富贵利达者，其妻妾不羞也，而不相泣者，几希矣。

[白话]

    齐国有个人，家里有一妻一妾；这个做丈夫的每次出门，一定吃饱了酒肉才回来。妻子问他一起吃喝的是些什么人，他就说都是有钱有势的人。妻子就对妾说："丈夫每次出去，一定吃饱了酒肉才回来；问他同谁一起吃喝，他就说都是有钱有势的人，可是从来没有显贵的人来过我们家，我打算暗中察看他去什么地方。"

    第二天一早起来，她就偷偷跟在丈夫后面走，走遍全城没有一个人停下来同她丈夫说话。最后走到东门城外的墓地，看见他走到祭扫坟墓的人那里，讨些剩余的酒菜吃；没吃饱，又四处张望再去别处乞讨，这就是他吃饱喝足的办法。妻子回到家里，把情况告诉了妾，并且说："丈夫是我们仰望而终身依靠的人，现在他竟是这样！"说完就同妾一起嘲骂丈夫，在庭院中相对而泣，做丈夫的还不知道这一切，仍然得意洋洋地从外面回来，以骄傲的神色对待妻妾。由君子看来，人们用来追求升官发财的方法，能使他的妻妾不感觉羞耻，不相对而泣的，实在是太少了啊。

[解读]

①   朱熹的批注指出："言今之求富贵者，皆以枉曲之道，昏夜乞哀以求之，而以骄人于白日，与斯人何以异哉！"这种现象从来不曾根绝，所以君子贵乎自重。

万章上

[9.1]

万章问曰:"舜往于田,号泣于旻(mín)天,何为其号泣也?"

孟子曰:"怨慕也。"

万章曰:"'父母爱之,喜而不忘;父母恶之,劳而不怨。'然则舜怨乎?"

曰:"长息问于公明高曰:'舜往于田,则吾既得闻命矣;号泣于旻天,于父母,则吾不知也。'公明高曰:'是非尔所知也。'夫公明高以孝子之心,为不若是恝(jiá)。我竭力耕田,共为子职而已矣。父母之不我爱,于我何哉?帝使其子九男二女,百官牛羊仓廪备,以事舜于畎(quǎn)亩之中,天下之士多就之者,帝将胥天下而迁之焉。为不顺于父母,如穷人无所归。天下之士悦之,人之所欲也,而不足以解忧;好色,人之所欲,妻帝之二女,而不足以解忧;富,人之所欲,富有天下,而不足以解忧;贵,人之所欲,贵为天子,而不足以解忧。人悦之、好色、富贵,无足以解忧者,惟顺于父母可以解忧。人少,则慕父母;知好色,则慕少艾;有妻子,则慕妻子;仕则慕君,不得于君则热中。大孝终身慕父母。五十而慕者,予于大舜见之矣。"

　　万章请教说："舜去田里工作时，对着苍天诉苦哭泣，他为什么要诉苦哭泣呢？"

　　孟子说："因为他对父母既抱怨又思慕。"

　　万章说："'父母喜欢自己，虽然高兴却不因此懈怠；父母讨厌自己，虽然忧愁却不因此抱怨。'那么舜抱怨父母吗？"

　　孟子说："长息请教公明高说：'舜去田里工作这件事，我听先生解释过了；但是他对着苍天诉苦哭泣，并且涉及父母，这一点我就不明白了。'公明高说：'这不是你所能了解的。'公明高认为，孝子的心思不能像这样无忧无虑，就是：我尽力耕田，恭敬地做好儿子的职责就是了，父母不疼爱我，我有什么办法呢？帝尧派遣九个儿子、两个女儿，带着大小官员、牛羊、粮食等，到田野中侍奉舜；天下的士人也大都投奔他，帝尧还准备把整个天下让给他。舜却因为不能使父母顺心，而像一个穷人走投无路一样。天下的士人喜欢他，这是人人想要的，却不足以消除他的忧愁；美丽的女子是人人想要的，他娶了帝尧的两个女儿，却不足以消除他的忧愁；财富是人人想要的，他有了天下的财富，却不足以消除他的忧愁；尊贵是人人想要的，他尊贵到当了天子，却不足以消除他的忧愁。士人的喜欢、美丽的女子、财富与尊贵，没有一样足以消除忧愁，只有顺了父母的心意才可以消除忧愁。人在幼小时，会思慕父母；知道漂亮的异性了，就思慕年轻貌美的女子；有了妻子，就思慕妻子；做了官，就思慕君主，得不到君主的信任，就内心焦急得发热。只有最孝顺的人才会终身思慕父母。到了五十岁还思慕父母的，我在大舜身上看到了。"

[解读]

①　万章是孟子的学生。长息是公明高的学生，公明高是曾子的

学生。

② 舜对父母的思慕，不是常人所能做到的，他对世人所求的一切成就与快乐，都不太在意，却特别感激生养自己的父母。一个人能够如此不忘本，无怪乎成为圣人。"惟顺于父母可以解忧"一语，可谓含义深刻。"五十而慕"亦见于［12.3］。

［9.2］

万章问曰："《诗》云：'娶妻如之何？必告父母。'信斯言也，宜莫如舜。舜之不告而娶，何也？"

孟子曰："告则不得娶。男女居室，人之大伦也。如告，则废人之大伦，以怼（duì）父母，是以不告也？"

万章曰："舜之不告而娶，则吾既得闻命矣；帝之妻舜而不告，何也？"

曰："帝亦知告焉则不得妻也。"

万章曰："父母使舜完廪，捐阶，瞽瞍（sǒu）焚廪。使浚（jùn）井，出，从而掩之。象曰：'谟盖都君咸我绩，牛羊父母，仓廪父母，干戈朕，琴朕，弤（dǐ）朕，二嫂使治朕栖。'象往入舜宫，舜在床琴。象曰：'郁陶思君尔！'忸怩。舜曰：'惟兹臣庶，汝其于予治。'不识舜不知象之将杀己与？"

曰："奚而不知也？象忧亦忧，象喜亦喜。"

曰："然则舜伪喜者与？"

曰："否！昔者有馈生鱼于郑子产，子产使校人畜之池。校人烹之，反命曰：'始舍之，圉（yǔ）圉焉；少则洋洋焉；攸然而逝。'子产曰：'得其所哉！得其所哉！'校人出，曰：'孰谓子产智？予既烹而食之，曰，得其所哉！得其所哉！'故君子可欺以其方，难罔以非其道。彼以爱兄之道来，故诚信而喜之，奚伪焉？"

　　万章请教说："《诗经·齐风·南山》上说：'娶妻该怎么办？一定要先禀告父母。'相信这句话的，应该没有人比得上舜。可是舜却没有先向父母禀告就娶了妻，这是什么缘故呢？"

　　孟子说："禀告就娶不成了。男女结婚是人类重大的伦理关系；如果事先禀告而未获准，就会废止这种重大的伦理关系，结果将会怨恨父母，所以就不禀告了。"

　　万章说："舜没有禀告父母就娶妻，这一点我听先生解释过了；帝尧把女儿嫁给舜，也不告诉舜的父母，又是什么缘故？"

　　孟子说："帝尧也知道，告诉他们就嫁不成了。"

　　万章说："父母叫舜修理谷仓，等他上了屋顶就抽掉梯子，父亲瞽瞍还放火烧谷仓。他们又叫舜去疏通水井，然后把井口盖起来，却不知舜从旁边挖洞出来了。舜的弟弟象说：'谋害舜都是我的功劳，牛羊分给父母，粮食分给父母，干戈归我，琴归我，弓归我，让两个嫂嫂替我整理床铺。'象走进舜的屋子，舜坐在床边弹琴。象说：'我真是想念你啊！'神情颇为尴尬。舜说：'我惦念着这些臣下和百姓，你替我去管理吧。'我不清楚舜是真的不知道象要杀害他吗？"

　　孟子说："怎么会不知道呢？不过，看到象忧愁，他也忧愁；看到象高兴，他也高兴。"

　　万章说："那么，舜是假装高兴的吗？"

　　孟子说："不。从前有人送条活鱼给郑国的子产，子产叫主管池塘的人把鱼养在池子里，这人却把鱼烹煮吃了，回来报告说：'刚放进池子里，它还不太活动，一会儿就摇摆着尾巴游开了，一转眼就游到远处不见了。'子产说：'找到了好去处啊！找到了好去处啊！'这人出来后说：'谁说子产聪明？我把鱼烹煮吃了，他还说找到了好去处啊！找到了好去处啊！'所以，对于君子，可以用合乎情理的事欺骗他，却很难用违背他的原则的事来蒙骗他。象装着敬爱兄长的样子来了，舜就真心相信而喜欢他，有什么假装的地方呢？"

[解读]

① 舜的父亲、后母与弟弟（后母所生），三人联手要加害舜。舜的处境十分危险，但是仍然相信真诚可以感动家人，最后居然也有了一些成效。

② "谟盖"为"谋害"。"都君"指舜，因为他"一年而所居成聚，二年成邑，三年成都。"郁陶：思念的样子。

[9.3]

万章问曰："象日以杀舜为事，立为天子则放之，何也？"

孟子曰："封之也，或曰放焉。"

万章曰："舜流共工于幽州，放驩（huān）兜于崇山，杀三苗于三危，殛鲧于羽山，四罪而天下咸服，诛不仁也。象至不仁，封之有庳（bì）。有庳之人奚罪焉？仁人固如是乎？在他人则诛之，在弟则封之？"

曰："仁人之于弟也，不藏怒焉，不宿怨焉，亲爱之而已矣。亲之，欲其贵也；爱之，欲其富也。封之有庳，富贵之也。身为天子，弟为匹夫，可谓亲爱之乎？"

"敢问或曰放者，何谓也？"

曰："象不得有为于其国，天子使吏治其国而纳其贡税焉，故谓之放。岂得暴彼民哉？虽然，欲常常而见之，故源源而来，'不及贡，以政接于有庳。'此之谓也。"

万章请教说："象每天都把谋杀舜当成自己要做的事，舜成为天子之后却只是放逐他去外地，这是什么缘故？"

孟子说："是封象为诸侯，有人说是放逐罢了。"

万章说："舜把共工流放到幽州，把驩兜放逐到崇山，在三危杀死了三苗的君主，在羽山处决了鲧；将这四人治了罪，天下便都归服，因为惩罚的是没有仁德的人。象是最没有仁德的，却封给他有庳。有庳的百姓有什么罪过呢？有仁德的君主竟然可以这么做吗？对别人就严加惩罚，对弟弟就封给他国土？"

孟子说："有仁德的人对待自己的弟弟，既不存着怒气，也不留着怨恨，只是想要亲近他、爱护他而已。亲近他，就要让他尊贵；爱护他，就要让他富有。把有庳封给他，就是要使他既富有又尊贵。自己当了天子，弟弟却是一个百姓，这样能说是亲近他、爱护他吗？"

万章说："请问，有人说是放逐，这话怎么说呢？"

孟子说："象不能在他的国土上任意行事，天子派遣官吏治理他的国家并且收取贡税，所以会说他是被放逐。象怎能虐待他的百姓呢？虽然如此，舜还是想常常看到象，所以象也不断地来和舜相见。所谓：'不必等到朝贡的日子，平常也以政事为名接见有庳的国君。'就是在说这件事啊。"

[解读]

① 共工（以官名为人名）、兜是尧、舜时的大臣。三苗为国名，在此指其国君。鲧是禹的父亲，因治水失败而有罪。

② 本章文意清楚，显示出舜既珍惜兄弟亲情，又顾及百姓的福祉。如果质疑舜的做法，那么他未必会眷恋天子之位。天下的人需要舜，大概也只得容忍一个"极其不仁但已无力为恶"的象了。

　　咸丘蒙问曰:"语云,'盛德之士,君不得而臣,父不得而子。'舜南面而立,尧帅诸侯北面而朝之,瞽瞍亦北面而朝之。舜见瞽瞍,其容有蹙(cù)。孔子曰:'于斯时也,天下殆哉,岌岌乎!'不识此语诚然乎哉?"

　　孟子曰:"否。此非君子之言,齐东野人之语也。尧老而舜摄也。《尧典》曰:'二十有八载,放勋乃徂(cú)落,百姓如丧考妣。三年,四海遏密八音。'孔子曰:'天无二日,民无二王。'舜既为天子矣,又帅天下诸侯以为尧三年丧,是二天子矣。"

　　咸丘蒙曰:"舜之不臣尧,则吾既得闻命矣。《诗》云:'普天之下,莫非王土;率土之滨,莫非王臣。'而舜既为天子矣,敢问瞽瞍之非臣,如何?"

　　曰:"是诗也,非是之谓也。劳于王事而不得养父母也。曰,'此莫非王事,我独贤劳也。'故说诗者,不以文害辞,不以辞害志。以意逆志,是为得之。如以辞而已矣,《云汉》之诗曰:'周余黎民,靡有孑遗。'信斯言也,是周无遗民也。孝子之至,莫大乎尊亲;尊亲之至,莫大乎以天下养。为天子父,尊之至也;以天下养,养之至也。《诗》曰:'永言孝思,孝思维则。'此之谓也。《书》曰:'祗(zhī)载见瞽瞍,夔(kuí)夔齐(zhāi)栗,瞽瞍亦允若。'是为父不得而子也?"

[白话]

　　咸丘蒙请教说:"俗话说,'德行圆满的人,君主不能把他当做臣子,父亲不能把他当做儿子。'舜站在天子的位子上,尧率领诸侯朝见他,他的父亲瞽瞍也来朝见他。舜看见瞽瞍时,神色局促不安。孔子说:'在这个时候,天下真是岌岌可危啊!'不知道这些话真的是这样的吗?"

孟子说："不，这不是君子说的话，而是齐国乡野农夫说的话。尧年纪大了，由舜代行天子职权。《尚书·尧典》上说：'二十八年以后，尧才去世，百官如同死了父母一样。三年之内，天下听不到任何音乐。'孔子说：'天上没有两个太阳，人间没有两个帝王。'如果舜当时已经做了天子，却又率领天下诸侯为尧服丧三年，那就同时有两个天子了。"

咸丘蒙说："舜没有把尧当做臣子，这一点我听先生解释过了。《诗经·小雅·北山》上说：'普天之下，没有一寸土不是天子的土地；四海之内，没有一个人不是天子的臣民。'舜已经做了天子，如果瞽瞍不是他的臣民，又是什么呢？"

孟子说："这首诗不是你说的那个意思，作者感叹自己忙碌公事以致不能奉养父母。他说：'这些没有一件不是公事，却只有我最劳苦啊。'所以，解说诗的人，不能只看字面而误解词句，也不能只看词句而误解原意。要用自己的体会去推测作者的原意，这样才对。如果只看词句，那么《诗经·大雅·云汉》上说：'周朝剩下的百姓，没有一个存留。'相信这句话，就成了周朝没有一个人存留了。孝子的最高表现，莫过于使父母尊贵；使父母尊贵的最高表现，莫过于用天下奉养父母。成为天子的父亲，这是最高的尊贵了；以天下奉养父亲，这是最高的奉养了。《诗经·大雅·下武》上说：'永远保持孝心，孝心是天下人的榜样。'就是这个意思。《尚书》上说：'舜恭恭敬敬地去见瞽瞍，态度谨慎而恐惧，瞽瞍也就真的顺心了。'这是父亲不能把他当做儿子吗？"

[解读]

① 咸丘蒙为孟子学生，他是齐国人，所以听过"齐东野人之语"。在此，"东野人"为一词，指在田间工作的农夫。

② 孔子说"天下殆哉"，是担心君臣、父子人伦失序。但是孟子

并不认为这是孔子所说的话。

③ 孟子对舜的同情理解，可谓深入而周全。

④ 徂落：去世。百姓：可指百官（与黎民或庶民对举时），亦可指凡民。在此指百官，当时百官须为天子服斩衰之丧三年。四海：犹言天下，全国各处。八音：金、石、丝、竹、匏、土、革、木。祗：敬；载：事；栗：通"慄"；允：信；若：顺。

[9.5]

万章曰："尧以天下与舜，有诸？"

孟子曰："否。天子不能以天下与人。"

"然则舜有天下也，孰与之？"

曰："天与之。"

"天与之者，谆（zhūn）谆然命之乎？"

曰："否。天不言，以行与事示之而已矣。"

曰："以行与事示之者，如之何？"

曰："天子能荐人于天，不能使天与之天下；诸侯能荐人于天子，不能使天子与之诸侯；大夫能荐人于诸侯，不能使诸侯与之大夫。昔者尧荐舜于天而天受之，暴（pù）之于民而民受之。故曰：天不言，以行与事示之而已矣。"

曰："敢问荐之于天而天受之，暴之于民而民受之，如何？"

曰："使之主祭，而百神享之，是天受之；使之主事，而事治，百姓安之，是民受之也。天与之，人与之。故曰：天子不能以天下与人。舜相尧二十有八载，非人之所能为也，天也。尧崩，三年之丧毕，舜避尧之子于南河之南，天下诸侯朝觐者，不之尧之子而之舜；讼狱者，不之尧之子而之舜；讴歌者，不讴歌尧之子而讴歌舜，故曰天也。夫然后之中国，践天子位焉。而居尧之宫，逼尧之子，是篡也，非天与也。《泰誓》曰：'天视自我民视，天听自我民听。'此之谓也。"

［白话］

万章请教说："尧把天下授予舜，有这回事吗？"

孟子说："没有。天子不能把天下授予人。"

万章说："那么，舜拥有天下，是谁授予的呢？"

孟子说："天授予的。"

万章说："天授予他，是认认真真告诉他的吗？"

孟子说："不是；天不说话，只是用行动与事件来表示意思罢了。"

万章说："用行动与事件来表示，又是怎么做的呢？"

孟子说："天子可以把人推荐给天，但不能让天把天下给这个人；诸侯可以把人推荐给天子，但不能让天子把诸侯的职位给这个人；大夫可以把人推荐给诸侯，但不能让诸侯把大夫的职位给这个人。从前，尧把舜推荐给天，天接受了；把舜介绍给百姓，百姓接受了。所以说，天不说话，只是用行动与事件来表示意思罢了。"

万章说："请问，把舜推荐给天，天接受了；把舜介绍给百姓，百姓接受了，这又是怎么做的？"孟子说："派舜主持祭祀，百神都来享受祭品，这就是天接受了他；派舜主持政事，政事办得很好，百姓也满意他，这就是百姓接受了他。天授予他，百姓授予他，所以说，天子不能把天下授予人。舜辅佐尧治理天下二十八年，这不是人的意愿所能决定的，而是天意。尧去世后，三年之丧结束，舜避开尧的儿子，前往南河的南边去，可是天下诸侯朝见天子的，不去尧的儿子那里，而去舜那里；诉讼的，不去尧的儿子那里，而去舜那里；歌颂的人，不歌颂尧的儿子，而歌颂舜，所以说，这是天意。舜这才回到国都，登上天子的宝座。如果他自己住进尧的宫中，逼迫尧的儿子离开，那就是篡夺，而不是天授予他了。《尚书·泰誓》上说：'天所看见的，就是我们百姓所看见的；天所听到的，就是我们百姓所听到的。'所说的就是这种情况。"

[解读]

① "天不言，以行与事示之而已矣。"这句话中的"以行与事"有两种解法。一是指"以舜的行与事"，亦即舜的德行与处事可以证明天肯定了他。二是泛指世间的行动与事件，因为每一个天子的处境不同，如果都扣紧像舜那样高标准的行与事，恐怕天意太过有弹性了。事实上，根据下一章谈到的禹、启等人的事迹，以及后代的得天下的帝王作为，可知"以行与事"的意思比较像是：要由大势所趋（行）与客观事件（事）来决定天意。这种观点可以配合"天视自我民视，天听自我民听"的说法，也不违背今日的民主运作模式。

② "夫然后之中国"，在此，"中国"是指"帝王所都为中，故曰中国"（参考《史记·五帝本纪》集解引刘熙语）。

[9.6]

万章问曰："人有言，'至于禹而德衰，不传于贤而传于子。'有诸？"

孟子曰："否，不然也。天与贤，则与贤；天与子，则与子。昔者，舜荐禹于天，十有七年，舜崩，三年之丧毕，禹避舜之子于阳城，天下之民从之，若尧崩之后不从尧之子而从舜也。禹荐益于天，七年，禹崩，三年之丧毕，益避禹之子于箕山之阴。朝觐讼狱者不之益而之启，曰，'吾君之子也。'讴歌者，不讴歌益而讴歌启，曰，'吾君之子也。'丹朱之不肖，舜之子亦不肖。舜之相尧，禹之相舜也，历年多，施泽于民久。启贤，能敬承继禹之道。益之相禹也，历年少，施泽于民未久。舜、禹、益相去久远，其子之贤不肖，皆天也，非人之所能为也。莫之为而为者，天也；莫之致而至者，命也。匹夫而有天下者，德必若舜、禹，而又有天子荐之者，故仲尼不有天下。继世以有天下，天之所废，必若桀、纣者也，故益、伊尹、周公不有天下。伊尹相汤以王于天下，汤崩，太丁未立，外丙二年，仲壬四年，太甲颠覆汤之典刑，伊尹放之于桐。三年，太甲悔过，自怨自艾，于桐处仁迁义；三年，以听伊尹之训己也，复归于亳。周公之不有天下，犹益之于夏，伊尹之于殷也。孔子曰：‘唐、虞禅，夏后、殷、周继，其义一也。’”

[白话]

万章请教说：“有人这样说，‘到禹的时候，德行就衰微了，天下没有传给贤良的人，却传给自己的儿子。’有这样的事吗？”

孟子说：“不，不是这样的。天要授予贤良的人，就授予贤良的人；天要授予君主的儿子，就授予君主的儿子。从前，舜把禹推荐给天，十七年之后，舜过世了，三年之丧结束后，禹避开舜的儿子，自己前往阳城，天下百姓都跟随他，就像尧去世后百姓不跟随尧的儿子却跟随舜一样。禹把益推荐给天，七年之后，禹去世了，三年之丧结束后，益避开禹的儿子，前往箕山的北边。来朝见的诸侯以及要诉讼的人都不去益那里，而去启那边，大家都说：‘他是我们君主的儿子啊。’歌颂的人不歌颂益，而歌颂启，说：‘他是我们君主的儿子啊。’尧的儿子丹朱不够贤明，舜的儿子商均也不够贤明。舜辅佐尧，禹辅佐舜，经历了很多年，照顾百姓的时间也长。启很贤明，能够认真地继承禹的做法。益辅佐禹的年数少，照顾百姓的时间也短。舜、禹、益辅佐的时间差距很大，他们的儿子有贤明有不贤明，这都出于天意，不是人的意愿可以决定的。没有人去做的，居然成功了，那是天意；没有人去找的，居然来到了，那是命运。一个普通百姓却能得到天下，他的德行一定要像舜、禹那样，并且还要有天子推荐他，所以孔子无法得到天下。继承上代而得到天下，天意却要废弃的，一定是像桀、纣那样的君主，所以益、伊尹、周公无法得到天下。伊尹辅佐商汤称王天下，商汤过世之后，太丁没有继位就死了，外丙在位两年，仲壬在位四年，太甲破坏了商汤的典章法度，伊尹将他放逐到桐邑。三年后，太甲悔过，怨恨自己、改正自己，在桐邑修养仁德、努力行义；再过三年，已能听从伊尹对自己的教训了，然后再回到亳都做天子。周公不能得到天下，就像益处在夏朝、伊尹处在商朝一样。孔子说：'唐尧、虞舜让位给贤人，夏、商、周三代由子孙继位，其中的道理是一样的。'"

[解读]

① 所谓天意"以行与事示之"，在本章更为清楚了。天意一方面是合乎人的理性思考的，孟子的说法可为例证；另一方面，"莫之为而为者，天也；莫之致而至者，命也"这两句话把天意与命运联系在一起，显然有超乎人的理性的成分在内。因此，人必须根据既定的条件（此即命），再做最大的努力，并且对于结果不必执著，因为天意仍有难测之处。换言之，所谓"以行与事示之"，"行"是大势所趋，较近于天与命，而"事"较近于人的努力，正如太甲后来改过迁善，因而保住了王位。

[9.7]

万章问曰："人有言，伊尹以割烹要汤，有诸？"
孟子曰："否，不然。伊尹耕于有莘之野，而乐尧、舜之道焉。非其义也，非其道也，禄之以天下，弗顾也；系马千驷，弗视也。非其义也，非其道也，一介不以与人，一介不以取诸人。汤使人以币聘之，嚣嚣然曰：'我何以汤之聘币为哉？我岂若处畎（quǎn）亩之中，由是以乐尧、舜之道哉？'汤三使往聘之，既而幡（fān）然改曰：'与我处畎亩之中，由是以乐尧、舜之道，吾岂若使是君为尧、舜之君哉？吾岂若使民为尧、舜之民哉？吾岂若于吾身亲见之哉？天之生此民也，使先知觉后知，使先觉觉后觉也。予，天民之先觉者也；予将以斯道觉斯民也，非予觉之，而谁也？'思天下之民匹夫匹妇有不被尧、舜之泽者，若己推而内（nà）之沟中。其自任天下之重如此，故就汤而说（shuì）之，以伐夏救民。吾未闻枉己而正人者也，况辱己以正天下者乎？圣人之行不同也，或远，或近，或去，或不去，归洁其身而已矣。吾闻其以尧、舜之道要汤，未闻以割烹也。《伊训》曰：'天诛造攻自牧宫，朕载自亳。'"

[白话]

万章请教说："有人这样说，'伊尹是靠当厨子来求得商汤的任用。'有这样的事吗？"

孟子说："不，不是这样的。伊尹在有莘国的郊野耕种，喜爱尧、舜的理想。如果不符合义行，不符合正道，即使把天下当做俸禄给他，他也不会回头看；即使有四千匹马拴在那里，他也不会望一眼。如果不符合义行，不符合正道，就不给别人一点东西，也不拿别人一点东西。商汤派人带了礼物去聘请他，他无动于衷地说：'我要商汤的聘礼做什么呢？那怎么比得上生活在田野中，并且以尧、舜的理想为乐呢？'商汤又多次派人去聘请，不久他完全改变了态度，说：'与其生活在田野中，并且以尧、舜的理想为乐，那怎么比得上使这个君主成为像尧、舜一样的君主呢？怎么比得上让现在的百姓成为像尧、舜时代一样的百姓呢？怎么比得上亲眼见到像尧、舜那样的盛世呢？天生育了这些百姓，就是要使先知道的去开导后知道的，使先觉悟的去启发后觉悟的。我是天生育的百姓中，先觉悟的人，我将用尧、舜的这种理想来使百姓觉悟。不是我去使他们觉悟，又有谁去呢？'他觉得天下的百姓中，如果有一个男子或一个妇女没有享受到尧、舜的恩泽的，就像是自己把他们推进山沟里一样。他就如此把天下的重任担在自己肩上，所以去汤那里劝说他讨伐夏桀，拯救百姓。我没有听说自己不端正却能匡正别人的，何况是用侮辱自己来匡正天下的？圣人的行为各有不同，有的疏远君主，有的接近君主，有的离开朝廷，有的不离开朝廷，但都归结于保持自身洁净罢了。我只听说他是用尧、舜的理想去求商汤，没有听说他是靠当厨子去求商汤任用的。《尚书·伊训》上说：'天要诛灭夏桀，原因来自他自己的宫中，我只是从亳邑开始谋划罢了。'"

[解读]

① 儒家的原则是"义"与"道"。"义"是指个别情况中的"应该"，要判断并不容易，因此伊尹开始时乐于隐居，后来则改变了心意。"道"是指人生正途的光明大道，侧重于理想，所以前后一再强调"尧、舜之道"。

② 先知、先觉：这涉及知识分子的使命感，问题是：如何才算是先知先觉之士？所知者与所觉者是什么？这就是孟子立言的宗旨了。

③ 币：缯帛，代表礼物。嚣嚣然：闲暇貌。造攻：造为始。牧宫：夏桀之宫。载：始。

[9.8]

　　万章问曰："或谓孔子于卫主痈（yōng）疽（jū），于齐主侍人瘠环，有诸乎？"

　　孟子曰："否，不然也；好事者为之也。于卫主颜仇由。弥子之妻，与子路之妻，兄弟也。弥子谓子路曰：'孔子主我，卫卿可得也。'子路以告。孔子曰：'有命。'孔子进以礼，退以义，得之不得曰'有命'。而主痈疽与侍人瘠环，是无义无命也。孔子不悦于鲁、卫，遭宋桓司马将要而杀之，微服而过宋。是时孔子当阨，主司城贞子，为陈侯周臣。吾闻观近臣，以其所为主；观远臣，以其所主。若孔子主痈疽与侍人瘠环，何以为孔子？"

[白话]

　　万章请教说："有人说，孔子在卫国时住在卫灵公所宠幸的宦官痈疽家里；在齐国时住在齐景公所宠幸的宦官瘠环家里，有这样的事吗？"

　　孟子说："不，不是这样的；这是好事的人编造出来的。孔子在卫国时，住在颜仇由家中。弥子瑕的妻子与子路的妻子是姐妹。弥子瑕对子路说：'孔子住在我家，就可以得到卫国的卿相职位。'子路向孔子报告此事。孔子说：'由命运决定。'孔子做官时要遵守礼仪，辞官时要合乎义行，能不能得到职位，就说'由命运决定'。如果他住在痈疽与宦官瘠环家中，那就是不合乎义行，无视于命运了。孔子在鲁国与卫国很不得意，宋国的司马桓魋又企图拦截及杀害他，他只得改变服装悄悄通过宋国。这时孔子正处于困境，就住在司城贞子家中，做了陈侯周的臣子。我听说过，观察在朝的臣子，要看他所接待的客人；观察外来的臣子，要看他所寄住的主人。如果孔子寄住在痈疽与宦官瘠环家里，还怎么能算是孔子呢？"

① 万章似乎听到不少传言，幸好孟子可以一一化解他的质疑。儒家对"命"的基本态度是："死生有命，富贵在天"。(《论语》[12.5]）不过，"进以礼、退以义"仍是个人自己要负责的。

② 主：以某人为主人，即居于其家。微服：改变平常服装，以避人耳目。

[9.9]

万章问曰："或曰，'百里奚自鬻（yù）于秦养牲者五羊之皮，食牛以要秦穆公。'信乎？"

孟子曰："否，不然；好事者为之也。百里奚，虞人也。晋人以垂棘之璧，与屈产之乘，假道于虞以伐虢（guó）；宫之奇谏，百里奚不谏。知虞公之不可谏而去之秦，年已七十矣。曾不知以食牛干秦穆公之为污也，可谓智乎？不可谏而不谏，可谓不智乎？知虞公之将亡而先去之，不可谓不智也。时举于秦，知穆公之可与有行也而相之，可谓不智乎？相秦而显其君于天下，可传于后世，不贤而能之乎？自鬻以成其君，乡党自好者不为，而谓贤者为之乎？"

［白话］

万章请教说："有人说，'百里奚用五张羊皮的代价，把自己卖给秦国一个养牲口的人，替他饲养牛，借此找机会求得秦穆公任用。'这是真的吗？"

孟子说："不，不是这样；这是好事的人编造出来的。百里奚是虞国人，当时晋国用垂棘所出的美玉与屈地所产的良马，向虞国借路去攻打虢国。宫之奇劝阻虞公，百里奚不劝阻。他知道虞公不会听从劝告，就离开虞国前往秦国，当时已经七十岁了。他竟不知道用替人饲养牛的办法去求得秦穆公任用是一件污浊的事，可以说是明智吗？他知道虞公不会听从劝告就不去劝告，可以说是不明智吗？他知道虞公即将亡国就先离开，不可以说是不明智啊。他在秦国受提拔时，就知道秦穆公是一位可以一起有所作为的君主就辅佐他，可以说是不明智吗？担任秦国卿相而使秦穆公在天下有显赫的名望，并且可以流传到后代，不是贤能的人可以做到这一步吗？卖掉自己去成全君主，乡里中自爱的人都不愿做，难道说贤能的人会这么做吗？”

[解读]

① 有关百里奚的事，在《史记》中就有不同的说法，可参考《商君列传》与《秦本纪》。不过，他被称为"五羖（gǔ）大夫"，则应该与"五羊之皮"有关。

② 百里奚所要的是"得君行道"，至于这个"道"是否合乎尧、舜的理想，则是另一个问题。

　　　　　　　　　　　　　　　　　傅佩荣解读《孟子》（修订版）

万章下

[10.1]

孟子曰："伯夷，目不视恶色，耳不听恶声。非其君不事，非其民不使。治则进，乱则退。横政之所出，横民之所止，不忍居也。思与乡人处，如以朝衣朝冠坐于涂炭也。当纣之时，居北海之滨，以待天下之清也。故闻伯夷之风者，顽夫廉，懦夫有立志。

"伊尹曰：'何事非君？何使非民？'治亦进，乱亦进。曰：'天之生斯民也，使先知觉后知，使先觉觉后觉。予，天民之先觉者也，予将以此道觉此民也。'思天下之民匹夫匹妇有不与被尧、舜之泽者，若己推而内之沟中。其自任以天下之重也。

"柳下惠不羞污君，不辞小官。进不隐贤，必以其道。遗佚而不怨，阨穷而不悯。与乡人处，由由然不忍去也。'尔为尔，我为我，虽袒（tǎn）裼（xī）裸裎（chéng）于我侧，尔焉能浼（měi）我哉？'故闻柳下惠之风者，鄙夫宽，薄夫敦。

"孔子之去齐，接淅而行；去鲁，曰，'迟迟吾行也，去父母国之道也。'可以速而速，可以久而久，可以处而处，可以仕而仕，孔子也。"

孟子曰："伯夷，圣之清者也；伊尹，圣之任者也；柳下惠，圣之和者也；孔子，圣之时者也。孔子之谓集大成。集大成也者，

金声而玉振之也。金声也者，始条理也；玉振之也者，终条理
也。始条理者，智之事也；终条理者，圣之事也。智，譬则巧也；
圣，譬则力也。由射于百步之外也，其至，尔力也；其中，非尔
力也。"

[白话]

孟子说："伯夷，眼睛不看邪恶的事物，耳朵不听邪恶的话
语。不是理想的君主，不去服侍；不是理想的百姓，不去使唤。
天下安定就出来做官，天下动乱就退而隐居。施行暴政的国家，
住有暴民的地方，他都不愿去居住。他觉得与没教养的乡下人相
处，就像穿戴礼服礼帽坐在泥土炭灰上一样。在商纣当政时，他
住在北海的海边，等待天下的清明。因此，听说了伯夷作风的人，
贪婪的变得廉洁了，懦弱的立定志向了。

"伊尹说：'任何君主都可以服侍，任何百姓都可以使唤。'
天下安定出来做官，天下动乱也出来做官，并且说：'天生育了
这些百姓，就是要使先知道的去开导后知道的，使先觉悟的去启
发后觉悟的。我是天生育的百姓中，先觉悟的人，我将用尧、舜
的这种理想来使百姓觉悟。'他觉得天下的百姓中，如果有一个
男子或一个妇女没有享受到尧、舜的恩泽，就像是自己把他们推
进山沟里一样。他就如此把天下的重任担在自己肩上。

"柳下惠不以坏君主为羞耻，也不以官职低为卑下。入朝做
官，不隐藏才干，但一定遵循自己的原则。丢官去职而不抱怨，
倒霉穷困而不忧愁。与没教养的乡下人相处，他态度随和不忍心
离开。'你是你，我是我，你即使在我旁边赤身裸体，又怎能玷
污我呢？'所以，听说了柳下惠作风的人，狭隘的变得开朗了，
刻薄的变得敦厚了。

"孔子离开齐国时，捞起正在淘洗的米就上路；离开鲁国时，

　　　　　　　　　　　傅佩荣解读《孟子》（修订版）

却说：'我们慢慢走吧，这是离开祖国的态度。'应该速去就速去，应该久留就久留，应该闲居就闲居，应该做官就做官，这是孔子的作风。"

孟子又说："伯夷是圣人中清高的，伊尹是圣人中负责的，柳下惠是圣人中随和的，孔子则是圣人中最合时宜的。孔子可以说是集圣人的大成。所谓集大成就像开始奏乐时先敲镈（bó）钟，最后击玉磬来结束。镈钟的声音，是旋律节奏的开始；玉磬的声音，是旋律节奏的结束。开始奏出旋律节奏，要靠智慧；最后奏出旋律节奏，要靠圣德。智慧有如技巧，圣德有如力气。就像在百步以外射箭，射到那一带，是靠你的力气；射中目标，就不是靠你的力气了。"

［解读］

① 本章说明孟子对圣人的看法。他以伯夷、伊尹、柳下惠、孔子四人为例，分别代表圣人之中的"清者、任者、和者、时者"，并且以孔子为集大成者。"时者"为何特别困难，因为一方面要有始有终，另一方面能以智慧配合圣德，使生命犹如一首完美的乐章。有关"圣人"之说，可参考［13.38］、［14.15］。

② 孟子对伯夷与柳下惠的批评，参考［3.9］。

［10.2］

北宫锜问曰："周室班爵禄也，如之何？"

孟子曰："其详不可得闻也。诸侯恶其害己也，而皆去其籍；然而轲也尝闻其略也。天子一位，公一位，侯一位，伯一位，子、男同一位，凡五等也。君一位，卿一位，大夫一位，上士一位，中士一位，下士一位，凡六等。天子之制，地方千里，公、侯皆方百里，伯七十里，子、男五十里，凡四等。不能五十里，不达于天子，附于诸侯，曰附庸。天子之卿受地视侯，大夫受地视伯，元士受地视子、男。大国地方百里，君十卿禄，卿禄四大夫，大夫倍上士，上士倍中士，中士倍下士，下士与庶人在官者同禄，禄足以代其耕也。次国地方七十里，君十卿禄，卿禄三大夫，大夫倍上士，上士倍中士，中士倍下士，下士与庶人在官者同禄，禄足以代其耕也。小国地方五十里，君十卿禄，卿禄二大夫，大夫倍上士，上士倍中士，中士倍下士，下士与庶人在官者同禄，禄足以代其耕也。耕者之所获，一夫百亩；百亩之粪，上农夫食九人，上次食八人，中食七人，中次食六人，下食五人。庶人在官者，其禄以是为差。"

[白话]

北宫锜请教说："周朝制定的官爵及俸禄的等级，是怎么样的？"

孟子说："详细的情况已经无法得知了，诸侯讨厌它妨害自己，都把相关文献毁掉了。不过，我曾听说过大致的情况。天子一级，公爵一级，侯爵一级，伯爵一级，子爵与男爵同一级，共有五个等级。在诸侯国中，国君一级，卿一级，大夫一级，上士一级，中士一级，下士一级，共有六个等级。天子的土地规模是纵横各一千里，公与侯纵横各一百里，伯纵横各七十里，子与男纵横各五十里，共有四等。土地不是纵横各五十里的国家，不能与天子直接联系，而是附属于诸侯，叫做附庸。天子的卿所受的封地与侯爵相同，大夫所受的封地与伯爵相同，元士受封的土地与子爵、男爵相同。大国的土地纵横各一百里，国君的俸禄是卿的十倍，卿的俸禄是大夫的四倍，大夫是上士的一倍，上士是中士的一倍，中士是下士的一倍，下士的俸禄与在官府上班的百姓相同，数量足以代替他种田的收入。中等国家的土地纵横各七十里，国君的俸禄是卿的十倍，卿的俸禄是大夫的三倍，大夫是上士的一倍，上士是中士的一倍，中士是下士的一倍，下士的俸禄与在官府上班的百姓相同，数量足以代替他种田的收入。小国土地纵横各五十里，国君的俸禄是卿的十倍，卿的俸禄是大夫的三倍，大夫是上士的一倍，上士是中士的一倍，中士是下士的一倍，下士的俸禄与在官府上班的百姓相同，俸禄足以代替他种田的收入。种田的收入：一个农夫分到一百亩地，一百亩地施肥耕种，上等的农夫可以养活九个人，其次的养活八个人，中等的养活七个人，其次六个人，下等的五个人。在官府上班的百姓，俸禄也是比照这样的等级。"

[解读]

① 由俸禄来看，一般百姓仅足温饱。以大国为例，百姓在官府上班的，如果月入一万元，则国君的俸禄是三百二十万元。国君并未因而满足，还要以苛捐杂税来剥削百姓，难怪最后变得民不聊生，天下大乱。

[10.3]

万章问曰："敢问友。"

孟子曰："不挟（xié）长，不挟贵，不挟兄弟而友。友也者，友其德也，不可以有挟也。孟献子，百乘之家也，有友五人焉：乐正裘，牧仲，其三人则予忘之矣。献子之与此五人者友也，无献子之家者也。此五人者，亦有献子之家，则不与之友矣。非惟百乘之家为然也，虽小国之君亦有之。费惠公曰：'吾于子思，则师之矣；吾于颜般，则友之矣；王顺、长息，则事我者也。'

非惟小国之君为然也，虽大国之君亦有之。晋平公之于亥唐也，入云则入，坐云则坐，食云则食；虽蔬食菜羹，未尝不饱，盖不敢不饱也。然终于此而已矣。弗与共天位也，弗与治天职也，弗与食天禄也，士之尊贤者也，非王公之尊贤也。舜尚见帝，帝馆甥于贰室，亦飨舜，迭为宾主，是天子而友匹夫也。用下敬上，谓之贵贵；用上敬下，谓之尊贤。贵贵尊贤，其义一也。"

[白话]

万章请教说："请问交朋友的原则。"

孟子说："不倚仗自己年纪大，不倚仗自己地位高，不倚仗自己兄弟的成就。所谓交朋友，是要结交他的品德，所以不可以有所倚仗。孟献子是拥有一百辆车马的大夫，他有五个朋友，就是乐正裘与牧仲，另外三人我忘记了。孟献子与这五人交往，心里没有自己是大夫的想法；这五人如果心里有孟献子是大夫的想法，也就不与他交往了。不仅是拥有百辆车马的大夫如此，就是小国的君主也有如此的。费惠公说：'我对于子思，把他当做老师；我对于颜般，把他当做朋友；至于王顺与长息，他们只是服侍我的人罢了。'不仅小国的君主如此，就是大国的君主也有如此的。晋平公去拜访亥唐时，亥唐叫他进去他就进去，叫他坐他就坐，叫他吃他就吃；即使粗饭菜汤，也没有不吃饱的，因为不敢不吃饱。但是晋平公也只能做到这样而已。没有同他一起共有官位，没有同他一起治理政事，没有同他一起享受俸禄，这只是一般士人尊敬贤者的态度，而不是王公尊敬贤者的态度。舜去谒见帝尧，帝尧安排他这位女婿住在副宫，并且款待他，两人轮流担任宾主，这是天子与平民交朋友啊。地位低的敬重地位高的，叫做尊重贵人；地位高的敬重地位低的，叫做尊敬贤人。尊重贵人与尊敬贤人，其中的道理是一样的。"

① 孟献子是鲁国大夫仲孙蔑。亥唐是晋平公所尊敬的贤人，但并未出仕。

② 所谓"其义一也"，是指以"友其德"为基础，再寻求实现共同的理想。

[10.4]

万章问曰："敢问交际何心也？"

孟子曰："恭也。"

曰："'却之却之为不恭'，何哉？"

曰："尊者赐之，曰，'其所取之者义乎，不义乎？'而后受之，以是为不恭，故弗却也。"

曰："请无以辞却之，以心却之。曰，'其取诸民之不义也'，而以他辞无受，不可乎？"

曰："其交也以道，其接也以礼，斯孔子受之矣。"

万章曰："今有御人于国门之外者，其交也以道，其馈也以礼，斯可受御与？"

曰："不可。《康诰》曰：'杀越人于货，闵不畏死，凡民罔不憝（duì）。'是不待教而诛者也。殷受夏，周受殷，所不辞也；于今为烈，如之何其受之！"

曰："今之诸侯取之于民也，犹御也。苟善其礼际矣，斯君子受之，敢问何说也？"

曰："子以为有王者作，将比今之诸侯而诛之乎？其教之不改而后诛之乎？夫谓非其有而取之者盗也，充类至义之尽也。孔子之仕于鲁也，鲁人猎较，孔子亦猎较。猎较犹可，而况受其赐乎？"

曰："然则孔子之仕也，非事道与？"

曰："事道也。"

"事道奚猎较也？"

曰："孔子先簿正祭器，不以四方之食供簿正。"

曰："奚不去也？"

曰："为之兆也。兆足以行矣而不行，而后去。是以未尝有所终三年淹也。孔子有见行可之仕，有际可之仕，有公养之仕。于季桓子，见行可之仕也；于卫灵公，际可之仕也；于卫孝公，公养之仕也。"

[白话]

万章请教说："请问交往时互赠礼物，是什么心思？"

孟子说："表示恭敬。"

万章说："俗话说，'一再拒绝别人的礼物，是不恭敬的'，为什么呢？"

孟子说："位高权重的人赐赠礼物时，你在心里想，'他取得这些东西是正当的，还是不正当的？'然后才接受。人们认为这样是不恭敬的，所以才不拒绝。"

万章说："先不直接以言辞拒绝，而在心里拒绝，暗自想，'他从百姓那里取得这些东西，是不正当的'，然后以别的借口来拒绝接受，这样不行吗？"

孟子说："他依规矩与我交往，也依礼节送我礼物，这样，就是孔子也会接受的。"

万章说："如果有个人在城外拦路抢劫，他依规矩与我交往，也依礼节赠送礼物，这样也可以接受他抢来的东西吗？"

孟子说："不可以。《尚书·康诰》上说：'杀了人，抢夺他的财物，还蛮横不怕死的人，百姓没有不痛恨的。'这种人是不必等候规劝就可以处死的。殷朝接受了夏朝的这种法律，周朝也接受了殷朝的这种法律，没有什么好说的；到了现在情况更为严重，又怎么能够接受这样的礼物呢？"

万章说："现在的诸侯从百姓那里掠取财物，就像拦路抢劫一样。如果他们好好按照礼节交往，这样君子就可以接受他们的礼物，请问这又怎么说呢？"

孟子说："你认为如果有圣王出现，他将会把现在的诸侯全部杀掉呢，还是把规劝之后仍不悔改的诸侯杀掉呢？如果把不是他应有而去取得的，都称作抢劫，那是把'抢劫'的含义扩大到尽头了。孔子在鲁国做官时，鲁国人有争夺猎物的习俗，孔子也争夺猎物。争夺猎物尚且可以，何况接受别人赠送的礼物呢？"

万章说："那么，孔子出来做官，不是为了推行正道吗？"

孟子说："是为了推行正道。"

万章说："推行正道，又何必去争夺猎物呢？"

孟子说："孔子先用文书规定该用的祭器，不再采用四方珍奇的猎物当做祭品。这样就可以逐渐废除争夺猎物的习俗了。"

万章说："孔子为什么不辞官离去呢？"

孟子说："为了试行自己的主张。试行的结果可以行得通，而君主却不推行，他这才离开。所以孔子不曾在一个朝廷停留整整三年的。孔子或者看到有行道的可能而去做官，或者由于君主对他以礼相待而去做官，或者因为君主可以供养贤者而去做官。对于鲁国的季桓子，孔子是看到可以行道而去做官；对于卫灵公，他是由于国君以礼相待而去做官；对于卫孝公，他是因为国君供养贤者而去做官。"

[解读]

① 杀越人于货："越"为虚字，"于"为取。意即：杀人取其货。
  闵：强悍。憝：怨。

[10.5]

孟子曰："仕非为贫也，而有时乎为贫；娶妻非为养也，而有时乎为养。为贫者，辞尊居卑，辞富居贫。辞尊居卑，辞富居贫，恶乎宜乎？抱关击柝（tuò）。孔子尝为委吏矣，曰：'会（kuài）计当而已矣。'尝为乘田矣，曰：'牛羊茁壮长而已矣。'位卑而言高，罪也；立乎人之本朝而道不行，耻也。"

[白话]

孟子说："做官不是因为贫穷，但有时候也是因为贫穷。娶妻不是为了奉养父母，但有时候也是为了奉养父母。因为贫穷而做官的，就该不做大官而做小官，拒绝厚禄只取薄俸。不做大官而做小官，拒绝厚禄只取薄俸，那么做什么才合宜呢？守门打更都可以。孔子曾经做过管理仓库的小吏，他说：'账目核对无误就行了。'又曾经做过管理牲畜的小吏，他说：'牛羊长得肥壮就行了。'地位低下而议论朝廷大事，是罪过；在君主的朝廷上做官而正道无法推行，是耻辱。"

[解读]

① 本章谈及孔子年轻时做过"委吏""乘田"。这是十分宝贵的资料，使我们对孔子所谓的"吾少也贱，故多能鄙事"（《论语》[9.6]）以及"吾不试，故艺"（《论语》[9.7]），有了更

清楚的了解。惟其在年幼时多受考验，才可历练出卓越不凡的性格与抱负。

[10.6]

万章曰："士之不托诸侯，何也？"

孟子曰："不敢也。诸侯失国，而后托于诸侯，礼也；士之托于诸侯，非礼也。"

万章曰："君馈（kuì）之粟，则受之乎？"

曰："受之。"

"受之，何义也？"

曰："君之于氓也，固周之。"

曰："周之则受，赐之则不受，何也？"

曰："不敢也。"

曰："敢问其不敢何也？"

曰："抱关击柝者皆有常职以食于上。无常职而赐于上者，以为不恭也。"

曰："君馈之，则受之，不识可常继乎？"

曰："缪公之于子思也，亟问，亟馈鼎肉。子思不悦。于卒也，摽（biāo）使者出诸大门之外，北面稽首再拜而不受，曰：'今而后知君之犬马畜伋。'盖自是台无馈也。悦贤不能举，又不能养也，可谓悦贤乎？"

曰："敢问国君欲养君子，如何斯可谓养矣？"

曰："以君命将之，再拜稽首而受。其后廪人继粟，庖人继肉，不以君命将之。子思以为鼎肉使己仆仆尔亟拜也，非养君子之道也。尧之于舜也，使其子九男事之，二女女焉，百官牛羊仓廪备，以养舜于畎亩之中，后举而加诸上位，故曰，王公之尊贤者也。"

[白话]

万章请教说:"士人不能寄居在诸侯那里生活,为什么呢?"

孟子说:"因为不敢这么做。诸侯失去自己的国家,寄居在别国诸侯那里生活,是合乎礼的;士人寄居在诸侯那里生活,是不合乎礼的。"

万章说:"如果是国君送给他谷米,那么可以接受吗?"

孟子说:"可以接受。"

万章说:"这又是什么道理?"

孟子说:"国君对于别国迁居来的人,本来就应该周济。"

万章说:"周济他,就接受;赏赐他,就不接受,为什么?"孟子说:"因为不敢这么做。"

万章说:"请问不敢的理由是什么?"

孟子说:"守门打更的人都有固定的职务,因此接受上面给的待遇,没有固定职务而接受上面给的赏赐,这被认为是不恭敬的。"

万章说:"国君送来的就接受,不知道是否可以经常如此?"

孟子说:"鲁缪公对于子思,屡次问候,屡次赠送肉食。子思很不高兴。最后,他把鲁缪公派来的人赶出大门,然后朝着北面跪下磕头拱手再拜而拒绝接受,说:'今天才知道君主是把我当做狗与马来畜养的。'鲁缪公从这次事件之后,才不再给子思送东西了。喜爱贤者,既不能提拔任用他,也不能适当供养他,这样能说是喜爱贤者吗?"

万章说:"请问,国君想要供养君子,怎么做才算是适当供养呢?"

孟子说:"最初以国君名义送东西去时,他会拱手再拜,跪下磕头接受。以后就派粮仓小吏不断送去谷米,厨师不断送去肉食,而不必再以国君名义送去，免掉繁琐的礼节。子思认为自己为了一锅肉而屡次跪拜行礼，这实在不是供养君子的适当办法。尧对于舜，派自己的九个儿子去服侍他，把两个女儿嫁给他，百官、牛羊、粮食都齐备，在田野中供养他，然后提拔他登上高位。所以说，这才是王公尊敬贤者的适当方式。"

[解读]

① 贤者所考虑的主要不是生活需求，而是得君行道。子思的故事可谓发人深省。

② 士：有位者分"上、中、下"三等，参考［10.2］；无位而读书谈道者，亦称为士。氓：由别国来到本国的寄住百姓。古人以"再拜稽首"为吉拜，表示接受礼物。以"稽首再拜"为凶拜，表示拒绝礼物。"稽首"为以头叩地。

[10.7]

万章曰："敢问不见诸侯，何义也？"

孟子曰："在国曰市井之臣，在野曰草莽之臣，皆谓庶人。庶人不传质（zhì）为臣，不敢见于诸侯，礼也。"

万章曰："庶人，召之役，则往役；君欲见之，召之，则不往见之，何也？"

曰："往役，义也；往见，不义也。且君之欲见之也，何为也哉？"

曰："为其多闻也，为其贤也。"

曰："为其多闻也，则天子不召师，而况诸侯乎？为其贤也，则吾未闻欲见贤而召之也。缪公亟见于子思，曰：'古千乘之国以友士，何如？'子思不悦，曰：'古之人有言，曰事之云乎，岂曰友之云乎？'子思之不悦也，岂不曰：'以位，则子，君也；我，臣也；何敢与君友也？以德，则子事我者也，奚可以与我友？'千乘之君求与之友而不可得也，而况可召与？齐景公田，招虞人以旌（jīng），不至，将杀之。'志士不忘在沟壑，勇士不忘丧其元。'孔子奚取焉？取非其招不往也。"

曰："敢问招虞人何以？"

曰："以皮冠，庶人以旃（zhān），士以旗，大夫以旌。以大夫之招招虞人，虞人死不敢往；以士之招招庶人，庶人岂敢往哉？况乎以不贤人之招招贤人乎？欲见贤人而不以其道，犹欲其入而闭之门也。夫义，路也；礼，门也；惟君子能由是路，出入是门也。《诗》云：'周道如底，其直如矢；君子所履，小人所视。'"

万章曰："孔子，君命召，不俟驾而行；然则孔子非与？"

曰："孔子当仕有官职，而以其官召之也。"

[白话]

万章请教说："请问，士人不去谒见诸侯，有什么道理吗？"

孟子说："不在职的士人，住在都城的叫做市井之臣，住在乡村的叫做草莽之臣，都算是百姓。百姓没向诸侯传送见面礼而成为臣子，就不敢谒见诸侯，这是礼的规定。"

万章说："百姓，召他服役，就去服役；国君要见他，召唤他，却不去谒见，为什么呢？"

孟子说："去服役，是正当的；去谒见，是不正当的。再说国君要召见他，为的是什么呢？"

万章说："因为他见闻广博，因为他贤能。"

孟子说："如果是因为他见闻广博，那么天子尚且不能召见老师，何况诸侯呢？如果是因为他贤能，那么我不曾听说过，要见贤能的人竟可以召唤他来的。鲁缪公屡次去拜访子思，说：
'古代拥有千辆兵车的国君去与士人交朋友，是什么情况呢？'
子思很不高兴，说：'古人有句话，是说国君以士人为师而侍奉
他，怎能说是与他交朋友呢？'子思所以不高兴，难道不是说：
'论地位，你是国君，我是臣下，我怎么敢与你交朋友呢？论德
行，那么你应该把我当老师来侍奉，怎么可以与我交朋友呢？'
拥有千辆兵车的国君要求与他交朋友尚且办不到，何况召他来见
呢？从前齐景公打猎，用旌旗召唤猎场小吏，小吏不肯去，齐
景公准备杀他。'有志之士不怕弃尸山沟，勇敢的人不怕丢掉脑
袋。'孔子称赞猎场小吏，是取他哪一点呢？取的是，不是他所
应该接受的召唤之礼，就不前往。"

万章说："请问，召唤猎场小吏要用什么东西？"

孟子说："用皮帽子。召唤百姓用大红绸做的曲柄旗，召唤士
人用有铃铛的旗，召唤大夫用饰有羽毛的旌旗。用召唤大夫的旌旗
去召唤猎场小吏，小吏是死也不敢去的；用召唤士人的旗帜去召唤
百姓，百姓难道敢去吗？何况是用召唤不贤者的礼节去召唤贤者
呢？想要见到贤者而不用适当的方式，就像要请人进来却又关上大
门一样。义行，有如大路；守礼，有如大门。只有君子能够走在大
路上，并且由大门进出。《诗经·小雅·大东》上说：'大路平得像
磨刀石，直得像箭；君子所走的道路，百姓也会效法的。'"

万章说："孔子，一听说国君召见，不等车马驾好就先走。那
么，孔子做错了吗？"

孟子说："那是因为孔子正在做官，有职务在身，而国君是
按他的官职召见他的。"

[解读]

①　本章显示古代对"礼"的重视，这也是安定社会的重要条件。

齐景公与虞人这一段故事，曾见于本书［6.1］。

② 子思对鲁缪公的态度，肯定了德行的优越性。有无官位也许要靠继承或机会，但是有无德行则全在自己。

③ 万章在最后敢于质疑孔子，展现了求知的热忱。

［10.8］

孟子谓万章曰："一乡之善士斯友一乡之善士，一国之善士斯友一国之善士，天下之善士斯友天下之善士。以友天下之善士为未足，又尚论古之人。颂其诗，读其书，不知其人，可乎？是以论其世也。是尚友也。"

［白话］

孟子对万章说："一乡中的优秀士人，与这一乡的优秀士人交朋友；一国中的优秀士人，与这一国的优秀士人交朋友；天下的优秀士人，与天下的优秀士人交朋友。认为与天下的优秀士人交朋友还不够，就再上溯历史，评论古代人物。吟咏他们的诗，阅读他们的书，但不了解他们的为人，可以吗？所以要讨论他们在当时的所作所为。这就是与古人交朋友。"

［解读］

① "尚友"一词所指，其实是受过教育的人都在做的事，只是成效不同而已。孟子的言论足以证明他做得很好。

［10.9］

齐宣王问卿。孟子曰："王何卿之问也？"

王曰："卿不同乎？"

曰："不同；有贵戚之卿，有异姓之卿。"

王曰："请问贵戚之卿。"

曰："君有大过则谏，反复之而不听，则易位。"

王勃然变乎色。

曰："王勿异也。王问臣，臣不敢不以正对。"

王色定，然后请问异姓之卿。

曰："君有过则谏，反复之而不听，则去。"

[白话]

齐宣王询问有关公卿的问题。孟子说："大王要问哪一种公卿呢？"齐宣王说："公卿还有不同的吗？"

孟子说："有不同的。一种是王室宗族的公卿，一种是非王族的公卿。"

齐宣王说："请问王室宗族的公卿应该如何？"

孟子说："国君若有重大过错，他们就要劝谏，反复劝谏还不听，就另立国君。"

齐宣王突然变了脸色。

孟子说："大王不要见怪。大王问我，我不敢不如实回答。"

齐宣王脸色恢复正常，然后问非王族的公卿应该如何。

孟子说："国君有过错，他们就要劝谏，反复劝谏还不听，就自己辞职离开。"

[解读]

① 孟子与国君谈话，态度不卑不亢，有话直说，以理服人。既不投其所好，也不委屈自己的学识与理想。读书人的风格，可谓跃然纸上。

告子上

[11.1]

告子曰："性犹杞（qǐ）柳也，义犹桮（bēi）棬（quān）也；以人性为仁义，犹以杞柳为桮棬。"

孟子曰："子能顺杞柳之性而以为桮棬乎？将戕（qiāng）贼杞柳而后以为桮棬也？如将戕贼杞柳而以为桮棬，则亦将戕贼人以为仁义与？率天下之人而祸仁义者，必子之言夫！"

[白话]

告子说："人性就像杞柳，义行就像杯盘；以人性去做到仁德义行，就像以杞柳去做成杯盘。"

孟子说："你能顺着杞柳的本性去做成杯盘呢，还是要伤害它的本性去做成杯盘？如果要伤害杞柳的本性去做成杯盘，那么也要伤害人性去做到仁德义行吗？带领天下人去毁损仁德义行的，一定是你这种说法啊！"

[解读]

① 杞柳的枝条柔韧，可以编成杯盘之形，再以漆加工制成可用的杯盘。孟子的诘问关键是"顺"这个字，如果是顺着杞柳之性而制成杯盘，那么也不妨说顺着人性而做到仁义。但是，告子

的比喻显然侧重于"戕贼"，至少是靠外力来勉强。如此，则仁义也是戕贼人性而做到的，那么又何必倡导仁义呢？

[11.2]

告子曰："性犹湍（tuān）水也，决诸东方则东流，决诸西方则西流。人性之无分于善不善也，犹水之无分于东西也。"

孟子曰："水信无分于东西，无分于上下乎？人性之善也，犹水之就下也。人无有不善，水无有不下。今夫水，搏而跃之，可使过颡（sǎng）；激而行之，可使在山。是岂水之性哉？其势则然也。人之可使为不善，其性亦犹是也。"

[白话]

告子说："人性就像湍急的水，在东边开个缺口就向东流，在西边开个缺口就向西流。人性没有善与不善的区分，就像水没有向东与向西的区分。"

孟子说："水确实没有向东与向西的区分，难道也没有向上与向下的区分吗？人性向善，就像水总是向下流。人性没有不善的，水没有不向下流的。现在，用手泼水让它飞溅起来，可以高过人的额头；阻挡住水让它倒流，可以引上高山。这难道是水的本性吗？这是形势造成的。人，可以让他去做不善的事，这时他人性的状况也是像这样的。"

[解读]

① 顺着人性，可以行善也应该行善。正如顺着水性，可以向下也应该向下流。这个比喻肯定了"人性向善"。人去做不善的事，主要是"势"造成的，亦即受到外在条件的影响。换言之，在

正常情况下，人顺着本性即可行善。而人若行不善，则是由于情况不正常的缘故。由此可知，善是行动，而非本质，所以不宜说"人性本善"。

[11.3]

告子曰："生之谓性。"

孟子曰："生之谓性也，犹白之谓白与？"曰："然。""白羽之白也，犹白雪之白；白雪之白犹白玉之白与？"

曰："然。"

"然则犬之性犹牛之性，牛之性犹人之性与？"

[白话]

告子说："生来具有的，叫做本性。"

孟子说："生来具有的叫做本性，就像白的东西都叫做白吗？"告子说："是的。"孟子说："白羽毛的白，就像白雪的白；白雪的白，就像白玉的白吗？"

告子说："是的。"

孟子说："那么，狗的本性就像牛的本性，牛的本性就像人的本性吗？"

[解读]

① 只就"生之谓性"来说，接近同语反复，亦即什么都没说。所以孟子紧接着会问："犹白之谓白与？"但是如此一来，凡物皆有本性，我们又何必多此一举，去讨论人性的问题呢？孟子最后的反诘，是要提醒告子，要他想一想：难道人与其他动物之间，没有任何差别吗？

［11.4］

告子曰：“食色，性也。仁，内也，非外也；义，外也，非内也。”

孟子曰：“何以谓仁内义外也？”

曰：“彼长（zhǎng）而我长之，非有长于我也；犹彼白而我白之，从其白于外也，故谓之外也。”

曰：“异于白马之白也，无以异于白人之白也。不识长马之长也，无以异于长人之长与？且谓长者义乎？长之者义乎？”

曰：“吾弟则爱之，秦人之弟则不爱也，是以我为悦者也，故谓之内。长楚人之长，亦长吾之长，是以长为悦者也，故谓之外也。”

曰：“耆（shì）秦人之炙，无以异于耆吾炙，夫物则亦有然者也，然则耆炙亦有外与？”

［白话］

告子说：“食欲与性欲是人的本性。仁德是发自内在的，不是外因引起的；义行是外因引起的，不是发自内在的。”

孟子说：“凭什么说仁德是发自内在而义行是外因引起的？”

告子说：“他年长我便尊敬他，不是我预先就有尊敬他的念头；就如一样东西是白的，我就认为它白，这是由于它的白显露在外，所以说是外因引起的。”

孟子说：“白马的白，与白人的白没有区别；但不知道对老马的尊敬，与对长者的尊敬也没有区别吗？再说，所谓义行，是在于长者呢，还是在于尊敬长者的人呢？”

告子说：“是我的弟弟，我就爱他；是秦国人的弟弟，我就不爱他，可见这是由我来决定的，所以说仁德是发自内在的。尊敬楚国人中的长者，也尊敬我自己的长者，可见这是由长者的关系来决定的，所以说义行是外因引起的。"

孟子说："爱吃秦国人做的烧肉与爱吃自己做的烧肉，是没有什么区别的，其他事物也有这种情况，那么爱吃烧肉也是外因引起的吗？"

[解读]

① "食色，性也"，这句话其实是常识，突显了一切生物共有的特色，人类当然也不例外。《礼记·礼运》说："饮食男女，人之大欲存焉。"但是重点在于：食色是欲，是生物的本能需求，该句并未指出人性相对于其他生物的特别之处。因此，孟子并不就这一点来质疑告子。有趣的是，最后孟子说："耆炙亦有外与？"意思是说：难道这种"食欲"也是外来的吗？如此就与告子"食色，性也"的立场不相容了。

② 孟子认为义行与仁德一样，都是由内而发的，譬如，尊敬长者的心思是内在的，而判断谁是长者则是外在的，若无内在则外在只是伪装与作秀而已。我们又怎么会把伪装与作秀者看成义行呢？反之，以内在为基础，表现于外则是适当的义行了。

[11.5]

孟季子问公都子曰："何以谓义内也？"

曰："行吾敬，故谓之内也。"

"乡人长于伯兄一岁，则谁敬？"曰："敬兄。""酌则谁先？"曰："先酌乡人。""所敬在此，所长在彼，果在外，非由内也。"

公都子不能答，以告孟子。孟子曰："敬叔父乎？敬弟乎？彼将曰，'敬叔父。'曰，'弟为尸（shī），则谁敬？'彼将曰，'敬弟。'子曰，'恶在其敬叔父也？'彼将曰，'在位故也。'子亦曰，'在位故也。庸敬在兄，斯须之敬在乡人。'"

季子闻之，曰："敬叔父则敬，敬弟则敬，果在外，非由内也。"公都子曰："冬日则饮汤，夏日则饮水。然则饮食亦在外也？"

[白话]

孟季子问公都子说："为什么说义行是发自内在的？"

公都子说："表达我的敬意，所以说是发自内在的。"

孟季子说："有个同乡人比你大哥年长一岁，那么要尊敬谁？"公都子说："尊敬大哥。"孟季子说："如果在一起喝酒，要先为谁斟酒？"公都子说："先为同乡长者斟酒。"孟季子说："内心尊敬的是大哥，实际尊敬的却是年长的同乡人，可见义行果然是外因引起的，而不是发自内在的。"

公都子无法回答，就把这番话转告孟子。孟子说："你可以问，'尊敬叔父，还是尊敬弟弟？'他会说：'尊敬叔父。'你再问：'弟弟担任受祭的代理人时，要尊敬谁？'他会说，'尊敬弟弟。'你就再问：'那么，尊敬叔父表现在哪里？'他会说，'因为那时弟弟处在受祭代理人的地位啊。'你也就说，'因为那个同乡人也处在该受尊敬的地位啊。平常的尊敬在于大哥，暂时的尊敬在于同乡长者。'"

孟季子听说了这番话，就说："该尊敬叔父时就尊敬叔父，该尊敬弟弟时就尊敬弟弟，可见义行果然是外因引起的，不是发自内在的。"公都子说："冬天要喝热水，夏天要喝冷水，那么饮食也是外因引起的吗？"

[解读]

① 古代祭祀时，以男女儿童为受祭代理人，称为"尸"；尸是"主"的意思。后代则改用神主牌位或画像。

②　义行要付诸行动，因而必须考虑相关条件，譬如社会上通行的礼制规定。但是这种外在的考虑并不表示义行就是外因引起的，就像一个人若无食欲，则对任何食物皆无胃口。义行若非由内而发，将如无源之水，也将没有"集义""养气"的可能性了。孟子不得不辩论，其故在此。

[11.6]

公都子曰："告子曰：'性无善无不善也。'或曰：'性可以为善，可以为不善；是故，文、武兴，则民好善，幽、厉兴，则民好暴。'或曰：'有性善，有性不善；是故以尧为君而有象；以瞽瞍为父而有舜；以纣为兄之子，且以为君，而有微子启、王子比干。'今曰：'性善'，然则彼皆非欤？"

孟子曰："乃若其情，则可以为善矣，乃所谓善也。若夫为不善，非才之罪也。恻隐之心，人皆有之；羞恶之心，人皆有之；恭敬之心，人皆有之；是非之心，人皆有之。恻隐之心，仁也；羞恶之心，义也；恭敬之心，礼也；是非之心，智也。仁义礼智，非由外铄（shuò）我也，我固有之也，弗思耳矣。故曰，'求则得之，舍则失之。'或相倍蓰（xǐ）而无算者，不能尽其才者也。《诗》曰：'天生烝民，有物有则。民之秉彝，好是懿德。'孔子曰：'为此诗者，其知道乎！故有物必有则，民之秉彝也，故好是懿德。'"

[白话]

公都子说："告子说：'人性没有善，也没有不善。'有人说：'人性可以变得善，也可以变得不善；所以，周文王、周武王统治天下，百姓就喜欢善行；周幽王、周厉王统治天下，百姓就喜

　　　　　　　　　　　　　傅佩荣解读《孟子》（修订版）

欢暴行。'还有人说：'有些人生性是善的，有些人生性是不善的；所以，以尧为君主，却有象这样的百姓；以瞽瞍为父亲，却有舜这样的儿子；以商纣为侄儿，并且以他为君主，却有微子启、王子比干这样的贤人。'现在您说'性善'，那么，这些说法都错了吗？"

孟子说："顺着人性的真实状态，就可以做到善，这便是我所谓的性善。至于有人做出不善的事，那不是天生资质的过错。怜悯心，每个人都有；羞耻心，每个人都有；恭敬心，每个人都有；是非心，每个人都有。怜悯心属于仁德，羞耻心属于义行，恭敬心属于守礼，是非心属于明智。仁德、义行、守礼、明智，不是由外界加给我的，而是我本来就具备的，只是没有去省思罢了。所以说：'寻求就会获得它们，放弃就会失去它们。'人与人相比，有相差一倍、五倍甚至无数倍的，就是因为差的人不能充分实现天生资质啊。《诗经·大雅·烝民》上说：'天生育众多百姓，有事物就有法则。百姓保持常性，所以爱好美德。'孔子说：'这篇诗的作者懂得人生正途啊！有事物就一定有法则；百姓保持了常性，所以就会爱好美德了。'"

[解读]

① 幽王、厉王是周朝的暴君。微子启是商纣的庶兄，王子比干则是商纣的叔父。

② "乃若其情，则可以为善矣，乃所谓善也。"这句话是理解孟子性善论的关键。首先，孟子所谓的"善"，是指"可以为善"，而不是本来就善。其次，这种"可以"（指行善的能力）不是由外而来的，而是"乃若其情"所展现出来的。第三，"乃若其情"究竟何意？许多学者认为"乃若"是发语词或转语，并无特别含义，接近白话文中的"至于"。"情"是"实"，指人

的真实而言。如此一来，此句可以译为："至于人的实质，就可以去行善了"。这种诠释虽然并不排斥人性向善，但是它忽略了孟子一直强调的"顺""充扩"，也没有针对本章前半段的质疑，亦即何以人性难以避免环境（或"势"）的影响。换言之，只有把握了"若，顺也"的观点，才可以避开上述问题。

③ 孟子谈"心之四端"是在本书［3.6］。在本章中，孟子直接说出"恻隐之心，仁也"等四语，在白话上不宜写成"恻隐之心就是仁"，不然的话，人有此心即已是仁，又何必努力行善呢？接着，他又说"仁义礼智"是"我固有之也"，意思依然是指这四者的根源是人心与生俱有的四端。那么一般人为何没有察觉？此所以孟子最后要加一句"弗思耳矣"。人若不向内反省，觉悟自身的道德主体性，他的行为就没有原则可言。

④ 一个人即使未受教育，但是他保持自己平常而正常的性格，譬如做事全凭良心，那么自然就会爱好美德。这种说法也有助于阐明人性向善的观点。

［11.7］

孟子曰："富岁，子弟多赖；凶岁，子弟多暴，非天之降才尔殊也，其所以陷溺其心者然也。今夫麰（móu）麦，播种而耰（yōu）之，其地同，树之时又同，浡然而生，至于日至之时，皆熟矣。虽有不同，则地有肥硗（qiāo），雨露之养、人事之不齐也。故凡同类者，举相似也，何独至于人而疑之？圣人，与我同类者。故龙子曰：'不知足而为屦（jù），我知其不为蒉（kuì）也。'屦之相似，天下之足同也。口之于味，有同耆（shì）也；易牙先得我口之所耆者也。如使口之于味也，其性与人殊，若犬马之与我不同类也，则天下何耆皆从易牙之于味也？至于味，天

傅佩荣解读《孟子》（修订版）

下期于易牙，是天下之口相似也。惟耳亦然。至于声，天下期于师旷，是天下之耳相似也。惟目亦然。至于子都，天下莫不知其姣（jiāo）也；不知子都之姣者，无目者也。故曰，口之于味也，有同耆焉；耳之于声也，有同听焉；目之于色也，有同美焉。至于心，独无所同然乎？心之所同然者何也？谓理也，义也。圣人先得我心之所同然耳。故理义之悦我心，犹刍豢之悦我口。"

[白话]

孟子说："丰年时，青少年大都懒惰；荒年时，青少年大都凶暴，这不是天生资质有如此的不同，而是由于环境深深影响心思的缘故。以大麦为例，播种耙地之后，同一块土地上，同一个时间种的，都在蓬勃地生长，到了夏至都成熟了。如果收获有所不同，则是因为土地有肥沃、贫瘠的差异，雨露的滋养以及人工的管理不一样。所以，凡是同类的东西，全都是相似的，为什么一说到人，偏偏要怀疑这一点呢？圣人也是我们的同类。所以，龙子说：'不清楚脚的样子而去编草鞋，我知道他不会编成草筐的。'草鞋的相似，是因为天下人的脚形是相同的。口对于味道，有相同的嗜好；易牙最先掌握了我们口味上的嗜好。如果口对于味道，人人不同，就像狗、马与人不同类那样，那么天下人为什么都追随易牙的口味呢？说到口味，天下人都期望尝到易牙的手艺，可见天下人的口味是相似的。耳朵也是如此，说到声音，天下人都期望听到师旷的演奏，可见天下人的听觉是相似的。眼睛也是如此，说到子都，天下人没有不知道他俊美的；不知道子都俊美的，是没有眼睛的人。所以说，口对于味道，有相同的嗜好；耳朵对于声音，有相同的听觉；眼睛对于容貌，有相同的美感。说到心，就偏偏没有共同肯定的东西吗？心所共同肯定的是什么？是道理与义行。圣人最先觉悟了人心共同的肯定。所以，道理与义行使我的心觉得愉悦，正如牛羊猪狗的肉使我的口觉得愉悦一样。"

[解读]

① 富岁与凶岁子弟行为之不同表明：社会的经济情况将会影响青少年的行为模式。孟子从未忽视人与环境的互动，进而要人提升自主性，成为不受环境影响的主人。

② "理"是指合理性，无论是道理、真理或理想，都不能脱离人心的理解能力。这是就"知"方面说的。其次，"义"则是就"行"方面说的，所以译为义行。道理与义行，确实让人的心思深感愉悦。

③ 我心所悦的是理与义，可见我心并不等同于理、义。依此，也必须肯定"人心向善"。

[11.8]

孟子曰："牛山之木尝美矣，以其郊于大国也，斧斤伐之，可以为美乎？是其日夜之所息，雨露之所润，非无萌（méng）蘖（niè）之生焉，牛羊又从而牧之，是以若彼濯（zhuó）濯也。人见其濯濯也，以为未尝有材焉，此岂山之性也哉？虽存乎人者，岂无仁义之心哉？其所以放其良心者，亦犹斧斤之于木也，旦旦而伐之，可以为美乎？其日夜之所息，平旦之气，其好恶与人相近也者几希，则其旦昼之所为，有（yòu）梏（gù）亡之矣。梏之反复，则其夜气不足以存；夜气不足以存，则其违禽兽不远矣。人见其禽兽也，而以为未尝有才焉者，是岂人之情也哉？故苟得其养，无物不长；苟失其养，无物不消。孔子曰：'操则存，舍则亡；出入无时，莫知其乡。'惟心之谓与？"

傅佩荣解读《孟子》（修订版）

　　孟子说："牛山的树木曾经很茂盛，由于它邻近都城郊外，常有人用刀斧砍伐，还能保持茂盛吗？当然，它黄昏晚间在生长着，雨水露珠在滋润着，不是没有嫩芽新枝发出来，但紧跟着就放羊牧牛，最后就成为现在光秃秃的样子了。人们看见那光秃秃的样子，就以为它不曾长过成材的大树，这难道是山的本性吗？就说在人的身上，难道会没有向往仁德与义行的心思吗？有些人之所以丧失他的良心，也就像刀斧对付树木一样，天天去砍伐它，还能保持茂盛吗？经过黄昏晚间的生长，出现了天刚亮时的清明之气，他的好恶与一般人有了一点点相近，可是他在白天的所作所为又将它压制消灭了。反复地予以压制，他在夜里滋生的气息就无法保存；夜里滋生的气息无法保存，他就距离禽兽不远了。人们见他像个禽兽就以为他不曾具有人的资质。这难道是人的真实状态吗？因此，如果得到滋养，没有东西不生长；如果失去滋养，没有东西不消亡。孔子说：'抓住它，就存在；放开它，就消失；出去进来没有定时，没人知道它的走向。'大概说的就是人心吧？"

[解读]

①　"牛山"的比喻，没有使用简单的二分法，如人性是善的还是恶的。"尝美"代表曾经茂盛，亦即"本来是善"的；"濯濯"代表光秃秃的，亦即现在"已成为恶"。孟子强调的重点在于：一座山，只要给它机会，总是会有"萌蘖"发出来；这是描述一种"力量"的状态。同样，一个人，只要给自己机会，总会有"平旦之气"或"夜气"发出来；这也是描述一种"内在的趋力"，就是会要求自己行善的力量。接着，关键在于"养"。养是一个长期的努力过程，惟其如此，才可以成为君子。

②　最后所引孔子之语，确实是在描写人心。如果扣紧原文，则"操

则存，舍则亡"，提示我们：一、人心可存可亡；二、人心的后面，还有一个主体在负责"操"与"存"。然后，人心还是"出入无时，莫知其向"，充满不确定性。也许正是因为"心"这个概念并不单纯，所以孟子后来会提出"本心"概念，用以化解此处的疑惑。

③ 就此一比喻来说，可以试问：牛山的本性是什么？则答案是：牛山的本性既非"美"（代表本善），亦非"濯濯"（代表本恶或无善无恶），而是：在正常情况下，"能够"不断长出新的"萌蘖"（代表向善）。

[11.9]

孟子曰："无或乎王之不智也。虽有天下易生之物也，一日暴（pù）之，十日寒之，未有能生者也。吾见亦罕矣，吾退而寒之者至矣，吾如有萌焉何哉？今夫弈（yì）之为数，小数也；不专心致志，则不得也。弈秋，通国之善弈者也。使弈秋诲二人弈，其一人专心致志，惟弈秋之为听；一人虽听之，一心以为有鸿鹄（hú）将至，思援弓缴（zhuó）而射之，虽与之俱学，弗若之矣，为是其智弗若与？曰：非然也。"

[白话]

孟子说："对于大王的不明智，不必觉得奇怪。即使有天下最容易生长的东西，如果晒它一天，再冻它十天，也不能够生长。我与大王相见的次数太少了，我一离开，那些给他浇冷水的人就来了，我对他刚萌芽的一点善心又能怎样呢？譬如下棋，只是小技术；如果不专心致志，就学不好。弈秋是全国的下棋高手。假使让他教两个人下棋，其中一人专心致志，只听弈秋的讲解。

另外一人虽然也在听讲，却一心以为有只天鹅快要飞来，而想拿起弓箭去射它。这样，虽然与别人一起学习，成绩却不如别人。这是因为他的智力不如别人吗？我会说：不是这样的。"

[解读]

① 一个人表现出"不智"，有两个原因：一是周围的人对他一曝十寒，使他无法坚定心志；二是他自己三心二意，不肯认真学习。换言之，"不智"所牵涉的除了难以学会技巧，也包括不能坚持行善在内。"或"为惑。"数"为技术。弓缴：缴为生丝缕，系于箭上。

[11.10]

孟子曰："鱼，我所欲也，熊掌亦我所欲也；二者不可得兼，舍鱼而取熊掌者也。生亦我所欲也，义亦我所欲也；二者不可得兼，舍生而取义者也。生亦我所欲，所欲有甚于生者，故不为苟得也；死亦我所恶，所恶有甚于死者，故患有所不辟也。如使人之所欲莫甚于生，则凡可以得生者，何不用也？使人之所恶莫甚于死者，则凡可以辟患者，何不为也？由是则生而有不用也，由是则可以辟患而有不为也，是故所欲有甚于生者，所恶有甚于死者。非独贤才有是心也，人皆有之，贤者能勿丧耳。

"一箪食，一豆羹，得之则生，弗得则死，呼尔而与之，行道之人弗受；蹴尔而与之，乞人不屑也；万钟则不辨礼义而受之。万钟于我何加焉？为宫室之美、妻妾之奉、所识穷乏者得我与？乡（xiàng）为身死而不受，今为宫室之美为之；乡为身死而不受，今为妻妾之奉为之；乡为身死而不受，今为所识穷乏者得我而为之，是亦不可以已乎？此之谓失其本心。"

孟子说："鱼是我所想要的，熊掌也是我所想要的；两者如果不能一并获得，就放弃鱼而选择熊掌。生存是我所想要的，义行也是我所想要的，两者如果不能同时兼顾，就放弃生存而选择义行。生存是我所想要的，但是我所想要的还有超过生存的，所以不做苟且偷生的事；死亡是我所厌恶的，但是我所厌恶的还有超过死亡的，所以有些祸患我不躲避。如果人们所想要的没有超过生存的，那么凡是可以求得生存的方法，哪有不用的呢？如果人们所厌恶的没有超过死亡的，那么凡是可以躲避祸患的事情，哪有不做的呢？照这么走就能保全生命，然而有人却不去走；照那么做就能避开祸患，然而有人却不去做，由此可见，所想要的还有超过生存的，所厌恶的还有超过死亡的。不单单是贤者有这样的心思，而是每个人都有，只是贤者能不丧失它罢了。

"一筐饭，一碗汤，得到就能活，得不到就饿死，但如果吆喝着施舍给人，就是过路的饿人都不会接受；如果用脚踩过再施舍给人，就是乞丐也会不屑一顾；但是遇到一万钟的俸禄，竟不分辨是否合乎礼与义就接受了。一万钟的俸禄对我有什么好处呢？是为了住宅的华美、妻妾的侍奉、我所认识的穷人感激我吗？过去宁可死亡也不接受的，现在却为了住宅的华美而接受了；过去宁可死亡也不接受的，现在却为了妻妾的侍奉而接受了；过去宁可死亡也不接受的，现在却为了我所认识的穷人感激我而接受了，这些难道是没有办法停下来的吗？这种情况就叫做丧失了本来状态的心。"

[解读]

① "舍生取义"除了要有牺牲的准备之外，最难的是如何分辨什么是"义"。一般认为"义"是应行之事，至于"应行"所根

据的标准是谁定的，则有讨论空间。

② 逆境容易激发人的羞耻心（羞恶之心，义之端也），而顺境则易使人迷惑，以致放弃了平日坚持的原则。

③ 有关"行道之人弗受"，《礼记·檀弓》有一段类似的故事："齐大饥，黔敖为食于路，以待饿者而食之。有饥者蒙袂辑屦，贸贸然来。黔敖左奉食，右执饮曰：'嗟！来食！'扬其目而视之，曰：'予惟不食嗟来之食，以至于斯也。'从而谢焉，终不食而死。"这段故事展现了人的独特尊严，亦即宁死也不受侮辱。一人如此并不表示天下人皆会如此，但它肯定了天下人皆"可能"如此。人若不由这一"可能性"去界定人与禽兽的差别，就会失去"本心"。

④ "本心"是本然的心，或者心的本来状态。本心是一种固定不移的善的状态，还是一种充满敏锐感应随时要求人主动行善的力量呢？这是值得探讨的焦点。

[11.11]

孟子曰："仁，人心也；义，人路也。舍其路而弗由，放其心而不知求，哀哉！人有鸡犬放，则知求之；有放心，而不知求。学问之道无他，求其放心而已矣。"

[白话]

孟子说："仁德，是人要保住的心；义行，是人要依循的路。放弃这条路而不跟着去走，丧失这颗心而不知道去寻找，真是可怜啊！一个人，鸡和狗走失了，知道去寻找；但是心丧失了，却不知道去寻找。学习及请教的原则没有别的，就是找回丧失的心而已啊。"

① "仁，人心也"，在此所谓的"心"，并非具体的心脏，而是心思（主体的觉悟及思考能力），这种心思可以丧失（放其心）也可以找回（求其放心），那么是"谁"在丧失及找回呢？为了避免另立一个纯粹主体，可以通过心之觉与不觉来理解，亦即：心仍是心，若是不觉，则是"放失"；若是觉，则是"求得"。因此，说"仁，人心也"，意思就是：仁德是人要保住的心；或者说：人心一觉即是仁。

② "义，人路也"，这里的"路"当然不指具体的道路，而是就人的选择而言。众多选择所合成的人生途径，应该以"义"为依归。人"应该"走什么路，并不表示人实际会这么走。也正因为如此，孟子才须奔走呼号。由此可见，仁与义固然是由内而发，但同时也须在真实生活中体现出来。

③ 可参考［7.10］。

［11.12］

孟子曰："今有无名之指屈而不信，非疾痛害事也，如有能信之者，则不远秦、楚之路，为指之不若人也。指不若人，则知恶之；心不若人，则不知恶，此之谓不知类也。"

［白话］

孟子说："现在有个人，无名指弯曲了不能伸直，既不疼痛也不妨碍做事，但是如果有人能使它伸直，那么即使要他去秦国、楚国也不嫌远，这是因为手指不如别人。手指不如别人，还知道厌恶；心思不如别人，却不知道厌恶，这叫做不知轻重。"

① 一般人重外轻内，并未察觉心思的可贵。不清楚人生之中何者贵何者贱，恐怕不只是不知类别高低，行为上也将颠倒离奇。

[11.13]

孟子曰："拱把之桐梓，人苟欲生之，皆知所以养之者。至于身，而不知所以养之者，岂爱身不若桐梓哉？弗思甚也。"

[白话]

孟子说："长到一握、两握粗的桐树与梓树，人们如果想让它们继续生长，都知道怎么去培养。至于自身，却不知道怎么去培养，难道爱自己还不如爱桐树与梓树吗？真是太不去思考了。"

[解读]

① 要培养自己，确实需要具备一些知识。譬如，除了照顾好身体之外，还须注意心智方面的成长，包括接受良好的教育，发展均衡的性格；然后，还须选择人生的大方向，使自己成为君子，等等。"拱"为合两手，为两握；"把"为一手掌，为一握。

[11.14]

孟子曰："人之于身也，兼所爱。兼所爱，则兼所养也。无尺寸之肤不爱焉，则无尺寸之肤不养也。所以考其善不善者，岂有他哉？于己取之而已矣。体有贵贱，有小大。无以小害大，无以贱害贵。养其小者为小人，养其大者为大人。今有场师，舍其梧槚（jiǎ），养其樲（èr）棘，则为贱场师焉。养其一指而失其肩背，而不知也，则为狼疾人也。饮食之人，则人贱之矣，为其养小以失大也。饮食之人无有失也，则口腹岂适（chì）为尺寸之肤哉！"

[白话]

孟子说："人对于自己的身体，是每一部分都爱护的。都爱护，就都加以保养。没有一点点肌肤不爱护，也就没有一点点肌肤不保养。要检查他保养得好不好，难道有别的方法吗？就看他注重哪一部分罢了。身体有高贵部分与卑微部分，有琐碎部分与重要部分。不能为了保养琐碎部分而伤害重要部分，不能为了照顾卑微部分而损害高贵部分。保养琐碎部分的，是平凡百姓；保养重要部分的，是德行完备的人。现在有一位园艺师，放弃了梧桐与楸树，却去栽培酸枣与荆棘，那么他就是个差劲的园艺师。如果保养了一根指头，却丧失了肩与背的功能，而自己还不知道，那么他就是糊涂人了。讲究吃喝的人，大家都鄙视他，因为他保养琐碎部分而错失了重要部分。如果讲究吃喝的人没有错失重要部分，那么他的吃喝难道只是为了保养一点点肌肤吗？"

[解读]

① "小者"是指口腹之欲，"大者"是指人的心志抱负。这两者其实并不冲突，但是要分辨本末。人不饮食，无法活命，所以保养口腹是"必要的"。所谓"必要"，是说非有它不可，但是有它还不够。因此，人还须同时保养心志，这才是"重要的"。如此一来，饮食的目的就不仅仅是满足口腹那一点点地方，而是要让人可以实践理想。有关"大人"之说，参考［7.20］、［8.6］、［8.11］、［8.12］、［11.15］、［13.33］。

② 狼疾：狼藉，糊涂。适：啻，只是。

[11.15]

公都子问曰:"钧是人也,或为大人,或为小人,何也?"

孟子曰:"从其大体为大人,从其小体为小人。"

曰:"钧是人也,或从其大体,或从其小体,何也?"

曰:"耳目之官不思,而蔽于物。物交物,则引之而已矣。心之官则思,思则得之,不思则不得也。此天之所与我者。先立乎其大者,则其小者不能夺也。此为大人而已矣。"

[白话]

公都子请教说:"同样是人,有的成为德行完备的人,有的成为平凡百姓,这是什么缘故?"

孟子说:"顺从重要官能的就成为德行完备的人,顺从琐碎官能的就成为平凡百姓。"

公都子说:"同样是人,有的顺从重要官能,有的顺从琐碎官能,又是什么缘故?"

孟子说:"耳朵、眼睛这类器官不会思考,所以被外物蒙蔽。因此,一与外物接触,就被引诱过去了。心这个器官是会思考的,一思考就觉悟道理与义行,不思考就无法觉悟。这是天赋予我们的器官。先确立重要的部分,琐碎的部分就不能取代了。这样就可以成为德行完备的人了。"

[解读]

① 关于"大体"与"小体",不是就形体大小而言,而是就其重要与否而言。小体是指身体及其官能,为何说它不重要?因为这是人与其他动物所"共有"的,无法由之分辨人的特色。人既然是万物之灵,那么足以使人出类拔萃的,就称为"大体",而它显然是"心"。

② 孟子所谓"思则得之",所得的是什么？是"心"所同然的"理也,义也"[11.7]。这样的心是"天之所与我者"；因此价值根源在于心之自觉,而心之所以能自觉,则在天意。提及天(或天意),并未贬损人的尊严,反而可以提醒个别的人不可太过主观,自以为是,甚至狂妄自大,无法无天。有关"大人"之说,参考[11.14]解读。

[11.16]

孟子曰:"有天爵者,有人爵者。仁义忠信,乐善不倦,此天爵也；公卿大夫,此人爵也。古之人修其天爵,而人爵从之。今之人修其天爵,以要人爵；既得人爵,而弃其天爵,则惑之甚者也,终亦必亡而已矣。"

[白话]

孟子说:"有天赐的爵位,也有人给的爵位。向往仁德、义行、忠诚、信实,乐于行善而不疲倦,那是天赐的爵位；做到公卿大夫,那是人给的爵位。古代的人修养他天赐的爵位,人给的爵位自然跟着来了。现在的人修养他天赐的爵位,是要用来追求人给的爵位；一旦获得人给的爵位,就丢弃天赐的爵位,那实在太糊涂了,结果连人给的爵位也一定会失去的。"

[解读]

① 天爵是人爵的基础吗？事实上,并非所有的人爵皆由天爵而来,并且修养天爵也未必保证得到人爵。孟子是想要强调天爵(仁义忠信,乐善不倦)人人可以取得,并且应该终身坚持。

[11.17]

孟子曰："欲贵者，人之同心也。人人有贵于己者，弗思耳矣。人之所贵者，非良贵也。赵孟之所贵，赵孟能贱之。《诗》云：'既醉以酒，既饱以德。'言饱乎仁义也，所以不愿人之膏粱之味也；令闻广誉施于身，所以不愿人之文绣也。"

[白话]

孟子说："想要尊贵，这是大家共同的心愿。每个人自己都有可尊贵的东西，只是不去思考罢了。别人所给予的尊贵，不是真正的尊贵。赵孟让一个人变得尊贵，赵孟同样可以使他沦于卑贱。《诗经·大雅·既醉》说：'既有美酒使我陶醉，又有美德使我满足。'这是说，对仁德与义行感到满足，也就不羡慕别人的肥肉细米了；美好的名声与广泛的赞誉加在自己身上，也就不羡慕别人的锦绣衣裳了。"

[解读]

① 赵孟是晋国正卿赵盾（字孟），他的子孙也都被称为赵孟，是握有大权者的代名词。

② "人人有贵于己者"，所指的是上一章所谓的"天爵"。"弗思耳矣"，再一次提醒我们反省自觉的重要。

[11.18]

孟子曰："仁之胜不仁也，犹水之胜火。今之为仁者，犹以一杯水救一车薪之火也；不熄，则谓之水不胜火。此又与于不仁之甚者也，亦终必亡而已矣。"

[白话]

孟子说:"仁德战胜不仁德,就像水战胜火一样。现在实践仁德的人,就像用一杯水去救一车木柴的火;火没有熄灭,就说这是水不能战胜火。这样就给了不仁德最大的助力,最后连原先的一点点仁德也会丧失的。"

[解读]

① 水要胜火,需要相当的"量";仁的作用也不能只靠一念之转,只有长期而大量地行仁,才可以胜过不仁。"杯水车薪",今日仍用此成语,表示其量不足以成事。

② 仁者因为缺少恒心与耐力而失败,将会助长不仁的气焰。这是最令人遗憾的。

[11.19]

孟子曰:"五谷者,种之美者也;苟为不熟,不如荑(tí)稗(bài)。夫仁,亦在乎熟之而已矣。"

[白话]

孟子说:"五谷是各类种子中的精华,如果没有长到成熟阶段,反而比不上稊米与稗子。谈到仁德的作用,也在于使它成熟罢了。"

[解读]

① 五谷未成熟,无法食用;仁德未能长期实践,也无法发挥正面的影响力。至于如何才算"熟",则未必有一定的标准,但是行仁如果源自人性的内在要求,则又岂有半途而废之理?参考[13.29]"有为者辟若掘井"。

[11.20]

　　孟子曰："羿之教人射，必志于彀（gòu）；学者亦必志于彀。大匠诲人必以规矩，学者亦必以规矩。"

[白话]

　　孟子说："后羿教人射箭，一定要求把弓拉满；学习的人也一定要求把弓拉满。高明的工匠教导人，一定要用圆规与曲尺；学习的人也一定要用圆规与曲尺。"

[解读]

① 　每一行都有必须遵守的规则，那么做人呢？孟子以他的言行，示范了做人的规则，期望天下有志之士共同努力。

告子下

[12.1]

任人有问屋庐子曰："礼与食孰重？"

曰："礼重。"

"色与礼孰重？"

曰："礼重。"

曰："以礼食，则饥而死；不以礼食，则得食，必以礼乎？亲迎，则不得妻；不亲迎，则得妻，必亲迎乎？"

屋庐子不能对，明日之邹，以告孟子。孟子曰："于答是也，何有？不揣（chuǎi）其本而齐其末，方寸之木可使高于岑楼。金重于羽者，岂谓一钩金与一舆羽之谓哉？取食之重者与礼之轻者而比之，奚翅食重？取色之重者与礼之轻者而比之，奚翅色重？往应之曰：'紾（zhěn）兄之臂而夺之食，则得食；不则不得食，则将之乎？逾东家墙而搂其处子，则得妻；不搂，则不得妻；则将搂之乎？'"

[白话]

任国有个人问屋庐子说："礼仪与吃饭哪一样重要？"

屋庐子说："礼仪重要。"

那人再问："娶妻与礼仪哪一样重要？"

屋庐子说："礼仪重要。"

那人就说："按照礼仪找饭吃，就会饿死；不按照礼仪找饭吃，却可以吃饱，那么也一定要按照礼仪吗？遵守亲迎礼，就娶不到妻子；不遵守亲迎礼，却可以娶到妻子，那么也一定要遵守亲迎礼吗？"屋庐子没有办法回答，第二天就去邹国向孟子转述这件事。

孟子说："回答这个问题，有什么困难呢？不衡量基础的高低，只比较双方的末端，那么一寸长的木块也可以使它比尖顶高楼更高。金子比羽毛重，难道是就三钱多的金子与一整车的羽毛相比来说的吗？拿吃饭的重大状况与礼仪的细节相比，何止是吃饭重要？拿娶妻的重大状况与礼仪的细节相比，何止是娶妻重要？你回去这样告诉他：'扭住哥哥的手臂抢走他的食物，就有饭吃；不扭，就没有饭吃，那么就该去扭他吗？翻过东邻的墙去搂抱人家的闺女，就可以得到妻子；不去搂抱就得不到妻子；那么就该去搂抱吗？'"

[解读]

① 任国为太皞之后，风姓，位于今山东济宁。屋庐子为孟子学生。

② 如果守礼可以达成食与色的需求，谁不乐意遵循？但是人生充满特殊状况，这时就要靠智慧来判断了。孟子从未反对权衡与弹性，但是必须考虑周全，看看所舍与所取。许多状况并无标准答案，所以人须学会分辨本末轻重。

③ 翅：音，只是。处子：闺女，"子"兼指子与女。

[12.2]

曹交问曰："人皆可以为尧、舜，有诸？"

孟子曰："然。"

"交闻文王十尺，汤九尺，今交九尺四寸以长，食粟而已，如何则可？"

曰："奚有于是？亦为之而已矣。有人于此，力不能胜一匹雏，则为无力人矣；今曰举百钧，则为有力人矣。然则举乌获之任，是亦为乌获而已矣。夫人岂以不胜为患哉，弗为耳。徐行后长者谓之弟，疾行先长者谓之不弟。夫徐行者，岂人所不能哉？所不为也。尧、舜之道，孝弟而已矣。子服尧之服，诵尧之言，行尧之行，是尧而已矣。子服桀之服，诵桀之言，行桀之行，是桀而已矣。"

曰："交得见于邹君，可以假馆，愿留而受业于门。"

曰："夫道若大路然，岂难知哉？人病不求耳。子归而求之，有余师。"

[白话]

曹交请教说："每个人都可以成为尧、舜，有这样的说法吗？"

孟子说："有的。"

曹交说："我听说周文王身高十尺，商汤身高九尺，现在我有九尺四寸高，却只会吃饭而已，要怎么办才好？"

孟子说："这有什么困难？只要去做就行了。如果有个人，力气提不起一只小鸡，那他就是没力气的人；如果说能举起三千斤的东西，那他就是有力气的人。既然如此，只要能举起乌获举过的重量，也就可以成为乌获了。一个人要担心的，难道是不能胜任吗？只是不去做罢了。慢慢跟在长辈后面走，叫做悌；快步抢在长辈前面走，叫做不悌。慢慢走，难道是一个人不能做到的吗？不去做罢了。尧、舜的正途，不过是孝与悌而已。你穿上尧所穿的衣服，说尧所说的话，做尧所做的事，这样就成为尧了。你穿上桀所穿的衣服，说桀所说的话，做桀所做的事，这样就成为桀了。"

曹交说："我准备去谒见邹君，向他借个住处，希望留在您的门下学习。"

孟子说："人生正途就像大马路一样，怎么会难懂呢？只怕人们不去寻找而已。你回去自己寻找，老师多得很呢。"

[解读]

① "人皆可以为尧、舜"一语，应是曹交听人转述孟子的话，所以他要当面请益。此语所肯定的是"可能性"，但是此一可能性又是人生的正途，而不是可以任人自由选择的。为了确认此说，必须先有"人性向善"的洞见，使"成为尧、舜"的可能性由内而发。尧、舜与人并无不同。（见 [8.32]）

② 将尧与桀对比的两句话，表明孟子重视"习惯"，亦即只要努力学习与实践，长期坚持，自然会转化生命。

③ "道若大路然"，只要用心观察，身边处处可见善行；并且，如果用心反省，更可以把握由内而发的动力与方向。

[12.3]

公孙丑问曰："高子曰：'《小弁（pán）》，小人之诗也。'"

孟子曰："何以言之？"

曰："怨。"

曰："固哉，高叟之为诗也！有人于此，越人关弓而射之，则己谈笑而道之；无他，疏之也。其兄关弓而射之，则己垂涕泣而道之；无他，戚之也。《小弁》之怨，亲亲也。亲亲，仁也。

固矣夫，高叟之为诗也！"

日："《凯风》何以不怨？"

日："《凯风》，亲之过小者也；《小弁》，亲之过大者也。亲之过大而不怨，是愈疏也；亲之过小而怨，是不可矶（jī）也。愈疏，不孝也；不可矶，亦不孝也。孔子曰：'舜其至孝矣，五十而慕。'"

[白话]

公孙丑请教说："高子说：'《小弁》是小人所作的诗。'是吗？"

孟子说："为什么这样说？"

公孙丑说："因为其中有怨恨。"

孟子说："高老先生对诗的评论太拘泥了！这里有个人，如果是越国人拉开弓去射他，事后他可以有说有笑地讲述这件事；没有别的原因，只因为与越国人关系疏远。如果是他哥哥拉开弓去射他，事后他就会哭哭啼啼地讲述这件事；没有别的原因，只因为与哥哥关系亲近。《小弁》的怨恨，出于爱护亲人；爱护亲人，就合乎仁德。高老先生对诗的评论太拘泥了！"

公孙丑说："《凯风》这首诗为什么没有怨恨之情？"

孟子说："《凯风》这首诗，是写母亲的小过错；《小弁》所写的却是父亲的大过错。父母过错大而子女不怨恨，这是更加疏远父母；父母过错小而子女怨恨，这是一点都不能受刺激。更加疏远父母，是不孝；不能受父母一点刺激，也是不孝。孔子说：'舜是最孝顺的人，五十岁了还在思慕父母。'"

[解读]

① 孟子通达人情世故，本章可以为证。人有感情，恩怨在所难免。

以遭人射箭者为例，他对越国人（外国人或敌人）没有任何期许，所以不觉得难过；但是换成他的哥哥，则因为期许深切而难过不已。

② 有关谈诗的部分，《小弁》的内容为"父亲听了谗言将伤害自己"，此为人伦大变。《凯风》则描写"儿子尽孝道以安慰、鼓励母亲，希望她不要犯错"。由此可见，父母并非不会犯错，并且子女也不是不该怨恨，而是须在明白事理之后，作适当反应。

③ 人生之路在于"择善固执"，如何择善呢？"善"是我与别人之间适当关系之实现。在判断适当与否时，要考虑三点，就是内心感受、对方期许、社会规范。社会规范以礼与法为代表，内心感受以真诚为主，对方期许则有赖于沟通。这三者如果无法协调，则仍以真诚为先，此即孔子称美舜的理由。"五十而慕"亦见于［9.1］。

④ 戚：亲也；矶：激也。

［12.4］

宋牼（kēng）将之楚，孟子遇于石丘，曰："先生将何之？"

曰："吾闻秦、楚构（gòu）兵，我将见楚王说而罢之。楚王不悦，我将见秦王说而罢之。二王我将有所遇焉。"

曰："轲也请无问其详，愿闻其指。说之将何如？"

曰："我将言其不利也。"

曰："先生之志则大矣，先生之号则不可。先生以利说秦、楚之王，秦、楚之王悦于利，以罢三军之师，是三军之士乐罢而悦于利也。为人臣者怀利以事其君，为人子者怀利以事其父，为人弟者怀利以事其兄，是君臣、父子、兄弟终去仁义，怀利以相接，然而不亡者，未之有也。先生以仁义说秦、楚之王，秦、楚之王悦于仁义，而罢三军之师，是三军之士乐罢而悦于仁义也。为人臣者怀仁义以事其君，为人子者怀仁义以事其父，为人弟者怀仁义以事其兄，是君臣、父子、兄弟去利，怀仁义以相接也，然而不王者，未之有也。何必曰利？”

[白话]

宋牼前往楚国时，孟子在石丘遇到了他。孟子说：“先生要去哪里？”

宋牼说：“我听说秦国与楚国在打仗，我打算去谒见楚王，劝说他停战。如果楚王不接受，我再去谒见秦王，劝说他停战。两位君主中，我总会遇到说得通的人。”

孟子说：“我不想问得太详细，只想知道你的主要观点。你准备如何劝说？”

宋牼说：“我将说明打仗的不利之处。”

孟子说：“先生的用心固然很好，先生的说法却行不通。先生用利益去劝说秦王、楚王，秦王、楚王喜欢利益而让军队停战，这样也就使三军将士因为喜欢利益才乐于停战。做臣子的怀着利益的念头服侍君主，做儿子的怀着利益的念头服侍父亲，做弟弟的怀着利益的念头服侍哥哥，这样会使君臣、父子、兄弟之间完全抛弃仁德与义行，怀着利益的念头互相对待，如此而国家不灭亡，那是从来没有过的事情。先生如果用仁德与义行去劝说秦王、楚王，秦王、楚王喜爱仁德与义行而让军队停战，这样也就使三军将士因为喜爱仁德与义行而乐于停战。做臣子的怀着仁义的念头服侍君主，做儿子的怀着仁义的念头服侍父亲，做弟弟的怀着仁义的念头服侍哥哥，这样会使君臣、父子、兄弟去掉利益的想法，怀着仁义的念头互相对待，如此而国家不能称王天下，那是从来没有过的事情。

何必要谈到利益呢？"

[解读]

① 本章与"孟子见梁惠王"[1.1]的观点相似，显示了孟子的一
贯立场。宋牼为当时的学者，依《庄子·天下》，可知其作风
为"见侮不辱，救民之斗，禁攻寝兵，救世之战"。理想虽高
而未必切合需要。

[12.5]

孟子居邹，季任为任处守，以币交，受之而不报。处于平陆，
储子为相，以币交，受之而不报。他日，由邹之任，见季子；由
平陆之齐，不见储子。屋庐子喜曰："连得间矣。"

问曰："夫子之任，见季子；之齐，不见储子，为其为
相与？"

曰："非也；《书》曰：'享多仪，仪不及物曰不享，惟不役
志于享。'为其不成享也。"

屋庐子悦。或问之。屋庐子曰："季子不得之邹，储子得之
平陆。"

[白话]

孟子住在邹国的时候，季任代理任国国政，送礼物来结交孟
子，孟子收了礼物而没有回谢。孟子住在平陆的时候，储子位居
齐国相国，送礼物来结交孟子，孟子收了礼物而没有回谢。后来，
孟子从邹国到了任国，前去拜访季子；从平陆到了齐国，却不去
拜访储子。屋庐子高兴地说："我发现先生的差错了。"就请教说：
"先生去任国时，拜访了季子；去齐国时，却没有拜访储子，是

因为储子只是位居相国吗？”

孟子说：“不是的。《尚书·洛诰》上说：‘进献礼品以礼节为重，礼节如果配不上礼品，就叫做没有进献，因为心意不在进献上。’这是因为他没有完成那进献啊。”

屋庐子听了很满意。有人问他这件事，他说：“季子代理国政，不能亲自去邹国；储子担任相国，可以亲自去平陆。”

[解读]

① 同样是送礼，孟子对季任与储子的评价却有如此大的差异。原因正是：人与人相处时，除了要依“礼”行事，还要考虑行动者的内心感受与受礼者的“对方期许”。这二人的内心感受，孟子无从得知，但是孟子对二人期许不同，则可依常情来判断。

[12.6]

淳于髡曰：“先名实者，为人也；后名实者，自为也。夫子在三卿之中，名实未加于上下而去之，仁者固如此乎？”

孟子曰：“居下位，不以贤事不肖者，伯夷也；五就汤，五就桀者，伊尹也；不恶污君，不辞小官者，柳下惠也。三子者不同道，其趋一也。一者何也？曰，仁也。君子亦仁而已矣，何必同？”

曰：“鲁缪公之时，公仪子为政，子柳、子思为臣，鲁之削也滋甚；若是乎，贤者之无益于国也！”

曰：“虞不用百里奚而亡，秦穆公用之而霸。不用贤则亡，削何可得与？”

曰：“昔者王豹处于淇，而河西善讴；绵驹处于高唐，而齐右善歌；华周、杞梁之妻善哭其夫而变国俗。有诸内，必形诸外。

为其事而无其功者，髡未尝睹之也。是故无贤者也，有则髡必识之。"

曰："孔子为鲁司寇，不用，从而祭，燔（fán）肉不至，不税（tuō）冕而行。不知者以为为肉也，其知者以为为无礼也。乃孔子则欲以微罪行，不欲为苟去。君子之所为，众人固不识也。"

[白话]

淳于髡说："重视名声功业的，是为了别人着想；轻视名声功业的，是为了自己着想。先生的地位在齐国的三卿之中，但是名声功业方面，上不能辅佐君主，下不能造福百姓，就此辞职而去，有仁德的人原来是这样的吗？"

孟子说："地位卑下时，不以贤者的身份服侍不贤的君主，这是伯夷的作风；五次去汤那里服务，五次去桀那里服务，这是伊尹的作风；不厌恶昏庸的君主，不拒绝卑微的官职，这是柳下惠的作风。以上三人的作风不同，但方向是一样的。一样的是什么？应该说，就是仁德。君子只要实行仁德就好了，何必要做法相同呢？"

淳于髡说："鲁缪公的时候，公仪子主持国政，泄柳与子思也都在朝为臣，然而鲁国的削弱却更加严重，贤者对国家没有好处，就像这样啊！"

孟子说："虞国因为不用百里奚而亡国，秦穆公用了他就称霸。可见不用贤者就会亡国，到时候想要削弱办得到吗？"淳于髡说："从前王豹住在淇水旁边，河西的人因而善于唱歌；绵驹住在高唐，齐国西部的人因而善于唱歌；华周、杞梁的妻子，为丈夫的死而痛哭至极，结果改变了一国的风气。里面有什么，一定会表现在外面。做了一件事而没有那件事的功效，我不曾见过这样的情况。所以现在是没有贤者，如果有，我一定会知道的。"

孟子说："孔子担任鲁国司寇时，不受重用，有一次跟随鲁君去祭祀，祭肉没按规定送来，于是匆忙地准备离开。不明事理的，以为他是为了祭肉而离开；明白事理的，认为他是因为鲁君失礼而离开。至于孔子，却是要自己背一点小罪名而离开，不想随便辞官而去。君子所做的事，一般人本来就不会了解的。"

[解读]

① 淳于髡是齐国大夫，他批评孟子只知独善其身。孟子则认为必须考虑其他条件，如君主的支持等。淳于髡亦见于 [7.17]。"三卿"之说有二：一为上卿、亚卿、下卿；一为相、将、客卿。孟子应为齐王之客卿。

② 华周、杞梁皆齐国大夫，带兵攻打莒国时战死。传说他们的妻子闻讯后，对着城墙痛哭，把城墙都哭塌了。事迹见《说苑·善说》与《列女传·贞顺》。

③ 补充说明孔子的事迹。在国家祭礼之后，分送祭肉给大夫是古礼的规定，而孔子这一次并未收到。这表明国君故意怠慢他。冕是祭祀时的礼冠，"不税冕而行"意为孔子连礼冠都来不及脱下就离开了。但是分赠祭肉并不在祭礼现场，而是在祭后第二、三日。因此，这句话并非实指，只是描述孔子因而下定决心要去国离乡了。

④ "以微罪行"，就是故意留下些口实（如，因为没领到祭肉），以免大家完全怪罪于鲁君。

[12.7]

孟子曰："五霸者，三王之罪人也；今之诸侯，五霸之罪人也；今之大夫，今之诸侯之罪人也。天子适诸侯曰巡狩，诸侯朝于天子曰述职。春省耕而补不足，秋省敛而助不给。入其疆，土地辟，田野治，养老尊贤，俊杰在位，则有庆；庆以地。入其疆，土地荒芜，遗老失贤，掊（póu）克在位，则有让。一不朝，则贬其爵；再不朝，则削其地；三不朝，则六师移之。是故天子讨而不伐，诸侯伐而不讨。

"五霸者，搂诸侯以伐诸侯者也，故曰，五霸者，三王之罪人也。五霸，桓公为盛。葵丘之会，诸侯束牲载书而不歃（shà）血。初命曰，诛不孝，无易树子，无以妾为妻。再命曰，尊贤育才，以彰有德。三命曰，敬老慈幼，无忘宾旅。四命曰，士无世官，官事无摄，取士必得，无专杀大夫。五命曰，无曲防，无遏籴，无有封而不告。曰，凡我同盟之人，既盟之后，言归于好。今之诸侯皆犯此五禁，故曰，今之诸侯，五霸之罪人也。长君之恶其罪小，逢君之恶其罪大。今之大夫皆逢君之恶，故曰，今之大夫，今之诸侯之罪人也。"

[白话]

孟子说："五霸，是背弃三王理想的罪人；现在的诸侯，是背弃五霸原则的罪人；现在的大夫，是陷害现在诸侯的罪人。天子前往诸侯之国，称为巡狩；诸侯去朝见天子，称为述职。春天视察耕种情况，帮助不足的人；秋天视察收成情况，周济缺粮的人。进入一个诸侯之国，如果土地已经开辟，田野充分整治，老人得到赡养，贤者受到尊敬，杰出人才在朝做官，那么就有奖赏，奖赏是赐予土地。进入一个诸侯之国，如果土地荒废，老人被遗弃，贤者被排斥，贪官污吏在位，那么就有责罚。诸侯一次不来朝见，就降低爵位；二次不来朝见，就削减封地；三次不来朝见，就派军队前去。所以，天子发布命令声讨他的罪状而不亲自征伐；别的诸侯是奉天子之命去征伐而不声讨。

"五霸却是胁迫一些诸侯去讨伐别的诸侯，所以说五霸是背弃三王理想的罪人。五霸之中，齐桓公声威最大。在葵丘的盟会上，诸侯们捆绑了牺牲，把盟书放在它身上，并没有歃血。盟约第一条说：严惩不孝的人，不要废立太子，不要立妾为妻。第二条说：尊重贤者，培育人才，以表扬有德行的人。第三条说：恭敬老人、爱护幼小，不要怠慢来宾和旅客。第四条说：士的官位不能世袭，公职不能兼任，选用士人一定要恰当，不可擅自杀死大夫。第五条说：不要到处修筑堤防，不要阻止邻国来买粮食，不能私自封赏而不报告盟主。盟约最后说：我们这些诸侯在盟会之后，都恢复了友好关系。今天的诸侯都违反了这五条誓约，所以说，现在的诸侯，是背弃五霸原则的罪人。助长国君的过错，这种罪行还算小；逢迎国君的过错，这种罪行就大了。现在的大夫都在逢迎国君的过错，所以说，现在的大夫是陷害现在诸侯的罪人啊。"

[解读]

① 三王是指夏、商、周三代的开国君主，亦即大禹、商汤，以及周文王、周武王。五霸是指春秋时代的齐桓公、宋襄公、晋文公、秦穆公、楚庄王。

② 齐桓公在葵丘（河南考城县一带）盟会诸侯，当时"不歃血"的原因是相信参与盟会的人不敢背约。

③ 古代政治领袖的水平"每况愈下"，由此章可知。大势所趋，又有谁能逆流而上？

④ "逢君之恶"的罪过在于以合理化的借口，让国君以为自己的恶行是对的，然后变本加厉，江河日下，往而不返。具体例子，见［4.9］。

⑤ 有关"王霸之辨"，参考［3.3］、［13.13］、［13.30］。

[12.8]

鲁欲使慎子为将军。

孟子曰：“不教民而用之，谓之殃民。殃民者，不容于尧、舜之世。一战胜齐，遂有南阳，然且不可。”

慎子勃然不悦曰：“此则滑厘所不识也！”

曰：“吾明告子。天子之地方千里；不千里，不足以待诸侯。诸侯之地方百里；不百里，不足以守宗庙之典籍。周公之封于鲁，为方百里也；地非不足，而俭于百里。太公之封于齐也，亦为方百里也；地非不足也，而俭于百里。今鲁方百里者五，子以为有王者作，则鲁在所损乎，在所益乎？徒取诸彼以与此，然且仁者不为，况于杀人以求之乎？君子之事君也，务引其君以当道，志于仁而已。”

[白话]

鲁国有意任命慎子为将军。孟子说：“不先教导百姓做人处事的道理，就要他们去打仗，这叫做加害百姓。加害百姓的人，在尧、舜的时代是不被容纳的。即使一仗就打败齐国，收回了南阳，这样也是不可以的。”慎子脸色一变，很不高兴地说：“这我就不了解了。”

孟子说：“我明白告诉你吧。天子的土地纵横各一千里；如果不到一千里，就不够条件接待诸侯。诸侯的土地纵横各一百里；如果不到一百里，就不够条件奉守宗庙的典章制度。周公分封在鲁国，纵横各一百里；土地不是不够，但实际上少于一百里。姜太公分封于齐国，纵横各一百里；土地不是不够，但实际上少于一百里。现在鲁国有五块纵横各一百里的土地，你认为假如有圣王出现，那么鲁国的土地是在应该削减之列，还是应该增加之列？不费力就把那里的土地取来并入这里，有仁德的人尚且不做这样的事，何况是用杀人来得到土地呢？君子服侍国君，只是努力引导他走上正途，立志于行仁罢了。”

① 慎子（慎滑厘）资料不详，应该不是慎到或禽滑厘。根据《庄子·天下》，禽滑厘属于墨家，慎到则是"弃知去己而缘不得已，泠汰于物以为道理"。此二人皆非用兵之人。

② "不教民而用之"，在此所谓的"教"不是指训练作战，而是朱熹所注："教民者，教之礼义，使之入事父兄，出事长上也。"孟子认为，教民的重要性远远超过用兵。百姓未受教育，则无法走上人生正途，而这正是所谓的"殃民"。

③ 鲁国正如其他存续到战国时代的诸侯国，早已兼并了许多更小的国家。它在春秋时代已兼九国之地，所以现在"方百里者五"。

[12.9]

孟子曰："今之事君者皆曰，'我能为君辟土地，充府库。'今之所谓良臣，古之所谓民贼也。君不乡道，不志于仁，而求富之，是富桀也。'我能为君约与国，战必克。'今之所谓良臣，古之所谓民贼也。君不乡道，不志于仁，而求为之强战，是辅桀也。由今之道，无变今之俗，虽与之天下，不能一朝居也。"

[白话]

孟子说："今天服侍国君的人都说：'我能为国君开辟土地，增加财富。'今天所谓的优良臣子，正是古代所谓的残害百姓的人。国君不向往正道，不立志行仁，他们却设法让他富足，这等于是让夏桀富足。他们又说：'我能为国君邀结盟国，每战必胜。'今天所谓的优良臣子，正是古代所谓的残害百姓的人。国君不向往正道，不立志行仁，他们却设法为他拼命打仗，这等于是帮助夏桀壮大。顺着目前这条路走，不改变今天这种风气，即使把天下送给他，也是一天都坐不安稳的。"

[解读]

① 良臣与民贼的对比，显示了孟子重视百姓的态度是一贯的。做
臣子的，若要免于"富桀"与"辅桀"的恶名，只有努力让国
君"向道志仁"，这又谈何容易！连孟子自己都未必做得到。

[12.10]

白圭曰："吾欲二十而取一，何如？"

孟子曰："子之道，貉（mò）道也。万室之国，一人陶，则
可乎？"

曰："不可，器不足用也。"

曰："夫貉，五谷不生，惟黍生之；无城郭、宫室、宗庙、
祭祀之礼，无诸侯币帛饔飧，无百官有司，故二十取一而足也。
今居中国，去人伦，无君子，如之何其可也？陶以寡，且不可以
为国，况无君子乎？欲轻之于尧、舜之道者，大貉、小貉也；欲
重之于尧、舜之道者，大桀、小桀也。"

[白话]

白圭说："我想采用二十抽一的税率，你认为如何？"

孟子说："你的办法是貉国的办法。譬如，一万户人的国家，
只有一个人制作陶器，可以吗？"

白圭说："不可以，陶器会不够用的。"

孟子说："那个貉国，各种谷类不能生长，只能生长黍；没
有城墙、宫室、祖庙与祭祀的礼仪，没有诸侯之间赠礼与宴请的
往来，也没有各层官府与官吏，所以征税二十抽一就够了。如今

在中国，去掉社会伦常，取消各级官吏，怎么行得通呢？制作陶器的人太少，尚且不够国人使用，何况没有官吏呢？想使税率比尧、舜的标准更低的，是大貉、小貉那样的国家；想使税率比尧、舜的标准更高的，是大桀、小桀那样的暴君。"

[解读]

① 白圭（白丹），曾任魏相，对筑堤治水颇为自信。貉（貊）是北方的一个小国。

② 尧、舜的标准是十分抽一。治国不能光靠节约，还须注意人伦的需要与文化的发展。

[12.11]

白圭曰："丹之治水也愈于禹。"

孟子曰："子过矣。禹之治水，水之道也，是故禹以四海为壑。今吾子以邻国为壑。水逆行谓之洚水。洚水者，洪水也，仁人之所恶也。吾子过矣。"

[白话]

白圭说："我治水的成效，胜过大禹。"

孟子说："你错了。大禹治水，是顺着水性发展，所以他把四海当做蓄水的低坑。现在你却是把邻国当做蓄水的低坑。倒流泛滥的水叫做大水，大水就是洪水，这是有仁德的人所厌恶的。你确实错了。"

[解读]

① 白圭"以邻为壑"，造成邻国水灾；邻国如果采用类似方法，

则后果又将如何？任何问题若不疏解，终究会造成灾难。

[12.12]

孟子曰："君子不亮，恶乎执？"

[白话]

孟子说："君子不讲求诚信，还会有什么操守呢？"

[解读]

① 人生在世，如果有所坚持，久而久之即形成个人的操守。追溯根本，则须讲求诚信，亦即言行合一，内外一致。亮为谅，信也。

[12.13]

鲁欲使乐正子为政。孟子曰："吾闻之，喜而不寐。"

公孙丑曰："乐正子强乎？"

曰："否。"

"有知虑乎？"

曰："否。"

"多闻识乎？"

曰："否。"

"然则奚为喜而不寐？"

曰："其为人也好善。"

"好善足乎？"

曰："好善优于天下，而况鲁国乎？夫苟好善，则四海之内皆将轻千里而来告之以善；夫苟不好善，则人将曰：'訑（yí）

訑，予既已知之矣。’訑訑之声音颜色，距人于千里之外，士止于千里之外，则谗谄面谀之人至矣，与谗谄面谀之人居，国欲治，可得乎？”

[白话]

鲁国有意让乐正子治理国政。孟子说："我听了这个消息，高兴得睡不着。"

公孙丑说："乐正子刚强吗？"

孟子说："不是。"

公孙丑说："有聪明谋略吗？"

孟子说："不是。"

公孙丑说："见多识广吗？"

孟子说："不是。"

公孙丑说："那么，先生为什么高兴得睡不着？"

孟子说："他这个人，喜欢听取善言。"

公孙丑说："喜欢听取善言，就够了吗？"

孟子说："喜欢听取善言，以此治理天下都还有余，何况治理鲁国？如果喜欢听取善言，那么四处的人都会从千里之外赶来把善言告诉他；如果不喜欢听取善言，那么人们就会模仿他说：'呵呵，我早就知道了。'那种腔调脸色就会把别人拒绝在千里之外了。士人在千里之外止步不来，那么进谗言及当面奉承的人就会来了。与进谗言及当面奉承的人相处，要想把国家治理好，办得到吗？"

[解读]

① 公孙丑所问的"强、有知虑、多闻识"应该是当时政治界所推
崇的条件，而乐正子皆未达到高标准。孟子所取的只有一点，

就是他"好善"。人若好善，则在不断成长，这才算是前途不可限量。集合天下人的善，治国有何困难？

[12.14]

陈子曰："古之君子何如则仕？"

孟子曰："所就三，所去三。迎之致敬以有礼；言，将行其言也，则就之。礼貌未衰，言弗行也，则去之。其次，虽未行其言也，迎之致敬以有礼，则就之。礼貌衰，则去之。其下，朝不食，夕不食，饥饿不能出门户，君闻之，曰：'吾大者不能行其道，又不能从其言也，使饥饿于我土地，吾耻之。'周之，亦可受也，免死而已矣。"

[白话]

陈子请教说："古代的君子要怎么样才出来做官？"

孟子说："做官有三种情况，辞官也有三种情况。国君接待他，非常恭敬而有礼，又准备照他所说的去实行，那就做官。国君的礼貌没有衰减，但是却不再照他所说的去做，那就辞官。其次，国君虽然没有照他所说的去做，但是仍然恭敬有礼地接待他，那就做官。一旦礼貌衰减了，就辞官。最下一等的情况是，早上没饭吃，晚上也没饭吃，饿得连大门都出不去，国君知道了，说：'我在大政上不能实行他的主张，又不能听取他的言论，使他在我的国土上挨饿，对此我觉得可耻。'于是周济他。这也是可以接受的，只求免于一死罢了。"

[解读]

① 综观这三种情况，可知君子完全处于被动地位，要根据国君的

诚意来决定是否做官。这是无可奈何的事，"免死而已矣"一语，最能道出古代读书人的委屈。

[12.15]

孟子曰："舜发于畎亩之中，傅说（yuè）举于版筑之间，胶鬲举于鱼盐之中，管夷吾举于士，孙叔敖举于海，百里奚举于市。故天将降大任于是人也，必先苦其心志，劳其筋骨，饿其体肤，空乏其身行，拂乱其所为，所以动心忍性，曾（zēng）益其所不能。人恒过，然后能改；困于心，衡于虑，而后作；征于色，发于声，而后喻。入则无法家拂（bì）士，出则无敌国外患者，国恒亡。然后知生于忧患而死于安乐也。"

[白话]

孟子说："舜在田野之中兴起，傅说从筑墙的劳役中被提拔出来，胶鬲从鱼盐贩子中被提拔出来，管夷吾从狱官手中被提拔出来，孙叔敖从海边被提拔出来，百里奚从市场中被提拔出来。所以，天准备把重大任务交付给这个人，一定要先折磨他的心志，劳累他的筋骨，饥饿他的肠胃，穷尽他的体力，使他的所作所为都不能如意，这样就可以震撼他的心思，坚忍他的性格，由此增加他所缺少的才干。人们总是犯了过错，才有机会改正；心意受限制，思虑受阻碍，才会发愤振作；表现在脸色上，发抒在言语中，才会被人了解。一个国家，在内没有遵守法度的大臣与辅佐君主的士人，在外没有敌对的国家与外患的威胁，那就迟早会灭亡。然后就可以明白忧患中能获得生存，安乐会导致灭亡的道理了。"

① 傅说是商王武丁梦见的圣人，当时他正在受刑筑墙，后来成为宰相，商朝大治。胶鬲曾为商纣之臣，据说是周文王发掘的人才。管夷吾（管仲）跟随公子纠失败，被鲁国囚禁，后赖鲍叔牙推荐，成为齐桓公的宰相。孙叔敖曾任楚国令尹（宰相）。

② "天将降大任于是人也"一语，是最好的励志名言。每一个人的潜能都是巨大的，只要善加锤炼都可以成才。孟子在此特别指出"天"，可见他相信冥冥中仍有一个主宰。我们可以不清楚这样的天是怎么回事，但是不宜把它当做一个虚字。

③ "生于忧患而死于安乐"一语，提醒我们人生经历多为忧患，即使偶有安乐，也不可耽溺其中。这种想法并非悲观主义，而是勉励我们以忧患为乐，如孔子、颜渊、孟子之所为。衡：横，阻塞不通。拂：弼，辅佐。

［12.16］

孟子曰："教亦多术矣，予不屑之教诲也者，是亦教诲之而已矣。"

［白话］

孟子说："教育的方法是很多的，我对一个人不屑于去教导，就已经是教导他了。"

［解读］

① 孟子谈教育方法，参考［13.40］。"不教之教"也可能使受教者觉悟自己的过失。《论语》［17.20］有一段资料："孺悲欲见孔子，孔子辞以疾。将命者出户，取瑟而歌，使之闻之。"

告子下

尽心上

孟子曰："尽其心者，知其性也。知其性，则知天矣。存其心，养其性，所以事天也。夭（yāo）寿不贰，修身以俟之，所以立命也。"

[白话]

孟子说："一个人，充分实践他内心的要求，就会了解他的本性。了解他的本性，也就会了解天了。保存他内心的原状，养育他的本性，就是侍奉天的正确方法。短命与长寿都不改变态度，修养自己来等待任务，就是建立使命的正确方法。"

[解读]

① "尽其心者，知其性也"，先就语意上分析，一般人如果想要知（了解）其性，只有一个方法，就是尽（充分实践）其心。既然要尽"其心"，则其心一定在发出各种要求，等待被充分实践，而这正是就"心之四端"（恻隐、羞恶、辞让、是非）而言。因此，心是"不断在发出要求的动力状态"。那么，依此所了解的本性是什么？是"向善"。接着，如果追问这种向善的本性的根源，则答案是"天"。换言之，天给了人向善之性，然后

人生之道自然是"择善固执"，并且最后目的是"止于至善"，亦即天人合德。杀身成仁与舍生取义，都在此找到了根本的理由。有关孟子的"乐天"与"畏天"，可参考［2.3］，"顺天"与"逆天"可参考［7.7］。

② "存其心，养其性"：首先，心要"存"，因为它可能被人丧失（放其心）；可存可失之心，不能处于固定本质的状态，而必须是动态的活泼力量，所以白话说"保存他内心的原状"时，"原状"是就活泼力量而言。其次，"养育他的本性"清楚地显示本性不是圆满自足的，必须不断以实际的善行（仁、义、礼、智）去滋养培育。做到这两点，就是"事天"的正确方法。试问：人为什么要"事天"？因为孟子继承孔子的思想与信仰，认为天是一切的至高主宰。但是，他同样也不强调对待"天"的具体的宗教仪式，而是要善待天所给人的本性，由此奉行天的旨意。正因为有"事天"的概念，孟子一方面不会自我膨胀，说出狂妄的话，他即使在宣称"舍我其谁"时，也以"天欲平治天下"为前提［4.13］；另一方面不会灰心丧志，陷入虚无主义的困境。

③ "立命"，儒家从孔子开始，就面对着"命运"与"使命"这两条路线的激荡与冲突。命运挫折人的意志与抱负，但是使命（孔子"五十而知天命"）则另辟天地，使人"知其不可而为之"，依然可以活得坦荡快乐。

［13.2］

孟子曰："莫非命也，顺受其正；是故知命者不立乎岩墙之下。尽其道而死者，正命也；桎梏死者，非正命也。"

孟子说:"没有一样遭遇不是命运,顺着情理去接受它正当的部分;因此,了解命运的人不会站在倾斜的危墙底下。尽力行道而死的,是正当的命运,犯罪受刑而死的,不是正当的命运。"

[解读]

① 顺受其正:面对命运,只能顺从情理(人情世故的一般情况)的发展。至于"正"则是指稍后所谓的正命。命运的"正当部分",或者"正当的"命运,可以配合"使命"(亦可称为"天命")来理解。所谓"正",显然是指天对人性的要求而言。"尽其道而死者",则是"舍生取义"的另一说法。

[13.3]

孟子曰:"求则得之,舍则失之,是求有益于得也,求在我者也。求之有道,得之有命,是求无益于得也,求在外者也。"

[白话]

孟子说:"寻求就会得到,放弃就会失去;这种寻求是有益于得到的,因为所寻求的人本身之内。寻求它有方法,得到它靠命运,这种寻求就是无益于得到的,因为所寻求的在我本身之外。"

[解读]

① "求则得之",所指的是在我本身可以做到的仁义礼智。
② "得之有命",所指的是世间的富贵荣华。

[13.4]

孟子曰："万物皆备于我矣。反身而诚，乐莫大焉。强（qiǎng）恕而行，求仁莫近焉。"

[白话]

孟子说："一切在我身上都齐备了。反省自己做到了完全真诚，就没有比这更大的快乐了。努力实践推己及人的恕道，就没有比这更近的路可以达到仁德了。"

[解读]

① 万物皆备于我：要走上人生正途，或者要完成人生目的所需要的一切，其实就是我与生俱有的向善之性，只要存养充扩之，人生还有什么欠缺？孟子这句话是为了强调我"无所欠缺"，而不是"万物之理在我心中"。

② 反身而诚：诚是我心不受遮蔽及扭曲，可以内外如一，做个真实的人。这种快乐由内而发，源源不绝，确实无可比拟。

③ 恕与仁的关系是："恕"落实在人我之间，所以要推己及人；"仁"则是对自己的要求，要响应那恒存的恻隐之心。这两者在根本上是不可分的。

④ 孟子谈快乐，参考 [13.20]。

[13.5]

孟子曰："行之而不著焉，习矣而不察焉，终身由之而不知其道者，众也。"

孟子说："就这么去做，但是并不明白；早就习惯了，但是没有察觉；一辈子走在上面，却不知道那是什么路的人，实在太多了。"

[解读]

① 许多人一生风平浪静，也能循规蹈矩过日子。但是若不"知道"人生的原则与方向，在遇到考验时，就未必可以继续走在正途上了。

[13.6]

孟子曰："人不可以无耻，无耻之耻，无耻矣。"

[白话]

孟子说："人不可以没有羞耻。把没有羞耻当做羞耻，那就不会有耻辱了。"

[解读]

① "无耻之耻"一语有两种译法：一是"没有羞耻的那种羞耻"，如此接着就要说"那真是没有羞耻啊"；二是本文所译。后者较有积极意义，要人由无耻走向有耻。

[13.7]

孟子曰："耻之于人大矣。为机变之巧者，无所用耻焉。不耻不若人，何若人有？"

[白话]

孟子说："羞耻对于人，关系十分重大。玩弄权谋诡计的人，是根本用不上羞耻的。不认为不如别人是羞耻，还有什么是比得上别人的？"

[解读]

① 由此可知，"耻"来自人群的互相比较，这确实是助人向上的动力。一个人没有羞耻，主要是两种情况：一是"为机变之巧者"，为达目的而不择手段；二是放弃自己，不在乎不如别人。

[13.8]

孟子曰："古之贤王，好善而忘势；古之贤士，何独不然？乐其道而忘人之势，故王公不致敬尽礼，则不得亟见之。见且由不得亟，而况得而臣之乎！"

[白话]

孟子说："古代的贤君爱好行善，而忘记了自己的权势；古代的贤士又何尝不是如此？他们乐于行道，而忘记了别人的权势，所以王公不恭敬尽礼，就不能常常见到他们。相见的次数尚且不多，何况要把他们当做臣下呢？"

[解读]

① 本章说明"忘"的重要。人必须有所爱好，并且所爱好的是正当之事，然后对世间的名利权位就可以忘记了。

[13.9]

孟子谓宋勾践曰："子好游乎？吾语子游。人知之，亦嚣嚣；人不知，亦嚣嚣。"曰："何如斯可以嚣嚣矣？"曰："尊德乐义，则可以嚣嚣矣。故士穷不失义，达不离道。穷不失义，故士得己焉；达不离道，故民不失望焉。古之人，得志，泽加于民；不得志，修身见（xiàn）于世。穷则独善其身，达则兼善天下。"

[白话]

孟子对宋勾践说："你喜欢游说诸侯吗？我告诉你游说的态度。别人理解，我悠然自得；别人不理解，我也悠然自得。"宋勾践说："要怎么样才可以做到悠然自得呢？"孟子说："崇尚品德、爱好义行，就可以悠然自得了。所以，士人穷困时不放弃义行，显达时不背离正道。穷困时不放弃义行，所以士人能保住自己的操守；显达时不背离正道，所以百姓不会失望。古代的人，得志时，恩泽广施百姓；不得志时，修养自己立身于世。穷困时，努力使自己趋于完美；显达时，就使天下人一起走向完美。"

[解读]

① 本章为孟子自述其游说各国诸侯时的心境。"独善其身"一语，并不表示与世隔绝，因为儒家不赞成隐士的作风。与"兼善天下"对观，可知这是就"善"的实践范围而言。所以，在不得志时依然要努力"修身"。有关得志与不得志，可参考［6.2］所论。

[13.10]

孟子曰："待文王而后兴者，凡民也。若夫豪杰之士，虽无文王犹兴。"

孟子说："等待周文王出现之后，才振作起来的，是一般百姓。至于真正杰出的人，即使没有周文王出现，也能奋发图强。"

［解读］

① 在此所谓的"兴"，不指外在事功，而指择善固执，走上人生正途。

② 孟子曾称赞楚人陈良学习儒家有成，为"豪杰之士"［5.4］。

［13.11］

孟子曰："附之以韩、魏之家，如其自视欿（kǎn）然，则过人远矣。"

［白话］

孟子说："把韩、魏两家的财富都加赠给他，如果他还不自满，这样的人就远远超过一般人了。"

［解读］

① 此处说"韩、魏之家"，可知是指春秋时代晋国的两家大夫。他们的财富是让人称羡的。不以财富自满并且以此傲人的，心中应该另有更高的人生目标。欿然：有所欠缺，而视盈若虚。

［13.12］

孟子曰："以佚道使民，虽劳不怨。以生道杀民，虽死不怨杀者。"

孟子说："在安顿百姓的原则下役使百姓，百姓即使劳累也不会怨恨；在保全百姓的原则下判人死刑，被杀的人虽死也不会怨恨杀他的人。"

[解读]

① "佚道"力求让百姓安逸；"生道"则是设法为百姓找到活路。犯罪之人在明白法官已经想尽办法而没有免刑的可能时，就会比较甘心为自己的罪行付出代价。

[13.13]

孟子曰："霸者之民驩（huān）虞如也，王者之民，皞（hào）皞如也。杀之而不怨，利之而不庸，民日迁善而不知为之者。夫君子所过者化，所存者神，上下与天地同流，岂曰小补之哉？"

[白话]

孟子说："霸主的百姓愉快欢喜的样子，圣王的百姓心旷神怡的样子。被杀了却不怨恨，得到好处却不感激，百姓每天趋向于善却不知道谁使他们这样。真正的君子，经过之处都会感化百姓，心中所存则是神妙莫测，造化之功与天地一起运转，这可以说是小小的补益吗？"

[解读]

① 本章谈到王霸之辨，可参考 [3.3]、[12.7]、[13.30]。霸者以小恩小惠（小小的补益）来赢得百姓愉快欢喜的样子。王者则使百姓回复自然本性，并且"日趋于善"。庸：有功而酬谢。

② "君子所过者化"一语中的"君子"，并非一般所说的有德者

或有位者，而是指圣王而言，所以白话写为"真正的君子"。
"所存者神"一语中的"神"，可参考本书［14.25］。神妙莫
测的境界，是从一般人的眼光去看的；并且，这也是一般的语
言文字所无法描述的境界。

［13.14］

孟子曰："仁言不如仁声之入人深也，善政不如善教之得民
也。善政，民畏之；善教，民爱之。善政得民财，善教得民心。"

［白话］

孟子说："仁德的言论不如仁德的音乐那么使人感动，良好
的政治不如良好的教育那么获得民心。良好的政治，百姓敬畏它；
良好的教育，百姓爱慕它。良好的政治能聚敛百姓的财富，良好
的教育能赢得民心的支持。"

［解读］

① 言论比起音乐，感动人的力量确有差别。音乐可以移风易俗，
言论则难以普及，限制较大。

② 善政一切照规矩来，足以使百姓敬畏，然后依法纳税，所以能
聚敛财富。善教循循善诱，自然使百姓爱慕，进而赢得民心。

［13.15］

孟子曰："人之所不学而能者，其良能也；所不虑而知者，
其良知也。孩提之童无不知爱其亲者，及其长也，无不知敬其兄
也。亲亲，仁也；敬长，义也。无他，达之天下也。"

［白话］

孟子说："人不经学习就能做的，那是良能；不用思考就知道的，那是良知。年幼的孩童，没有不知道要爱慕父母的；长大以后，没有不知道要敬重兄长的。爱慕父母，属于仁德；敬重兄长，属于义行；这没有别的原因，因为这两种品德是天下通行的。"

［解读］

① "良"为自然之意，所谓"不学、不虑"，是随着人的生命而展现的能力与觉悟。人由良知良能而可以为善，但不表示良知良能即是本善。天下人都有良知良能，所以仁德与义行可以得到所有人的响应。

［13.16］

孟子曰："舜之居深山之中，与木石居，与鹿豕游，其所以异于深山之野人者几希。及其闻一善言，见一善行，若决江河，沛然莫之能御也。"

［白话］

孟子说："舜住在深山里的时候，与树木、石头做伴，与野鹿、山猪相处，他与深山里的平凡百姓差不了多少。等到他听了一句好的言语，看见一种好的行为，学习的意愿就像决了口的江河，澎湃之势没有人可以阻挡。"

［解读］

① 本章指出，孟子认为舜是在"闻一善言，见一善行"之后，引发内心的原始力量，从此努力行善。由此亦可知，孟子的人性

论是主张"向善"的。换言之，如果舜一直未能"闻、见"，则难免一生是个深山野人。

[13.17]

孟子曰："无为其所不为，无欲其所不欲，如此而已矣。"

[白话]

孟子说："不要去做自己不屑于做的事，不要贪求自己不屑于贪求的东西。这样就足够了。"

[解读]

① 先要想清楚自己"所不为"与"所不欲"的是些什么，然后期许自己不要违背原则。人生之路虽然崎岖，能够谨记这两点，也就不会有什么过失了。这段话的前提应该是，良好的教育足以使人高尚其志。

[13.18]

孟子曰："人之有德慧术知者，恒存乎疢（chèn）疾。独孤臣孽子，其操心也危，其虑患也深，故达。"

[白话]

孟子说："人之所以具备德行、智慧、谋略、见识，常常是由于历经灾难。只有那些孤立之臣与庶孽之子，他们内心警惕不安，考虑祸害也很深远，所以可以通达事理。"

① 孤臣孽子：孤立之臣是被国君疏远的；孽子则是庶出之子，地位卑微。在危疑不安之中，人可以历练出杰出的才干。

［ 13.19 ］

孟子曰："有事君人者，事是君则为容悦者也；有安社稷臣者，以安社稷为悦者也；有天民者，达可行于天下而后行之者也；有大人者，正己而物正者也。"

［白话］

孟子说："有服侍国君的人，那是把服侍某个国君当做快乐的人；有安定国家的人，那是把安定国家当做快乐的人；有保全天性的人，那是看到他的理想可以在天下推行，然后才去推行的人；有德行完备的人，那是以端正自己来使别人端正的人。"

［解读］

① 孟子详述四种人品，位阶由低而高，他们的快乐也由外而内。
② "天民"是保存天性的人，亦即天所生育的自然之民。《庄子·庚桑楚》有一句话可供参考，就是："人之所舍，谓之天民；天之所助，谓之天子。"由此亦可以说：天民是无位者，而稍后所谓的大人，则是有位者了。大人"正己而物正者也"，在此"物"可以泛指其他的人。

［ 13.20 ］

孟子曰："君子有三乐，而王天下不与存焉。父母俱存，兄弟无故，一乐也；仰不愧于天，俯不怍（zuò）于人，二乐也；得天下英才而教育之，三乐也。君子有三乐，而王天下不与存焉。”

[白话]

孟子说：“君子有三种快乐，而称王天下并不包括在内。父母都健康，兄弟无灾无难，这是第一种快乐；对上无愧于天，对下无愧于人，这是第二种快乐；得到天下的优秀人才而教育他们，这是第三种快乐。君子有三种快乐，而称王天下并不包括在内。”

[解读]

① “父母俱存，兄弟无故”，这种快乐乍听之下，好像焦点在于小小的家庭中，而事实上，人有父母才可尽孝，有兄弟姊妹才可尽悌，由此推扩到其他人身上，称为顺其自然。因此，在实现人性向善的要求时，父母家人不仅合乎自然情感的愿望，也提供了实现人性的基础，这不是一大快乐吗？

② 仰不愧于天：此话是说人对“天”会有愧与不愧两种态度，因为天是至高主宰，并且天赋予人某种使命，亦即“存其心，养其性，所以事天也”[13.1]一语所肯定的。孟子对天的这种信念是一贯的。只有存着谦卑及敬畏的心，人才可以在德行上日新又新。

③ 得天下英才而教育之：“教育”二字并不是教师的专利，而是每一位前辈或长辈都可以进行的；只要把自己的专长或心得教给有心上进的青少年，都可得到这种快乐。

④ 孟子谈“乐莫大焉”，参考[13.4]。

[13.21]

孟子曰：“广土众民，君子欲之，所乐不存焉；中天下而立，定四海之民，君子乐之，所性不存焉。君子所性，虽大行不加焉，虽穷居不损焉，分定故也。君子所性，仁义礼智根于心，其生色也睟（suì）然，见于面，盎（àng）于背，施于四体，四体不言而喻。"

[白话]

孟子说："广大的土地与众多的百姓，是君子所想要的，但是他的快乐不在这里；站立在天下的中央，安定四海之内的百姓，君子乐于做到如此，但是他的本性并不表现在这里。君子表现他的本性，即使理想完全实现，也不会增加一点，即使穷困隐居起来，也不会减少一点，这是由于本分已经确定的缘故。君子表现他的本性，仁德、义行、守礼、明智都根植在心中，它们产生的气色是纯和温润的，显现在脸上，洋溢在背上，延伸到四肢，四肢不必等他吩咐就明白该怎么做了。"

[解读]

① 阅读本章要先分辨三个层次，就是"所欲、所乐、所性"。所欲的是个人取得成就，所乐的是让天下人幸福，所性的是对自己负责，亦即可以实现"人性"的要求。

② 君子所性：以"心之四端"为根源，实践仁义礼智，由此变化气质，接着"自然"行善避恶。"不言而喻"一语，描写行善时从心所欲的自在状态。

[13.22]

孟子曰："伯夷辟纣，居北海之滨，闻文王作，兴曰：'盍归乎来，吾闻西伯善养老者。'太公辟纣，居东海之滨，闻文王作，兴曰：'盍归乎来，吾闻西伯善养老者。'天下有善养老，则仁人以为己归矣。五亩之宅，树墙下以桑，匹妇蚕之，则老者足以衣帛矣。五母鸡，二母彘，无失其时，老者足以无失肉矣。百亩之田，匹夫耕之，八口之家可以无饥矣。所谓西伯善养老者，制其田里，教之树畜，导其妻子使养其老。五十非帛不暖，七十非肉不饱。不暖不饱，谓之冻馁。文王之民无冻馁之老者，此之谓也。"

［白话］

孟子说："伯夷避开商纣，住在北海的海边，听说周文王奋发有为，就振作起来说：'何不去投奔西伯！我听说他善于奉养老人。'姜太公避开商纣，住在东海的海边，听说周文王奋发有为，就振作起来说：'何不去投奔西伯！我听说他善于奉养老人。'天下有善于奉养老人的人，仁者就把他当做自己的依靠了。五亩大的宅园中，在墙边种植桑树，妇女养蚕缫丝，老年人就都有丝绵衣穿了。饲养五只母鸡，两头母猪，不要耽误它们的繁殖期，老年人就都不会缺肉吃了。一百亩的土地，由男子耕种，八口之家就都不会挨饿了。所谓'西伯善于奉养老人'，就在于：规定百姓的田亩宅地，教会他们栽种畜牧；引导他们的妻小来奉养老人。五十岁的人不穿丝绵就不暖，七十岁的人不吃肉就不饱；穿不暖吃不饱，叫做受冻挨饿。周文王的百姓中，没有受冻挨饿的老人，说的就是这种情况。"

［解读］

① 本章前半段曾见于［7.13］，后半段则说明"西伯善养老"的具体做法，可参考［1.3］、［1.7］。对百姓来说，平安度日、安养晚年，是基本的要求。

[13.23]

孟子曰："易其田畴，薄其税敛，民可使富也。食之以时，用之以礼，财不可胜用也。民非水火不生活，昏暮叩人之门户求水火，无弗与者，至足矣。圣人治天下，使有菽粟如水火。菽粟如水火，而民焉有不仁者乎？"

[白话]

孟子说："整治他们的田地，减轻他们的税收，就可以使百姓富足。按一定季节取食，依礼的规定消费，财物就用不完了。百姓没有水与火就无法生活，晚上敲别人家门求水讨火，没有不给的，因为家家都多得很。圣人治理天下，要使百姓的粮食多得像水火一样。粮食像水火那么多，百姓哪有不培养仁德的？"

[解读]

① 这是先富后教的观点，要使百姓"衣食足然后知荣辱"。孔子也曾谈到"水火"。他说："民之于仁也，甚于水火。水火，吾见蹈而死者矣，未见蹈仁而死者也。"（《论语》[15.35]）由此可知，百姓有了水火之后，还要进而行仁，这并非孟子所想象的那么容易。

[13.24]

孟子曰："孔子登东山而小鲁，登泰山而小天下，故观于海者难为水，游于圣人之门者难为言。观水有术，必观其澜。日月有明，容光必照焉。流水之为物也，不盈科不行；君子之志于道也，不成章不达。"

孟子说："孔子登上东山，觉得鲁国变小了；登上泰山，觉得天下变小了；所以看过大海的人，就很难被别的水吸引了；在圣人门下学习过的人，就很难被别的言论吸引了。观赏水有特定的方法，一定要先看它形成的波澜。太阳与月亮发出光辉，一点点缝隙都一定照到。流水的表现是，不把洼地注满就不向前流动；君子立志追求正道，没有精彩的成绩，就不会通达。"

[解读]

① 人要避免井底之蛙的困境，只有努力提升自己。眼界开阔之后，理想自然随之高远。接着要参考"观水、日月、流水"，不但要做到有源有本，还要脚踏实地，累积深厚功力，让一切水到渠成。

[13.25]

孟子曰："鸡鸣而起，孳孳为善者，舜之徒也。鸡鸣而起，孳孳为利者，跖之徒也。欲知舜与跖之分，无他，利与善之间也。"

[白话]

孟子说："听到鸡叫就起床，努力不倦地行善，是舜一类的人；听到鸡叫就起床，一直不停地求利，是跖一类的人。想要知道舜与跖的差异，不必找别的办法，只在求利与行善之间去分辨就可以了。"

[解读]

① 跖：就是盗跖。《庄子·盗跖》对此人有生动的描写。不过，

在孟子看来，他是舜的反面代表。可参考［6.10］。

［13.26］

孟子曰："杨子取为我，拔一毛而利天下，不为也。墨子兼爱，摩顶放踵利天下，为之。子莫执中。执中为近之。执中无权，犹执一也。所恶执一者，为其贼道也，举一而废百也。"

［白话］

孟子说："杨子主张'为我'，拔一根汗毛可以对天下有利，他都不去做。墨子主张'兼爱'，磨秃头顶、走伤脚跟，只要对天下有利，他都去做。子莫采取中间立场，采取中间立场就接近正确了。不过，采取中间立场而没有变通，就好像执著在一点上。我们讨厌执著在一点上，是因为那样会损害正道，抓住了一点而丢弃其他一切。"

［解读］

① 杨子与墨子已在［6.9］受到严厉的批评。那么，避开这两种极端而采取中间立场，是否可行？关键依然在于"权"，要能考虑权宜变通，因为人生的一切是活泼的，人生的正途（道）也不可能一成不变。孟子在［7.17］回答"男女授受不亲"的质疑时，表现了他所谓的"执中"而"有权"。

［13.27］

孟子曰："饥者甘食，渴者甘饮，是未得饮食之正也，饥渴害之也。岂惟口腹有饥渴之害？人心亦皆有害。人能无以饥渴之害为心害，则不及人不为忧矣。"

[白话]

孟子说："饥饿的人觉得任何食物都好吃，口渴的人觉得任何饮料都好喝，这并没有尝到饮食的正常味道，而是受了饥饿与口渴的损害啊。难道只有口与腹会有饥渴的损害？人心也有这一类的损害。人们能够让自己的心不要受到饥渴之类的损害，那么就不会以赶不上别人为忧虑了。"

[解读]

① 对人心而言，饥渴是指"长期不念书、不思考"，然后就很容易在听到泛泛之论时上当受骗。对孟子来说，人心的"饥渴"是指很少接触善言善行，而"不及人"则是指富贵赶不上别人。人心若以行善为满足，自然不会羡慕别人的物质享受了。

[13.28]

孟子曰："柳下惠不以三公易其介。"

[白话]

孟子说："柳下惠不会因为做了大官，就改变他的操守。"

[解读]

① 三公：有两种说法，一是指太师、太傅、太保；二是指司马、司徒、司空。以上都是辅佐国君的高官。

[13.29]

孟子曰："有为者辟若掘井，掘井九轫（rèn）而不及泉，犹为弃井也。"

[白话]

孟子说："有所作为的人就像挖一口井，挖到六七丈深还没有出现泉水，仍然是一口废井。"

[解读]

① 轫（仞）：七尺为一仞，九仞大约六七丈。可参考［11.19］："夫仁，亦在乎熟之而已矣。"求知与行善，都必须累积到一定程度，才可转化生命。

[13.30]

孟子曰："尧、舜，性之也；汤、武，身之也；五霸，假之也。久假而不归，恶知其非有也？"

[白话]

孟子说："尧、舜是顺着本性去实行仁义的，商汤、周武王是靠着修身去实行仁义的，五霸是利用假借去实行仁义的。假借久了而不归还，怎么知道他们本来是没有仁义的呢？"

[解读]

① 实行仁义有三种方式：性之，身之，假之。但是在教育时，则须由外至内，先强调"假之"，说明仁义对自己有利；再鼓励"身之"，说明修身未必十分困难；最高目标则是"性之"，

指出行善才是人性的正常发展。有关"王霸之辨"，可参考
［3.3］、［12.7］、［13.13］。

［13.31］

公孙丑曰："伊尹曰：'予不狎于不顺，放太甲于桐，民大
悦。太甲贤，又反之，民大悦。'贤者之为人臣也，其君不贤，
则固可放与？"

孟子曰："有伊尹之志则可，无伊尹之志则篡也。"

［白话］

公孙丑说："伊尹说：'我不亲近违逆仁义的人，因此把太甲放
逐到桐邑，百姓非常高兴。太甲变好了，又让他回来即位，百姓也非
常高兴。'贤者作为臣下，君主不好时，本来就可以将他放逐吗？"

孟子说："有伊尹那样的心思，就可以；没有伊尹那样的心
思，就是篡位了。"

［解读］

①　伊尹之事，见［9.6］。他的心思不夹杂私利，完全为国家与百
　　姓着想。

［13.32］

公孙丑曰："《诗》曰：'不素餐兮。'君子之不耕而食，何也？"

孟子曰："君子居是国也，其君用之，则安富尊荣；其子弟
从之，则孝悌忠信。'不素餐兮'，孰大于是？"

公孙丑说:"《诗经·魏风·伐檀》上说:'不白白吃饭啊。'可是君子不耕种却也吃饭,为什么呢?"

孟子说:"君子住在一个国家里,国君任用他,就能带来安定、富足、尊贵、荣耀;青少年跟随他,就会变得孝顺父母、尊敬兄长、办事忠心、讲求诚信。'不白白吃饭啊',什么功劳比他的更大?"

[解读]

① 社会的需求是多方面的,每个人都亲自耕田才有饭吃,根本是不切实际的想法。孟子在[5.4]已经充分论证了农家之说的谬误。"孝悌忠信"一词亦见于[1.5]。

[13.33]

王子垫问曰:"士何事?"

孟子曰:"尚志。"

曰:"何谓尚志?"

曰:"仁义而已矣。杀一无罪非仁也,非其有而取之非义也。居恶在?仁是也;路恶在?义是也。居仁由义,大人之事备矣。"

[白话]

王子垫请教说:"士人该做什么事?"

孟子说:"提升自己的志向。"

王子垫说:"什么叫做提升自己的志向?"

孟子说:"志于仁德与义行罢了。杀一个无罪的人,就不合乎仁德;不是自己该有的却去取来,就不合乎义行。居住之处在哪里？就是仁德；行走之路在哪里？就是义行。居住于仁德，顺着义行走，德行完备的人所该做的事就齐全了。"

[解读]

① "杀一无罪，非仁也"：孟子在［3.2］曾说圣人"行一不义，杀一不辜，而得天下，皆不为也"，可见他对百姓生命的普遍重视。

② 居仁由义：孟子在［7.10］曾说，"仁，人之安宅也；义，人之正路也。"本章进而强调这是士的志向，做到了就符合"大人"的资格了。有关"大人"之说，可参考［7.20］、［8.6］、［8.11］、［8.12］、［11.14］、［11.15］。

［13.34］

孟子曰："仲子，不义与之齐国而弗受，人皆信之，是舍箪食豆羹之义也。人莫大焉亡亲戚君臣上下。以其小者信其大者，奚可哉？"

[白话]

孟子说："陈仲子，不依正当方式送给他齐国，都不会接受，大家都相信这一点。陈仲子不过是具有拒绝一筐饭、一碗汤那样的义行罢了。人的过错没有比抹杀亲戚、君臣、尊卑关系更大的了。因为他有小义行，就相信他也有大义行，怎么可以呢？"

[解读]

① 陈仲子的事迹，见［6.10］。他为了操守廉洁，而对母亲与哥哥所取的态度，是孟子不以为然的。人不可为小义而损害大义。

[13.35]

桃应问曰："舜为天子，皋陶为士，瞽瞍杀人，则如之何？"

孟子曰："执之而已矣！"

"然则舜不禁与？"

曰："夫舜恶得而禁之？夫有所受之也。"

"然则舜如之何？"

曰："舜视弃天下，犹弃敝屣（xǐ）也。窃负而逃，遵海滨而处，终身欣然，乐而忘天下。"

[白话]

桃应请教说："舜是天子，皋陶是法官，如果瞽瞍杀了人，应该怎么办？"

孟子说："逮捕他就是了。"

桃应说："那么舜不会阻止吗？"

孟子说："舜怎么能阻止呢？皋陶是于法有据的。"

桃应说："那么，舜又怎么办呢？"

孟子说："舜把丢弃天下看成像是丢弃破草鞋一样。他会偷偷地背着父亲逃跑，沿着海边住下来，一辈子开开心心，快乐得忘记了天下。"

[解读]

① 舜若仍居天子之位，就必须维持法律，依法审判瞽瞍。但是，他若下台成为百姓，就会以孝道为先，想尽办法保护父亲。这种观念，与孔子所谓"父为子隐，子为父隐，直在其中矣"（《论语》[13.18]）的立场是一致的。儒家并非以情害法，而是肯定人情为恒在的，是人性的自然表现。情与法不能兼顾时，则以不违人情为要。

[13.36]

孟子自范之齐，望见齐王之子，喟然叹曰："居移气，养移体，大哉居乎！夫非尽人之子与？"

孟子曰："王子宫室、车马、衣服多与人同，而王子若彼者，其居使之然也；况居天下之广居者乎？鲁君之宋，呼于垤（dié）泽之门。守者曰：'此非吾君也，何其声之似我君也？'此无他，居相似也。"

[白话]

孟子从范邑到齐国，远远地看见齐王的儿子，就感叹地说："居住环境改变人的气度，饮食奉养改变人的体态，环境的影响真大啊！他不也是和一般人的儿子一样吗？"

孟子又说："王子的住所、车马、衣服多半与别人的相同，而王子却这么特别，就是因为居住环境使他这样的；何况是居住于天下最宽广的住宅，亦即以仁德为住所的人呢？有一次鲁君到宋国去，在宋国的垤泽城门下呼喝，守门的说：'这个人不是我们的国君，为什么他的声音这么像我们的国君呢？'这没有别的原因，所居住的环境相似罢了。"

[解读]

① 本文所谓"齐王之子"，应是齐宣王。久居富贵之人，气度、体态、声音、容貌都与众不同。那么，以仁为居的人呢？

[13.37]

孟子曰："食而弗爱，豕交之也；爱而不敬，兽畜之也。恭敬者，币之未将者也。恭敬而无实，君子不可虚拘。"

[白话]

　　孟子说："只养活而不爱护，那就像对待猪一样；只爱护而不恭敬，那就像畜养犬马一样。恭敬之心是在赠送礼物之前就具有的。只有恭敬的形式而没有内在的心意，君子是不会被这种虚假的形式所拘束的。"

[解读]

① 礼以恭敬之心为基础，再表现为适当的形式。礼仪的规定十分复杂，因此要特别强调真诚的心意。孔子说过："人而不仁，如礼何？人而不仁，如乐何？"（《论语》[3.3]）他所谓的"仁"，就是指真诚心意。

② 不可虚拘：参考"惟义所在"[8.11]以及[8.23]。

[13.38]

　　孟子曰："形色，天性也，惟圣人然后可以践形。"

[白话]

　　孟子说："人的形体容貌是天生的，只有圣人可以完全实践这种形体容貌的一切潜能。"

[解读]

① 具有人的形色，就拥有人性的一切潜能。人既然是万物之灵，则其潜能自然以"心之四端"为主，发挥出来就是仁义礼智的善行，完全实践就达到圣人境界了，这也是"身心合一论"的极致表现。换言之，只有圣人是真正的、完全的人，亦即只有圣人是止于"至善"的人。我们则拥有"向善"的本性，并且

290　　　　　　　　　　　　　　　　　傅佩荣解读《孟子》（修订版）

在"择善"的过程中继续努力。孟子的圣人观，可参考 [10.1]。

[13.39]

齐宣王欲短丧。公孙丑曰："为期（jī）之丧，犹愈于已乎？"

孟子曰："是犹或其兄之臂，子谓之姑徐徐云尔，亦教之孝悌而已矣。"

王子有其母死者，其傅为之请数月之丧。公孙丑曰："若此者何如也？"

曰："是欲终之而不可得也。虽加一日愈于已，谓夫莫之禁而弗为者也。"

[白话]

齐宣王想要缩短守丧的期限。公孙丑说："为父母守丧一年，总比完全不守丧好吧？"

孟子说："这就像有人在扭他哥哥的手臂，你却对他说暂且慢慢地扭吧。依我看，只要教导他孝顺父母，尊敬兄长就行了。"

有个王子的生母过世，他的老师为他请求君主，允许他守丧几个月。公孙丑说："像这样的事，该怎么看？"

孟子说："这是想守丧三年而无法办到的情况。即使多守丧一天也比不守丧好，这话是针对那些没有人禁止而他自己不肯守丧的人所说的。"

[解读]

① 《仪礼·丧服记》规定，王子因为父亲还在，所以无法为母亲守丧三年。若是心中没有哀思，守丧难免沦于形式。这也是一个礼与仁配合的问题。

[13.40]

孟子曰:"君子之所以教者五: 有如时雨化之者, 有成德者, 有达财者, 有答问者, 有私淑艾者。此五者, 君子之所以教也。"

[白话]

孟子说:"君子有五种教育方法: 有像及时雨那样润泽点化的, 有成全品德的, 有培养才干的, 有解答疑问的, 有靠品德学问使别人私下受到教诲的。这五种就是君子施行教育的方法。"

[解读]

① 有如时雨化之者: 对于长期跟在身边的学生, 可以因时、因地、因事而随机指点, 助其转化提升。

② "成德、达财(才)、答问", 分别针对品德、才干、见识来指导, 这是为了考虑学生的不同需求。

③ "私淑艾者"的字面意义是"私拾取者", 意即老师的嘉言懿行广为流传之后, 有些人没有亲自受教的机会, 也可以私下认真学习。

④ 孟子谈"不教之教", 参考 [12.16]。

[13.41]

公孙丑曰:"道则高矣, 美矣, 宜若登天然, 似不可及也; 何不使彼为可几及而日孳孳也?"

孟子曰:"大匠不为拙工改废绳墨, 羿不为拙射变其彀率。君子引而不发, 跃如也。中道而立, 能者从之。"

公孙丑说:"人生正道既高尚又美好,简直就像登天一样,似乎是不可能达到的;为什么不让它变得有可能达到,然后人们可以每天努力去追求呢?"

孟子说:"高明的木匠不会为了笨拙的工人而更改或废弃绳墨,后羿不会为了笨拙的射手而改变拉弓的标准。君子有如教人射箭,拉开了弓却不发箭,做出跃跃欲试的样子。他站在正道的中间,有能力的就会跟着他去学。"

[解读]

① 《论语》有一则资料可供参考。"冉求曰:'非不说子之道,力不足也。'子曰:'力不足者,中道而废。今女画。'"[6.12]孔子指正冉求的话是:"力量不够的人,走到半路才会放弃。现在你却是画地自限。"在此所谓的"中道"是指半途。孟子本章所谓的"中道而立",则是说君子站在正道的中间,欢迎别人来共襄盛举,一起走上人生的坦途。

[13.42]

孟子曰:"天下有道,以道殉身;天下无道,以身殉道。未闻以道殉乎人者也。"

[白话]

孟子说:"天下政治上轨道,就让正道随我的生命来实现;天下政治不上轨道,就让我的生命为正道而牺牲。没有听说牺牲正道去迎合别人的。"

尽心上   293

① 天下有道与无道，不宜以二分法界定，而应考虑其"趋势"。这样才符合儒家所标榜的"知其不可而为之"(《论语》[14.38])。孟子在此批评有些人虽然学习了正道，却去迎合权贵之人。

[13.43]

公都子曰："滕更之在门也，若在所礼，而不答，何也？"

孟子曰："挟贵而问，挟贤而问，挟长而问，挟有勋劳而问，挟故而问，皆所不答也。滕更有二焉。"

[白话]

公都子说："滕更在先生门下时，似乎是属于要以礼相待的人，可是您却不回答他的问题，为什么呢？"

孟子说："仗着地位高而发问，仗着才干多而发问，仗着年纪大而发问，仗着有功劳而发问，仗着老交情而发问，都是我不愿回答的。滕更占了其中的两项。"

[解读]

① 滕更是滕国国君之弟，他所挟的是贵与贤。有所倚仗而发问，不但少了一份诚意，也不会谦虚上进。

[13.44]

孟子曰："于不可已而已者，无所不已。于所厚者薄，无所不薄也。其进锐者，其退速。"

孟子说："对于不可以停止的事却停止了，那就没有什么事不可以停止了。对于应该厚待的人却薄待他，那就没有什么人不可以薄待了。前进太猛的人，后退也很快。"

［解读］

① "不可已"是指择善而言，必须固执一生。"所厚者"是依"爱的差等"而定。如果忽略基础与根源，汲汲于追求世间成就，那么虽然看来大有进展，其中却隐含了后退的危机。"进锐退速"一语也提醒我们：学习要循序渐进，并且持之以恒。

［ 13.45 ］

孟子曰："君子之于物也，爱之而弗仁；于民也，仁之而弗亲。亲亲而仁民，仁民而爱物。"

［白话］

孟子说："君子对待万物，爱惜而不施加仁德；对待百姓，施加仁德而不视为亲人。君子爱自己的亲人，进而以仁德施于百姓；以仁德施于百姓，进而爱惜万物。"

［解读］

① 君子对万物、百姓、亲人的态度，是有差等的。这是源自关系的远近与情感的深浅，正是顺其自然的表现。

[13.46]

孟子曰："知者无不知也，当务之为急；仁者无不爱也，急亲贤之为务。尧、舜之知而不遍物，急先务也。尧、舜之仁不遍爱人，急亲贤也。不能三年之丧，而缌、小功之察；放饭流歠（chuò），而问无齿决，是之谓不知务。"

[白话]

孟子说："明智者没有不想知道的，但急于知道当前该做的事；行仁者没有不想爱护的，但务必先爱护亲人与贤者。尧、舜的智慧不能完全知道一切事物，因为急于知道首要任务；尧、舜的仁德不能普遍爱护一切的人，因为急于先爱护亲人与贤者。如果不能实行三年的丧礼，却对缌麻三月、小功五月的丧礼仔细讲求；在尊长面前大口吃饭、大口喝汤，却讲究不用牙齿咬断干肉，这就叫做不知道轻重缓急。"

[解读]

① 古代丧服分为斩衰、齐衰、大功、小功、缌麻五等，时间分别为三年、一年、九个月、五个月、三个月。譬如，"缌"为女婿为岳父母服丧三月，"小功"为外孙为外祖父母服丧五月。
② 《礼记·曲礼》："干肉不齿决。"吃饭时，干肉不用牙齿咬断，而要用手折断。

尽心下

[14.1]

　　孟子曰："不仁哉梁惠王也！仁者以其所爱及其所不爱，不仁者以其所不爱及其所爱。"公孙丑曰："何谓也？""梁惠王以土地之故，糜烂其民而战之，大败，将复之，恐不能胜，故驱其所爱子弟以殉之，是之谓以其所不爱及其所爱也。"

[白话]

　　孟子说："梁惠王没有仁德啊！有仁德的人由照顾他所爱的人推及他所不爱的人，没有仁德的人由遗弃他所不爱的人祸及他所爱的人。"公孙丑请教说："这话是什么意思呢？"孟子说："梁惠王为了争夺土地，驱使百姓去作战，死伤惨重，大败之后还想再战，担心不能取胜，就驱使他所爱的子弟去送死，所以我说他是由遗弃他所不爱的人祸及他所爱的人。"

[解读]

①　有关梁惠王的事迹，见 [1.5]，在马陵之役，魏国还牺牲了太子申。为了争夺土地而打仗，实为不仁不智。

[14.2]

孟子曰：“春秋无义战。彼善于此，则有之矣。征者，上伐下也，敌国不相征也。”

[白话]

孟子说：“春秋时代没有正当的战争。那一次战争比这一次的好些，倒还是有的。所谓征讨，是指天子讨伐诸侯，同等的诸侯国是不能互相征讨的。”

[解读]

① 春秋无义战：诸侯有罪，只有天子可以征讨；但是春秋时代天子势衰，以致战争皆非天子之意，所以无义战。这种说法无异于反对绝大多数的战争。

[14.3]

孟子曰：“尽信《书》，则不如无《书》。吾于《武成》，取二三策而已矣。仁人无敌于天下，以至仁伐至不仁，而何其血之流杵也？”

[白话]

孟子说：“完全相信《尚书》所记的，还不如没有《尚书》这本书。我对于《武成》一篇，只取其中两三编竹简罢了。行仁者在天下没有敌手，以最有仁德的周武王去讨伐最无仁德的商纣，怎么会使血流得把舂米的木棍都漂浮起来了呢？”

① 《武成》所记大概是周武王伐纣的事。"血之流杵"有两种可能：一是仍有一些小诸侯誓死支持商纣；二是商纣许多士兵倒戈而自相残杀。

[14.4]

孟子曰："有人曰，'我善为陈（zhèn），我善为战。'大罪也。国君好仁，天下无敌焉。南面而征，北狄怨；东面而征，西夷怨，曰：'奚为后我？'武王之伐殷也，革车三百两（liàng），虎贲三千人。王曰：'无畏！宁尔也，非敌百姓也。'若崩厥角稽首。征之为言正也，各欲正己也，焉用战？"

[白话]

孟子说："有人说，'我善于布阵，我善于打仗。'这是大罪恶啊。国君爱好仁德，天下就没有敌手。他向南方征伐，北边的狄人就抱怨；他向东方征伐，西边的夷人就抱怨，说：'为什么把我们放在后面？'周武王讨伐殷商时，有战车三百辆，勇士三千人。周武王向殷商的百姓说：'不要害怕！我是来安抚你们的，不是要与百姓为敌的。'百姓叩头额角碰地的声音，像山陵崩塌一样。'征'就是'正'的意思，各国都想要端正自己的话，又何必用到战争呢？"

[解读]

① 孟子以"征"为"正"，意思是：既然各国互相征伐，都希望走上"正"途，那么何不先"正己"呢？

[14.5]

孟子曰："梓匠轮舆能与人规矩，不能使人巧。"

[白话]

孟子说："木匠与车匠能教人使用圆规及曲尺的方法，却不能使人技术精巧。"

[解读]

① 技术需要自己下工夫，所谓"熟能生巧"，然后才可达到得心应手的程度。

[14.6]

孟子曰："舜之饭糗（qiǔ）茹（rú）草也，若将终身焉；及其为天子也，被袗（zhěn）衣，鼓琴，二女果，若固有之。"

[白话]

孟子说："舜在吃干粮啃野菜的时候，就像打算一辈子这么过似的；等他当上了天子，穿着麻葛单衣，弹着琴，尧的两个女儿侍候着，又像本来就享有这种生活似的。"

[解读]

① 舜先是逆来顺受，后是顺来顺受。亦即，无论任何遭遇，都以"顺"来因应，因为他的快乐在内不在外。舜处于任何情况，皆能安心修养德行，做到"无入而不自得"（《中庸》第十四章）。

[14.7]

孟子曰："吾今而后知杀人亲之重也：杀人之父，人亦杀其父；杀人之兄，人亦杀其兄。然则非自杀之也，一间（jiàn）耳。"

[白话]

孟子说："我现在才知道杀害别人亲人的严重性：杀了别人的父亲，别人也杀他父亲；杀了别人的哥哥，别人也杀他哥哥。虽然不是他自己杀了父亲与哥哥，但相差实在不远。"

[解读]

① 这种情况称为报应，但是亲人为什么要代自己受过？因此，见到亲人有难，首先要自省是否有过要改。

[14.8]

孟子曰："古之为关也，将以御暴；今之为关也，将以为暴。"

[白话]

孟子说："古代设立关卡，是用它来抵御残暴；现在设立关卡，却是想用它来施行残暴。"

[解读]

① 古代的祸患来自外敌，现在的祸患来自昏君。这种情况在其他时代依然存在。

[14.9]

　　孟子曰："身不行道，不行于妻子；使人不以道，不能行于妻子。"

[白话]

　　孟子说："自己不实践正道，妻子儿女也不会实践正道；不依正道去使唤别人，就连妻子儿女也使唤不动。"

[解读]

① 古代家庭以男性为主，言行具有示范作用，就是所谓的"身教"。现在则妻子儿女各有自己走上正道的责任。

[14.10]

　　孟子曰："周于利者，凶年不能杀（shài），周于德者，邪世不能乱。"

[白话]

　　孟子说："财富充足的人，荒年也不能让他困窘；德行高尚的人，乱世也不会让他迷惑。"

[解读]

① "周"是充足，"杀"是缺乏。至于如何才算"周于德"，则其要求恐无止境。

[14.11]

孟子曰："好名之人，能让千乘之国，苟非其人，箪食豆羹
见于色。"

[白话]

孟子说："爱好名声的人可以把千辆兵车的国家让给别人，
但是如果所让的人不适合，就算要他让出一筐饭一碗汤，也会露
出不高兴的脸色。"

[解读]

① "好名之人"所好的是在历史上留名。要想留名，则须把国家
让给合适的人，否则如何留下善名？孔子说："君子疾没世而名
不称焉。"（《论语》[15.20]）可见这是古人的共同愿望。不过，
孔子也说过："君子去仁，恶乎成名？"（《论语》[4.5]）由此
可知儒家是要以行仁来成名的。

[14.12]

孟子曰："不信仁贤，则国空虚；无礼义，则上下乱；无政
事，则财用不足。"

[白话]

孟子说："不信任仁人与贤者，国家人才就走光了；不能守礼
行义，上下关系就会混乱；政事不上轨道，财政开支就不够用。"

[解读]

① 这是为政的简明道理，以知人善任为先。仁人与贤者未能受到

信任，则人才不敢贡献力量，国家宛如无人可用。

[14.13]

孟子曰："不仁而得国者，有之矣；不仁而得天下者，未之
有也。"

[白话]

孟子说："没有仁德而取得一个国家，有这样的情况；没有
仁德而取得天下，那是从来不曾有过的。"

[解读]

① 封建制度之下，不仁者可能由于亲人恩典而得国，如舜的弟弟
象封于有庳。至于不仁者无法得天下，是因为不可能获得全部
百姓的支持；世袭而得天下的，不在此列。孟子此说在后代未
必适用。

[14.14]

孟子曰："民为贵，社稷次之，君为轻。是故得乎丘民而为
天子，得乎天子为诸侯，得乎诸侯为大夫。诸侯危社稷，则变置。
牺牲既成，粢盛既絜，祭祀以时，然而旱干水溢，则变置社稷。"

[白话]

孟子说："百姓是最重要的，土谷之神位居其次，国君的分
量最轻。所以，得到百姓的拥护就能做天子，得到天子的信任就
能做诸侯，得到诸侯的赏识就能做大夫。诸侯危害了土谷之神，

就要改立诸侯。牺牲是肥壮的、谷物是洁净的，又是按时祭祀的，然而还是遭遇旱灾水灾，那就改立土谷之神。"

[解读]

① "民贵君轻"之说，属于民本思想，孟子之言极有道理。丘民：众民。"社稷"是土谷之神，固然可以引申为国家，但仍不可忽略其原有的宗教含义，亦即国家要有祖先宗庙、各种神明，以及相关的祭典，借以安定百姓的心灵。有关"君臣关系"，可参考［8.3］。

[14.15]

孟子曰："圣人，百世之师也，伯夷、柳下惠是也。故闻伯夷之风者，顽夫廉，懦夫有立志；闻柳下惠之风者，薄夫敦，鄙夫宽。奋乎百世之上，百世之下，闻者莫不兴起也。非圣人而能若是乎？而况于亲炙之者乎？"

[白话]

孟子说："圣人是一百代人的老师，伯夷、柳下惠就是这样的人。因此，听说了伯夷作风的人，贪婪的变得廉洁了，懦弱的立定志向了；听说了柳下惠作风的人，刻薄的变得敦厚了，狭隘的变得开朗了。他们在百代以前奋发有为，百代以后听说他们的事迹的人没有不振作起来的。不是圣人能够有这样的影响力吗？对百代以后的人尚且如此，何况是对当时亲身受过他们熏陶的人呢？"

[解读]

① 本章前半段已见于［10.1］，孟子此处强调圣人的影响力，可以让一般人取法乎上，觉悟自己也有上进的可能性。"亲炙"的

效应在孔子弟子身上最为明显。

[14.16]

孟子曰："仁也者，人也。合而言之，道也。"

[白话]

孟子说："所谓仁德，说的就是人。人与仁德合在一起说，就是人生正道。"

[解读]

① "仁也者，人也"一语，是指：仁是人的特色所在；没有人，就不必谈仁；要想了解人，则非谈仁不可。至于"合而言之"则是指：人努力实践仁，这种状态就是走在人生正道上。

[14.17]

孟子曰："孔子之去鲁，曰，'迟迟吾行也，去父母国之道也。'去齐，接淅而行，去他国之道也。"

[白话]

孟子说："孔子离开鲁国时说，'我们慢慢走吧，这是离开祖国的态度。'他离开齐国时，把淘好的米捞起来就走，这是离开别的国家的态度。"

[解读]

① 本章已见于 [10.1]。

孟子曰："君子之厄（è）于陈、蔡之间，无上下之交也。"

[白话]

孟子说："孔子被困在陈国与蔡国之间，是由于同这两国的君臣没有交往的缘故。"

[解读]

① 本章可参考《论语》[15.2]"在陈绝粮，从者病，莫能兴"，以及 [11.2] 子曰："从我于陈、蔡者，皆不及门也。"孔子的意思是跟随我在陈国、蔡国之间的学生，与这两国的君臣都没有什么交往。

[14.19]

貉（mò）稽曰："稽大不理于口。"孟子曰："无伤也。士憎兹多口。《诗》云：'忧心悄悄，愠于群小。'孔子也。'肆不殄（tiǎn）厥愠，亦不殒（yǔn）厥问。'文王也。"

[白话]

貉稽说："我被别人说了很多坏话。"孟子说："没有关系。士人总会受到别人的任意批评。《诗经·邶风·柏舟》上说：'内心忧愁不已，讨厌那群小人。'说的就是孔子。《诗经·大雅·绵》上说：'不消除别人的怨恨，也不损害自己的声名。'说的就是周文王。"

[解读]

① 不理于口：不顺别人之口，为受人批评之意。受人批评，并不

值得担心；要担心的是，"为了什么事"而受人批评。如果是坚持人生的理想与原则，则受人批评是因为"道不同，不相为谋"（《论语》[15.40]）。连孔子与周文王也难以避免，我们又何必在意呢？

[14.20]

孟子曰："贤者以其昭昭使人昭昭，今以其昏昏使人昭昭。"

[白话]

孟子说："贤明的人用自己觉悟的道理来使别人觉悟，现在的人却想用自己没想通的道理来使别人觉悟。"

[解读]

① 能够教导别人的，不外乎国君、父母、长官与老师。但是这些人都能觉悟他们用来教导别人的话吗？一个人只要清楚自己在说什么，以及为什么这样说，人生何难之有？

[14.21]

孟子谓高子曰："山径之蹊，间介然用之而成路；为间不用，则茅塞之矣。今茅塞子之心矣。"

[白话]

孟子对高子说："山坡上的小径一点点宽，经常不断去走才会变成路；只要一段时间没有人走，茅草就会堵塞它了。现在茅草堵塞住你的心了。"

[解读]

① 无论求学与做人，都要持之以恒；更重要的则是保持心思的敏锐与灵活，以便随时可以觉悟。间介然：意志专一恒常。

[14.22]

高子曰："禹之声，尚文王之声。"孟子曰："何以言之？"曰："以追（duī）蠡（lǐ）。"曰："是奚足哉？城门之轨，两马之力与？"

[白话]

高子说："禹的音乐胜过周文王的音乐。"孟子说："凭什么这样说？"高子说："因为禹的钟钮都快断掉了。"孟子说："这怎么足以证明呢？城门下的车迹很深，难道只是几匹马造成的吗？"

[解读]

① 追蠡："追"是钟钮，用来挂钟，如果经常演奏，钟钮就会因为震动而磨损到欲绝（蠡）的情况。

② 孟子认为禹的年代太久了，就像车迹不是一时可以造成的。所以，不足以用来证明它比周文王的音乐更好。

[14.23]

齐饥。陈臻曰："国人皆以夫子将复为发棠，殆不可复。"

孟子曰："是为冯妇也。晋人有冯妇者，善搏虎，卒为善，士则之。野有众逐虎，虎负嵎，莫之敢撄。望见冯妇，趋而迎之。冯妇攘臂下车，众皆悦之，其为士者笑之。"

齐国遇到饥荒。陈臻说："国内的人都以为先生会再度劝说齐王打开棠的粮仓来救济，大概不会再这么做了吧？"

孟子说："这样做就成为冯妇了。晋国有个叫冯妇的人，善于打老虎，后来改而行善，士人都效法他。有一次，野外有许多人在追逐一只老虎，老虎跑到背靠山的角落，没有人敢触犯它。人们远远看见了冯妇，就快步上前迎接。冯妇挽起袖子、伸出手臂，下车要去打老虎，大家都很高兴，但是他却被士人所嘲笑。"

［解读］

① 冯妇以前是打老虎的英雄，在社会上有示范作用，所以他改而行善之后，会有士人起而效法。也正因为如此，他后来重操旧业，会受到士人嘲笑。岁月流逝，人要不断长进，如果齐王自己不知道开仓赈济百姓，孟子再去劝说又有什么意义？

［14.24］

孟子曰："口之于味也，目之于色也，耳之于声也，鼻之于臭（xiù）也，四肢之于安佚也，性也，有命焉，君子不谓性也。仁之于父子也，义之于君臣也，礼之于宾主也，智之于贤者也，圣人之于天道也，命也，有性焉，君子不谓命也。"

［白话］

孟子说："口对于美味，眼睛对于美色，耳朵对于好听的声音，鼻子对于香味，四肢对于安逸，都是出于本性的要求，但是能否得到要看命运，所以君子不说这些是本性。仁德对于父子关系，义行对于君臣关系，守礼对于宾主关系，明智对于贤者，圣人对于天道，都是属于人的命运，但是其中也有本性的根据，所以君子不说这些是命运。"

[解读]

① "性"是本性，表现出先天而自然的要求，包括动物所共有的欲望。"命"是命运，属于后天而人为的规定，包括无可奈何的遭遇在内。在"口、目、耳、鼻、四肢"的功能方面，如果只求满足其欲望，则将无从分辨人与动物的差异，所以君子不说这是人的本性。

② 在人的世界，父子之间要求仁德，君臣之间要求义行，宾主之间要求守礼，贤者要求明智，天道则要求圣人才可体现，这些都是人类所规定的，也是没有人可以逃避的命运。但是，这些规定也有人的本性为其依据，所以君子不说这是人的命运。

[14.25]

浩生不害问曰："乐正子，何人也？"孟子曰："善人也，信人也。""何谓善？何谓信？"曰："可欲之谓善，有诸己之谓信，充实之谓美，充实而有光辉之谓大，大而化之之谓圣，圣而不可知之之谓神。乐正子，二之中，四之下也。"

[白话]

浩生不害问说："乐正子是怎么样的人？"孟子说："是个行善的人，是个真诚的人。"浩生不害说："什么叫善？什么叫真？"孟子说："值得喜爱的行为，叫做善；自己确实做到善，叫做真；完完全全做到善，叫做美；完完全全做到善，并且发出光辉照耀别人，叫做大；发出光辉并且产生感化群众的力量，叫做圣；圣到人们无法理解的程度，叫做神。乐正子是在善与真二者之中，而在美、大、圣、神四者之下的人。"

[解读]

① 可欲之谓善：可欲是就"心"之可欲而言。心是向善的力量，因此人生最直接的第一阶段的成就即是"善"。"有诸己之谓信"，由于人性向善，所以唯有亲自实践了善行，才可称为真诚或真正的人。"充实之谓美"，"充实"是指在行善方面没有任何欠缺，时时刻刻，念兹在兹。这种"美"显然是人格之美。"美"有圆满之意。自身充实之后，德行会发出光辉照耀别人，称为大。我们在翻译"大人"时，采用"德行完备的人"一词，其故在此。"圣人"可以化民成俗，亦即大而化之。至于"神"，既然是"不可知之"，孟子为什么又凭什么要去指出来？原因就是不可为人设限，同时也为"天人合德"的妙境保留了可能性。

[14.26]

孟子曰："逃墨必归于杨，逃杨必归于儒。归，斯受之而已矣。今之与杨、墨辩者，如追放豚，既入其苙（lì），又从而招之。"

[白话]

孟子说："避开墨子这一派，必定会归入杨子这一派；避开杨子这一派，必定会回到儒家这一派。回来了，接纳他们就是了。现在与杨子、墨子辩论的人，好像在追赶跑掉的猪，已经送回猪圈里了，还要进一步把它的脚拴住。"

[解读]

① 墨子的"兼爱"与杨子的"为我"，有如钟摆的两端。实行兼
爱而力不从心时，就会保守而为我；为我又行不通时，就会接
受儒家的中庸之道。对于回归的人，不必要求太过分。

[14.27]

孟子曰："有布缕之征，粟米之征，力役之征。君子用其一，
缓其二；用其二而民有殍（piǎo），用其三而父子离。"

[白话]

孟子说："有征收布帛的税，有征收粮食的税，有征用人力
的税。君子实行其中一种，就暂时放弃另外两种。同时实行两种，
百姓就会有饿死的；同时实行三种，百姓就会父子离散了。"

[解读]

① 这是古代百姓的压力，好像只能任人宰割。最后所说的"父子
离"，是家破人亡之意。

[14.28]

孟子曰："诸侯之宝三：土地，人民，政事。宝珠玉者，殃
必及身。"

[白话]

孟子说："诸侯有三件宝物：土地、百姓、政务。把珍珠美
玉当做宝物的，灾祸必定降到他身上。"

① 孟子希望诸侯珍惜三宝，善尽政治领袖的职责。

[14.29]

盆成括仕于齐。孟子曰："死矣，盆成括！"盆成括见杀。门人问曰："夫子何以知其将见杀？"曰："其为人也小有才，未闻君子之大道也，则足以杀其躯而已矣。"

[白话]

盆成括在齐国做官。孟子说："盆成括要丧命了！"不久盆成括被杀。学生请教说："先生怎么知道他会被杀？"孟子说："他这个人有点小才干，但不懂得君子做人的大道理，那就足以招来杀身之祸了。"

[解读]

① 君子之大道是什么？自然是修身立德。不过，依此说法，官场上死于非命的人应该不少。因此，盆成括的"小有才"，恐怕要负更大的责任。

[14.30]

孟子之滕，馆于上宫。有业屦（jù）于牖（yǒu）上，馆人求之弗得。或问之曰："若是乎从者之廋（sōu）也？"曰："子以是为窃屦来与？"曰："殆非也。夫子之设科也，往者不追，来者不拒。苟以是心至，斯受之而已矣。"

孟子到了滕国，住在上宫宾馆。守馆的人把一双没织好的草鞋放在窗台上，结果不见了，也找不到。有人问孟子说："这是跟随你来的人把它藏起来了吧！"孟子说："你以为这些人是为了偷草鞋而来的吗？"那人说："大概不是的。先生开设课程，对学生是离开的不追问，要来的不拒绝。只要他们诚心来学，就都接受罢了。"

[解读]

① 老师对学生循循善诱，但是不能保证学生立即从善如流。个别的学生应该为自己的行为负责，又怎能怪罪于老师？

[14.31]

孟子曰："人皆有所不忍，达之于其所忍，仁也；人皆有所不为，达之于其所为，义也。人能充无欲害人之心，而仁不可胜用也；人能充无穿窬之心，而义不可胜用也。人能充无受尔汝之实，无所往而不为义也。士未可以言而言，是以言餂（tiǎn）之也；可以言而不言，是以不言餂之也，是皆穿窬之类也。"

[白话]

孟子说："每个人都有不忍心做的事，把它推广到他所忍心做的事，就是仁德；每个人都有不愿意做的事，把它推广到他所愿意做的事，就是义行。一个人能把不想害人的心扩充出去，仁德就用不尽了；一个人能把不愿挖洞跳墙的心扩充出去，义行就做不完了；一个人能把不受人轻蔑的言行扩充出去，无论到任何地方都会合乎义行的要求。士人没到可以说话时就说，这是用说

尽心下

话来套取别人的想法；可以说话时却又不说，这是用不说话来套取别人的想法，这些都是挖洞跳墙一类的行为。"

[解读]

①　本章先说"达"，不忍即是恻隐之心，不为即是羞恶之心，这两者推广开来就是仁与义。其次再谈"充"，意思其实一样。

②　"尔汝"是"你呀！你呀！"的口语，有轻蔑之意。

③　说话的时机很重要，不可钩心斗角，从中取利。

[14.32]

　　孟子曰："言近而指远者，善言也；守约而施博者，善道也。君子之言也，不下带而道存焉；君子之守，修其身而天下平。人病舍其田而芸人之田，所求于人者重，而所以自任者轻。"

[白话]

　　孟子说："言语浅近而含义深远，是善于说话；原则简单而效果宏大，是善于办事。君子所说的内容，是眼前常见的事，而道理就在其中；君子把握的原则，是修养自己而能使天下太平。人们的缺点就是放弃自己的田地，却去替别人耕田，要求别人的很重，而加给自己的责任却很轻。"

[解读]

①　不下带而道存：古人"视不下带"，眼睛只看着腰带以上，所指的就是常见的一般事物。"道"是做人处事的道理。

②　除非身份（如父母、师长）适当，否则要求别人太多，就会忘了自己的责任。

孟子曰:"尧、舜,性者也;汤、武,反之也。动容周旋中礼者,盛德之至也。哭死而哀,非为生者也。经德不回,非以干禄也。言语必信,非以正行也。君子行法,以俟命而已矣。"

[白话]

孟子说:"尧、舜的作为出于本性,商汤、周武王经由修身而回复本性。动作容貌与应对进退都合乎礼仪,那是德行的最高表现。为死者悲哀哭泣,不是做给生者看的。实践道德而不违背,不是用来谋求官职。言语一定信实,不是借此端正自己的品行。君子按照法度做事,以此等待命运的安排罢了。"

[解读]

① 本章描述尧、舜与商汤、周武王,虽然有"性者"与"反之"的差别,但是后续的表现并无不同,一切言行都是出于内在真诚的力量,而不考虑外在的遭遇。

[14.34]

孟子曰:"说(shuì)大人,则藐之,勿视其巍巍然。堂高数仞,榱(cuī)题数尺,我得志,弗为也。食前方丈,侍妾数百人,我得志,弗为也。般(pán)乐饮酒,驱骋田猎,后车千乘,我得志,弗为也。在彼者,皆我所不为也;在我者,皆古之制也,吾何畏彼哉?"

[白话]

孟子说:"向权贵进言,就要轻视他,不要把他高高在上的样子放在眼里。殿堂几丈高，屋檐几尺宽，如果我得志，不会这么做；酒菜摆满一大桌，几百姬妾在侍候，如果我得志，不会这么做；饮酒作乐，驰骋打猎，追随的车子上千辆，如果我得志，不会这么做。在他所做的，我都不会做；在我所做的，都符合古代制度，我为什么要怕他呢？"

[解读]

① 由本章可知，孟子与诸侯交谈时，为何可以畅所欲言，不但做到不卑不亢，还常使听者惭愧不安。他三次提及"我得志，弗为也"，这个"弗为"有"不屑于做"的意思。诸侯做得到这三个"弗为"吗？

[14.35]

孟子曰："养心莫善于寡欲。其为人也寡欲，虽有不存焉者，寡矣；其为人也多欲，虽有存焉者，寡矣。"

[白话]

孟子说："修养内心的方法，没有比减少欲望更好的了。一个人如果欲望很少，那么内心即使有迷失的部分，也是很少的；一个人如果欲望很多，那么内心即使有保存的部分，也是很少的。"

[解读]

① 本书［8.19］有："人之所以异于禽兽者几希，庶民去之，君子存之。"［11.8］说："虽存乎人者，岂无仁义之心哉？"以上内容均可作为参考。若想做到"存"，最好的方法是寡欲，一消一长，全在自己的选择。

[14.36]

曾晳嗜羊枣，而曾子不忍食羊枣。公孙丑问曰：“脍炙与羊枣孰美？”孟子曰：“脍炙哉！”公孙丑曰：“然则曾子何为食脍炙而不食羊枣？”曰：“脍炙所同也，羊枣所独也。讳名不讳姓，姓所同也，名所独也。”

[白话]

曾晳喜欢吃羊枣，曾子因而不忍吃羊枣。公孙丑请教说：“烤肉与羊枣，哪一样好吃？”孟子说：“烤肉呀！”公孙丑说：“那么曾子为什么吃烤肉而不吃羊枣？”孟子说：“烤肉是大家都喜欢的，而羊枣是曾晳独有的嗜好。就像避讳是只避名不避姓，因为姓是很多人共享的，而名是一个人独有的。”

[解读]

① 曾晳在世时，曾参不吃羊枣，是要让父亲尽情享用；父亲过世后，曾参也不忍再吃羊枣，是因为睹物思人而心生不舍。他的孝顺确有值得学习之处。

[14.37]

万章问曰：“孔子在陈曰：‘盍归乎来！吾党之小子狂简，进取，不忘其初。’孔子在陈，何思鲁之狂士？”

孟子曰：“孔子‘不得中道而与之，必也狂狷乎！狂者进取，狷者有所不为也’。孔子岂不欲中道哉？不可必得，故思其次也。”

“敢问何如斯可谓狂矣？”

曰：“如琴张、曾晳、牧皮者，孔子之所谓狂矣。”“何以谓之狂也？"

曰："其志嘐嘐（xiāo）然，曰，'古之人！古之人。'夷考其行，而不掩焉者也。狂者又不可得，欲得不屑不洁之士而与之，是狷也，是又其次也。孔子曰：'过我门而不入我室，我不憾焉者，其惟乡原（yuàn）乎！乡原，德之贼也。'"

曰："何如斯可谓之乡原矣？"

曰："'何以是嘐嘐也？言不顾行，行不顾言，则曰，古之人，古之人。行何为踽（jǔ）踽凉凉？生斯世也，为斯世也，善斯可矣。'阉然媚于世也者，是乡原也。"

万章曰："一乡皆称原人焉，无所往而不为原人，孔子以为德之贼，何哉？"

曰："非之无举也，刺之无刺也，同乎流俗，合乎污世，居之似忠信，行之似廉洁，众皆悦之，自以为是，而不可与入尧、舜之道，故曰'德之贼'也。孔子曰，'恶似而非者'：恶莠（yǒu），恐其乱苗也；恶佞，恐其乱义也；恶利口，恐其乱信也；恶郑声，恐其乱乐也；恶紫，恐其乱朱也；恶乡原，恐其乱德也。君子反经而已矣。经正，则庶民兴；庶民兴，斯无邪慝（tè）矣。"

[白话]

万章请教说："孔子在陈国说：'为什么不回鲁国去呢！我家乡的弟子们有狂放的也有狷介的，但都奋发进取而不忘原有的志向。'孔子在陈国时，为什么思念鲁国的狂放之士呢？"

孟子说："孔子说过：'找不到行为适中的人来交往，就一定要找到狂者与狷者了！狂者奋发上进，狷者有所不为。'孔子难道不想结交行为适中的人吗？既然不一定找得到，就找次一等的。"

万章说："请问怎样的人可以称为狂者？"

　　　　　　　　　　　　　　傅佩荣解读《孟子》（修订版）

孟子说："像琴张、曾皙、牧皮，就是孔子所说的狂者。"万章说："为什么说他们狂放呢？"

　　孟子说："他们志向高远，开口就说，'古人啊，古人啊。'考察他们的行为，却与他们的言论未必吻合。如果连这种狂放之士也结交不到，就找不屑于做坏事的人来交往，这就是狷介之士，是再次一等的。孔子说：'走过我的门口而不进我屋子，我不感到遗憾的，大概只有乡愿吧！乡愿是伤害道德的人。'"

　　万章说："怎样的人可以称为乡愿呢？"

　　孟子说："他们批评狂者说，'为什么志向要那么高远？言论照应不到行为，行为也照应不到言论，开口就说"古人啊，古人啊"。'他们又批评狷者说，'做人为什么那么孤孤单单？活在这个社会上，为这个社会做点事，只要过得去就可以了。'像这样遮遮掩掩想讨好世人的就是乡愿。"

　　万章说："全乡的人都说他是忠厚的人，所到之处也表现出是个忠厚的人，孔子却认为他是伤害道德的人，为什么呢？"

　　孟子说："这种人，要指摘他，举不出具体的事；要责骂他，也没什么可责骂的；他顺从流行的风潮，迎合污浊的社会，为人好像忠诚老实，做事好像方正干净，大家都喜欢他，他也认为自己很好，但是却不可能同他一起实践尧、舜的正道，所以说他是'伤害道德的人'。孔子说过，'厌恶似是而非的东西'：厌恶莠草，是担心它混淆了禾苗；厌恶卖弄聪明，是担心它混淆了义行；厌恶犀利口才，是担心它混淆了真实；厌恶郑国的乐曲，是担心它混淆了雅乐；厌恶紫色，是担心它混淆了正红色；厌恶乡愿，是担心他混淆了道德。君子要使一切事物回复到恒常的正道罢了。正道确立了，百姓就会振作起来；百姓振作起来，就不会出现邪恶的事了。"

[解读]

① 万章之问，可参考《论语》[5.21]。其次，本章评鉴人物，大体依孔子之说。《论语》中有："子曰：'不得中行而与之，必也狂狷乎！狂者进取，狷者有所不为也。'"[13.21] 孟子以琴张、曾皙、牧皮三人为狂者的代表，但是其中只有曾皙的资料保存下来，另二人不详。关于"有所不为"，可参考本书[8.8]。

② 至于"乡原"，则孔子说："乡原，德之贼也。"（《论语》[17.13]）。乡原就是一般所谓的好好先生，貌似忠厚而没有原则（或者这就是他的原则）。

③ 孟子为了批判"似是而非"，一连说了六个例子。我们在引申使用时，必须先自我检讨，以免"言不顾行，行不顾言"。

④ "中行"是理想人格，当狂则狂，当狷则狷，否则也可能与"乡原"混淆。

[14.38]

孟子曰："由尧、舜至于汤，五百有余岁，若禹、皋陶，则见而知之；若汤，则闻而知之。由汤至于文王，五百有余岁，若伊尹、莱朱，则见而知之；若文王，则闻而知之。由文王至于孔子，五百有余岁，若太公望、散宜生，则见而知之；若孔子，则闻而知之。由孔子而来至于今，百有余岁，去圣人之世若此其未远也，近圣人之居若此其甚也，然而无有乎尔，则亦无有乎尔！"

[白话]

孟子说："从尧、舜到商汤，历经五百多年，像禹、皋陶是亲自见到而知道尧、舜的；像商汤，是听人说才知道尧、舜的。从商汤到周文王，也历经五百多年，像伊尹、莱朱是亲自见到而知道商汤的；像周文王，是听人说才知道商汤的。从周文王到孔子，又历经五百多年，像太公望、散宜生，是亲自见到而知道周文王的；像孔子，是听人说才知道周文王的。从孔子到今天，不过一百多年，距离圣人的时代这样近，距离圣人的家乡这样近，但是已经没有继承的人了，那么也就真的没有继承的人了！"

[解读]

① 孟子对自己身负的使命十分清楚，就是希望在孔子之后五百年，有人可以经由他而知道孔子，然后重新开启一个伟大的时代。孟子的任务不仅完成了，并且他本人也出类拔萃，成为古圣先贤之一。

图书在版编目（CIP）数据

傅佩荣解读《孟子》（修订版）/ 傅佩荣 著 . —北京：东方出版社，2023.4

ISBN 978-7-5207-2667-2

Ⅰ . ①傅⋯ Ⅱ . ①傅⋯ Ⅲ . ①儒家 ②《孟子》—研究

Ⅳ . ① B222.55

中国版本图书馆 CIP 数据核字（2023）第 275977 号

傅佩荣解读《孟子》（修订版）

（ FU PEIRONG JIEDU MENGZI ）

作　　者：傅佩荣

责任编辑：王夕月

出　　版：东方出版社

发　　行：人民东方出版传媒有限公司

地　　址：北京市东城区朝阳门内大街 166 号

邮　　编：100010

印　　刷：三河市中晟雅豪印务有限公司

版　　次：2023 年 4 月第 1 版

印　　次：2023 年 4 月第 1 次印刷

开　　本：710 毫米 ×1000 毫米　1/16

印　　张：20.5

字　　数：250 千字

书　　号：ISBN 978-7-5207-2667-2

定　　价：78.00 元

发行电话：（010）85924663　85924644　85924641

傅佩荣

当代著名哲学家。1950 年生，祖籍上海，台湾大学哲学系教授。历任台湾大学哲学系主任兼研究所所长，比利时鲁汶大学、荷兰莱顿大学讲座教授。早年师从哲学大家方东美先生，后于耶鲁大学深造，受教于余英时先生，继而执教欧洲。

曾在央视"百家讲坛"讲授《孟子的智慧》；凤凰卫视主讲《国学的天空》；山东卫视"新杏坛"任首席主讲人。曾被台湾地区《民生报》评选为大学最热门教授；台湾地区最高文艺奖得主。近年来在"得到 APP"开设《傅佩荣的西方哲学课》；在"喜马拉雅 APP"开设《道德经》《易经》《庄子》等精讲课程。傅教授态度真诚，语言幽默，说理清晰，能使听者不倦、相悦以解，从而将国学讲得生动又贴近人心，为当代人提供了阅读国学原典的简易方法。

傅教授兼具中西文化之深厚学养，以哲学建构和逻辑分析的眼光，站在中西文化的制高点上诠释中国传统经典的现代意义，搭建起东西方思想的桥梁，视野辽阔深远，堪称中西文化之摆渡者，在当今学术界享有盛名。

傅教授潜心研究传统经典五十年，撇开成见和定论，多有建树。目前已出版《哲学与人生》《国学的天空》《易经入门》《国学与人生》《四大圣哲》，傅佩荣解读经典系列、傅佩荣详说经典系列等图书逾百种。